胡建林　主编

# 太原发展报告(2015)

山西出版传媒集团
山西经济出版社

# 目　录

# 2015 年太原发展总报告

**内容摘要：**2015 年，太原市认真贯彻落实中央和省委战略决策部署，以"五个一批"为载体，全力推动"六大发展"，实施"三个突破"，努力在全省发挥"六个表率"作用，全市经济社会发展取得显著成效。2016 年，太原要主动适应经济发展新常态，坚持发展为第一要务，将创新、协调、绿色、开放、共享五大发展理念贯穿于全面深化改革、实现现代化进程的各项工作之中，统筹推进经济、政治、文化、社会和生态文明建设，实现"十三五"时期经济社会发展良好开局。

**关键词：**太原 发展 现状 对策

---

2015 年，太原市认真贯彻落实党的十八大和十八届三中、四中、五中全会精神和习近平总书记系列重要讲话精神，认真落实省委"五句话"总要求，积极适应和引领经济发展新常态，着力稳增长、促改革、调结构、惠民生、防风险，以"五个一批"为载体，全力推动"六大发展"，实施"三个突破"，努力在全省发挥"六个表率"作用，全市经济社会发展取得新成就，向全面建成小康社会迈出坚实步伐。

# 一、2015 年太原发展基本情况

## （一）经济运行总体平稳，产业结构进一步优化

2015 年，太原市以提高经济增长质量和效益为中心，加快转变经济发展方式，持续推进经济结构调整和产业结构优化升级，全市经济总体实现较快增长，呈现出省会城市率先发展的运行态势。全市地区生产总值（GDP）由2010 年的 1781.35 亿元增加到 2015 年的 2735.34 亿元，年均增长 8.4%；固定资产投资由 2010 年的 916.48 亿元增加到 2015 年的 2025.61 亿元，年均增长18.2%；规模以上工业增加值由 2010 年的 577.65 亿元增加到 2015 年的 600.48亿元，年均增长 0.79%；社会消费品零售总额由 2010 年的 825.85 亿元增加到2015 年的 1540.80 亿元，年均增长 13.3%；一般公共预算收入由 2010 年的138.48 亿元增加到 2015 年的 274.24 亿元，年均增长 14.6%；全市地区生产总值占山西省的比重由 2014 年的 19.8% 提升至 21.4%，提高了 1.6 个百分点，经济首位度稳步提高，"十二五"规划确定的目标任务基本完成。（见表 1）

表 1　2010—2015 年太原经济发展主要指标增长情况

| 指标 | 2010 年 | 2011 年 | 2012 年 | 2013 年 | 2014 年 | 2015 年 |
|---|---|---|---|---|---|---|
| 地区生产总值（GDP）（亿元） | 1781.35 | 2083.70 | 2330.72 | 2462.92 | 2531.09 | 2735.34 |
| 固定资产投资（亿元） | 916.48 | 1024.14 | 1320.63 | 1670.74 | 1746.09 | 2025.61 |
| 规模以上工业增加值（亿元） | 577.65 | 687.23 | 782.96 | 770.94 | 647.24 | 600.48 |
| 社会消费品零售总额（亿元） | 825.85 | 973.29 | 1129.51 | 1281.46 | 1450.17 | 1540.80 |
| 一般公共预算收入（亿元） | 138.48 | 174.72 | 215.67 | 247.33 | 258.85 | 274.24 |
| 经济首位度（%） | 19.6 | 17.2 | 18.4 | 19.4 | 19.8 | 21.4 |

数据来源：《太原统计年鉴》，2010—2015 年；《太原国民经济和社会发展统计公报》，2010—2015 年。

1. 产业结构在推进转型中实现新升级

2015 年，太原市农业经济稳步发展，工业经济缓中趋稳，服务业得到较快发展。三次产业同向发力，产业结构稳步趋优。其中，第一产业增加值 37.43 亿元，增长 1.3%；第二产业增加值 1020.14 亿元，增长 6%；第三产业增加值 1677.77 亿元，增长 11.4%；三次产业比重为 1.4:37.3:61.3，分别拉动经济增长 0.02、2.6 和 6.28 个百分点。与上年相比，第三产业比重提高了 2.8 个百分点，增速较上年加快了 6.3 个百分点，对地区生产总值的贡献提高了 3.51 个百分点，第三产业的较快增长推进了全市产业结构的进一步优化，拉动了全市经济增长的贡献率持续提升。

农业经济稳步发展。2015 年，太原市积极推进农业和农村经济结构调整，提升农业综合效益，肉、蛋、奶、蔬菜、水果等农产品产量增长，设施农业、特种种养、休闲农业、生态农业发展势头良好。全市第一产业完成增加值 37.43 亿元，比上年增长 1.3%。农林牧渔业总产值 73.93 亿元，比上年增长 1.8%。其中，农业产值 42.87 亿元，增长 0.2%；林业产值 6.92 亿元，增长 3.4%；牧业产值 20.23 亿元，增长 3.9%；渔业产值 0.31 亿元，与上年持平。

都市现代农业体系初步完善，建成多个具有产地特色、产业特色、产品特色的都市现代农业基地，特色农业生产基地经济效益明显提升。以"一县一业""一村一品"为抓手，娄烦县马铃薯、小店区奶牛基地县成效明显，清徐县"醋都、葡乡"对农民增收带动作用增强。引进种植有机旱作瓜果、保健蔬菜等高效农业品种，开展设施蔬菜百万棚行动计划，新发展设施蔬菜 388 万平方米。全年蔬菜总产 128.83 万吨，比上年增长 0.5%；肉、蛋、奶产量分别达 5.6 万吨、2.99 万吨、10.18 万吨，同比增长 4.8%、3.1%、2.4%，"菜篮子"产品产量稳定。围绕酿醋、葡果、畜产品、蔬菜、粮油五大加工产业，培育发展以水塔、惠农、本草、龙城向新、华辰和裕吉为代表的加工型、科技型、基地型、生态型、观光型和流通型农业园区，全力抓好宝迪加工园、润恒农产品冷链物流园、九牛牧业奶制品生产及加工、蓝顿旭美薯类加工、六味斋肉制品加工、青玉粮油加工、金大豆豆制品加工等重大引资项目和本土项目的投产达效，农产品加工业带动农民增收后劲增强，农业产业化在全省的领跑、示范和带动作用进一步显现。

工业经济增速缓中趋稳。2015 年，全市工业经济增速缓中趋稳，规模以上工业增加值增速比上年加快。全年完成规模以上工业增加值 600.48 亿元，增长了 5.7%，增速比上年（0.4%）加快了 5.3 个百分点；传统产业实现增加值 197.84 亿元，下降了 5.2%，降幅比上年（下降 10.1%）收窄了 4.9 个百分点。其中，煤炭开采和洗选业增长 6.6%，速度比上年（下降 7.4%）加快 14.0 个百分点；黑色金属冶炼及压延加工业下降了 8.5%，降幅比上年（下降 10.0%）收窄了 1.5 个百分点；电力、热力生产和供应业增长了 6.4%，速度比上年（下降 18.9%）加快了 25.3 个百分点。全市规模以上工业行业中，非传统产业增加值 402.64 亿元，占全市规模以上工业增加值的 67.1%，比上年（59.8%）增长了 7.3 个百分点；装备制造业实现增加值 267.95 亿元，占全市规模以上工业增加值的 44.6%，增长了 9.2%，对全市规模以上工业增加值增长的贡献率达到 112.3%，拉动全市规模以上工业增加值增长 6.4 个百分点，成为稳定工业增长的主导力量。其中，计算机、通信和其他电子设备制造业增加值增长了 15.0%，交通运输设备制造业增加值增长了 11.5%；新兴接替产业增加值 402.64 亿元，占全市规模以上工业增加值的比重由上年的 59.8% 提高到 67.1%，提高了 7.3 个百分点，高出传统产业占比 34.2 个百分点，增长了 8.2%，拉动规模以上工业增加值增长 8.9 个百分点，成为拉动太原工业增长的主要动力。（见表 2）

表 2  2015 年太原市规模以上工业十大行业增加值及同比增长情况

| 行　　业 | 增加值（亿元） | 比 2014 年增长（%） |
|---|---|---|
| 计算机、通信和其他电子设备制造业 | 185.75 | 15.0 |
| 黑色金属冶炼及压延加工业 | 88.93 | −8.5 |
| 煤炭开采和洗选业 | 75.97 | 6.6 |
| 烟草制品业 | 37.31 | 2.8 |
| 燃气生产和供应业 | 28.73 | 12.3 |
| 电力、热力生产和供应业 | 21.50 | 6.4 |
| 交通运输设备制造业 | 20.30 | 11.5 |
| 通用设备制造业 | 16.14 | −16.0 |
| 仪器仪表制造业 | 14.08 | 1.6 |
| 专用设备制造业 | 13.93 | −19.8 |

数据来源：《太原市国民经济和社会发展统计公报》，2015 年。

第三产业持续保持较快增速。2015 年，全市第三产业增加值 1677.77 亿元，同比增长 11.4%，占地区生产总值的比重达到 61.3%，比上年的 58.5%提高了 2.8 个百分点，增速为近 3 年的新高，对经济增长的贡献率达到 70.6%，拉动地区生产总值增长 6.28 个百分点，对经济增长的贡献率创新高。其中，交通运输、仓储和邮政业增加值 137.62 亿元，同比增长 11.4%；批发零售和住宿餐饮业增加值 447.86 亿元，同比增长 1.7%；金融业增加值 373.62 亿元，同比增长 15.9%；房地产业增加值 143.44 亿元，同比增长 4.0%；营利性服务业增加值 300.33 亿元，同比增长 11.5%；非营利性服务业增加值 273.23 亿元，同比增长 33.3%。

电子商务发展迅速。示范基地、示范企业建设取得新成效，太原高新区电子商务产业园成为国家级电子商务示范基地，有 3 家企业成为 2015—2016 年度全国电子商务示范企业，9 家企业成为省级电子商务示范企业。截至 2015 年底，太原电子商务企业已达 150 余家；推进跨境电子商务发展，以申报跨境电子商务试点城市为契机，建立符合太原市产业特点的跨境电子商务平台体系，利用跨境电子商务实现传统贸易转型升级；建立健全适应农村电子商务发展需要的支撑服务体系，顺利推进“电子商务进农村行动计划”，清徐县成为商务部电子商务进农村示范县；促进电子商务与物流、快递协同发展，积极推进城市共同配送试点建设，完善城市配送三级网络；优化快递业务流程，电商物流发展速度进一步加快。

旅游业持续健康发展。太原市以把旅游产业培育成为支柱产业为目标，坚持旅游目的地与集散地建设并重，大力提升“唐风晋韵·清凉太原”城市品牌形象，着力推进项目建设，努力规范市场秩序，全市旅游产业保持了持续健康的发展态势。2015 年，全市接待入境游客 21.01 万人次，同比增长 4.7%；旅游外汇收入 0.81 亿美元，同比增长 5.1%；接待国内游客 4891.47 万人次，同比增长 17.1%；国内旅游收入 583.34 亿元，同比增长 17.8%；实现旅游总收入 588.35 亿元，同比增长 17.7%。

2. 投资结构不断优化

2015 年，全市固定资产投资 2025.61 亿元，比上年增长 16.0%，增速比上年加快了 11.5 个百分点。在投资保持较快增长态势的同时，投资结构不断优化，工业内部投资结构也趋于优化，第三产业投资比重上升，非国有投资实现较快增长。

工业投资总量实现增长，内部结构趋于优化。2015 年，太原市工业投资 450.42 亿元，比上年增长了 2.8%，占全市投资的比重为 22.2%。工业投资的内部结构发生明显变化，新兴接替产业投资快速增长。2015 年，太原市新兴接替产业投资 312.57 亿元，同比增长 25.9%，占工业投资的比重达到 69.4%；非煤产业投资比重提高，全年非煤产业投资 397.65 亿元，增长 11.5%，占工业投资的比重达到 88.3%。

第三产业投资比重上升，稳定太原市投资增长作用明显。2015 年，全市第三产业投资 1534.71 亿元，占全市投资的比重为 75.8%，比上年提高了 2.5 个百分点，同比增长 20.0%，增速比上年加快了 5.9 个百分点。其中，房地产开发投资 604.22 亿元，占全市投资的比重为 29.8%，比上年提高了 2.1 个百分点。

非国有投资较快增长，民间投资呈持续活跃态势。2015 年，太原市非国有投资 1019.77 亿元，占太原市投资的比重为 50.3%，比上年提高 0.6 个百分点；同比增长 17.6%，增速高于国有投资增速 3.2 个百分点；民间投资 1001.18 亿元，占太原市投资的比重为 49.4%，比上年提高了 2.3 个百分点。

3. 城乡消费稳健增长

太原市积极贯彻落实国家促进消费的各项政策，多措并举促进消费增长，全力推动商贸流通发展，不断完善市场体系建设，城乡市场繁荣活跃，消费品零售总额稳步增长。2015 年，太原市社会消费品零售总额 1540.80 亿元，比上年增长了 6.2%。其中，全市城镇消费品零售额 1433.61 亿元，同比增长 6.4%；乡村消费品零售额 107.19 亿元，同比增长 4.6%。基本生活类商品消费需求旺盛。2015 年，全市限额以上基本生活类商品共实现零售额 257.21 亿元，占全市社会消费品零售总额比重为 16.7%。限额以上消费品零售额 850.05 亿元，占太原市社会消费品零售总额比重为 55.2%。以小微商贸企业为主的限额以下企业充分发挥自身优势，实现零售额 690.75 元，增长 15.6%，成为推动太原市消费市场增长的主动力。在一系列"大众创业、万众创新"政策的推动下，超市、连锁经营、网购等新型业态不断涌现，其中"互联网零售"新业态加快孕育。太原市多个批发零售业企业相继开展网络销售业务，限额以上批发零售业通过互联网实现的商品零售额为 9.35 亿元，同比增长 77.9%，占社会消费品零售总额的比重为 0.6%，互联网零售成为城乡消费市场热点。（见表 3）

表 3　2015 年太原市社会消费品零售总额

| 指　　标 | 零售额(亿元) | 比 2014 年增长(%) |
|---|---|---|
| 社会消费品零售总额 | 1540.80 | 6.2 |
| 分地域:城镇 | 1433.61 | 6.4 |
| 其　中:城区 | 1255.63 | 8.8 |
| 乡村 | 107.19 | 4.6 |
| 分行业:批发业 | 159.14 | 24.1 |
| 零售业 | 1304.89 | 4.8 |
| 住宿业 | 8.89 | −8.5 |
| 餐饮业 | 67.88 | 2.1 |

数据来源:《太原市国民经济和社会发展统计公报》,2015 年。

### 4. 对外开放水平进一步提升

2015 年,太原市积极构建开放型经济体系,不断优化外贸进出口结构,进一步加大招商引资力度,积极推进开发区扩区拓展,对外开放水平不断提升。

外贸进出口结构不断优化。2015 年,全市外贸进出口总额 106.77 亿美元,其中,出口总额 65.92 亿美元,进口总额 40.85 亿美元。在出口商品中,不锈钢材、机电产品分别为 13.38 亿美元、45.24 亿美元,占出口总额的 88.9%。其中,机电产品出口增长较快,占全市出口总额的 68.6%,同比增长 10.0%。煤炭、焦炭、金属镁分别为 0.23 亿美元、0.85 亿美元、0.80 亿美元,占出口额的 2.9%。外贸进出口结构进一步优化。

招商引资取得新突破。2015 年,全年新设立外商投资企业 13 家,实际利用外商直接投资额 8.50 亿美元。阳煤化工、江铃重汽、华润万象城、欧亚锦绣城市综合体、宝迪屠宰加工、润恒冷链物流等重点项目进展顺利。以展会招商为抓手,拓宽招商引资主渠道。积极参加了第九届中国中部投资博览会、跨国公司入晋暨产业合作(上海)推介会和晋粤产业合作项目推介对接活动、2015 年中央企业山西行活动,共签约 33 个项目,总投资 554.8 亿元;参加了第十九届中国国际投资贸易洽谈会(以下简称"厦洽会"),有 2 个项目达成合作意向,总投资约 16 亿元;参加了中国西部(四川)进口展暨国际投资大会，签约投资项目 2 个，项目总投资 6 亿元；参加了第 117 届和第 118 届中国进出口商品交易会（以下简称"广交会"），两届交易会累计成交额超过 2 亿美元。

积极推进开发区扩区拓展。制定《开发区产业发展指导意见》《开发区空间拓展布局规划》《开发区规划导则》，编制完成《土地利用总体规划实施评估报告》，完善开发区发展的政策支撑体系；针对开发区扩区的产业定位和全市产业布局，出台《2015 年太原市产业链集群化招商规划》；制定《关于进一步理顺开发区体制机制的实施意见》，出台《关于开发区规划管理的指导意见》，明确开发区与属地县区职责，有效提升开发区的经济职能和社会职能；进一步推进开发区扩区拓展，4 个开发区拓展后规划管理范围由过去的 24.74 平方千米增加到 203.17 平方千米。

**（二）城市建设持续推进，城市综合承载力进一步提升**

2015 年，太原市围绕城市建设短板和薄弱环节，积极开展城市空间发展、地下空间利用，推进一批重大基础设施建设项目，举全市之力推进城中村改造，进一步强化城镇保障性安居工程住房建设，城市空间布局更加优化，省会城市功能和辐射引领作用不断增强。

1. 城中村改造取得重大突破

城中村改造是太原市造福群众的重大民生工程、推进富民强市的重大发展工程、增强城市功能的重大战略工程，是全市全局工作的重要突破口，是重塑"三个形象"的着力点和"试金石"。太原市委、市政府高度重视城中村改造，加强组织领导，创新工作机制，出台优惠政策，强化保障措施，落实主体责任，合力推进改造，城中村改造取得重大进展。山西省委书记王儒林对太原城中村改造给予高度评价，要求全省学习太原城中村改造所体现出的"积极作为、攻坚克难、依法办事、为民谋利"的精神。

创新工作机制。太原市政府下发《太原市城中村改造实施计划》，力争在 2020 年左右，全部完成 170 个城中村的改造任务。为加强对城中村改造工作的组织领导，成立了由市长任领导小组组长、分管副市长任领导小组办公室主任的城中村改造领导机构；市委常委会每季、政府常务会每两月研究和听取城中村改造工作情况；住建、规划、国土、发改等部门分管负责人在城中村改造领导组办公室集中办公、集中审批、一站式办理城改手续，实现了即来即办、快速审批；纪检监察机关加大立案查处城中村案件力度；政法部门出重拳，从快打击涉及城中村恶势力团伙；"三个高压态势"为城中村改造提供了强有力的保障，有效推进了改造工作。

强化保障措施。坚持把回迁安置工作放在城中村改造的优先位置，采取了优先拆除回迁安置地块、优先转让回迁安置地块、优先办理回迁安置房项目手续、优先启动回迁安置房建设等一系列措施。在每个村的改造规划中，科学合理布局商业设施，确保群众既得到住宅分配，又有商业经营，打消了群众对回迁的顾虑和担忧，有力地促进了改造工作完成。

取得显著成效。截至 2015 年底，54 个改造村中，47 个村基本完成整村拆除；共拆除建筑面积 1512 万平方米，完成总拆迁量的 88%；46 个村启动了 5.9 万套 661 万平方米回迁房建设；吸引国内万科、恒大、富力等知名企业加入了城中村改造行列，全年直接投资 198 亿元，带动其他投资 197 亿元，占全市全年固定资产投资的 20%；其他房地产开发商投资达 397.07 亿元，占全市投资比重的 19.6%，比上年提高了 3 个百分点，增长 37.3%。城中村改造投资对全市投资增长的贡献率达到 38.6%，拉动全市投资增长 6.2 个百分点。

2. 城市基础设施建设快速推进

2015 年，太原市城市基础设施建设投资规模达到 341.03 亿元，城市基础设施不断完善，实现了"地上与地下"共用、"面子与里子"并重。

立体式交通建设方面，积极推进轨道交通、公交都市等建设，努力实现公交与铁路、轨道交通、长途客运、出租车等交通方式的有机衔接，积极推进"公交都市"建设，全年交通运输资金投入达 11.1 亿元。继续优化公交线网，全市公交运营车辆数达 2501 辆，公交运营线路网长度 3174 千米，公交全年累计客运量 5.41 亿人，日均客运量 150 万人次，公共交通出行分担率达 31.65%。轨道交通建设开启大幕，太原市轨道交通 2 号线一期工程全线招标开工，首开段车站主体工程封顶。积极提升公共自行车服务能力，公共自行车服务点增加到 1285 个，累计投放自行车 4.1 万辆。

城市管网改造方面，稳步推进雨污分流工程，扎实推进晋阳污水处理厂及配套工程，积极推进架空线缆专项整治工程。治理完成后，中环范围内城市道路线缆入地率将达到 56.8%，接近我国大城市的空中线缆平均入地率。

城市道路建设方面，完成太榆路、南沙河、南内环街、学府街等快速化改造；积极推进寇庄西路、长风南街、长风北街等背街小巷道路改造。

供热方面，继续加大热源开发力度。太古、太交等长输供热管线，华能东山热电联产，大温差供热等供热管网工程已开工建设或主体完工，全年实现集中供热扩网面积 4830 万平方米，建成管线 147 千米；计划新建热力站 280 座，完工 202 座，完成大温差热力站改造 88 座。

供水方面，配合市政道路建设，同步实施了重点项目、重点工程的给水管网改扩建，全年累计敷设供水管网 77.76 千米，完成投资 1.36 亿元；完成"一户一表"用户 3.21 万户。

供气方面，配合市政道路建设，对南内环街、学府街等 36 条燃气管线新建工程及老旧管网进行改造，改造管网约 50 千米，新建管线约 100 千米，进一步提高了燃气管网的覆盖率，2015 年末，全市天然气供气总量 6.77 亿立方米。此外，太原市还投入 56.2 亿元用于全市重点区域环境整治，供热供气优化改造，采煤深陷区搬迁治理和黄标车、老旧车淘汰等宜居城市项目建设。

3. 智慧城市建设渐入佳境

2015 年，全市大力推进基础设施建设，为智慧城市建设打下坚实基础。全市 3G 网络城市覆盖率达到 99.5%，农村覆盖率达到 80.1%，移动 4G 网络已覆盖主城区；互联网普及率为 80.4%，家庭宽带普及率为 80%，无线宽带网络覆盖率为 82.1%。截至 2015 年，机场、火车站、政务大厅、长途汽车站、三级甲等医院等场所已完成 74 个免费 WLAN 场点建设工作。全市重点发展智能交通等智能系统，加快推进供排水、供气、供暖、道路等公共服务管理智能化，以城市地理空间信息系统为基础，统筹城镇规划、市政、交通、住房保障、应急指挥等系统资源，整合城市社区服务资源，建设综合服务平台，12319 城市服务热线办结率达到 90%，智慧城市应用更加广泛。

**（三）着力提升托底保障能力，民生社会事业全面进步**

2015 年，太原市以增进民生福祉为追求，不断加大民生保障和改善力度，全力推进各项社会事业发展，人民生活水平稳步提高，人民群众幸福感、获得感进一步增强。

1. 民生社会事业支出进一步提高

2015 年，太原市不断完善财政投入机制，努力保障民生和社会事业发展，财政支持全市教育、医疗卫生、社会保障和就业、住房保障、城乡社区事务等民生和社会事业发展的支出进一步提高，达 346.64 亿元，占全市一般公共预算支出的 82.5%，民生社会事业支出比重不断提高。（见表 4）

**表 4　2013—2015 年太原市民生社会事业支出增长情况**　　　　　　单位：亿元

| 指　　标 | 2013 年 | 2014 年 | 2015 年 | 2015 年比 2013 年增长（%） |
|---|---|---|---|---|
| 公共财政预算支出 | 319.11 | 322.70 | 419.99 | 31.61 |
| 民生社会事业支出 | 264.55 | 270.66 | 346.64 | 31.03 |

数据来源：《太原国民经济和社会发展统计公报》，2013—2015 年。

其中，教育投资 30.00 亿元，占太原市投资的比重为 1.5%，比上年提高了 0.4 个百分点，增长了 62.4%；卫生投资 18.01 亿元，占太原市投资的比重为 0.9%，比上年提高了 0.3 个百分点，增长了 88.4%；文化和体育投资 10.95 亿元，占太原市投资的比重为 0.5%，比上年提高了 0.2 个百分点，增长了 93.5%。

2. 千方百计促进创业、稳定就业

太原市坚持把就业工作作为保障和改善民生的头等大事，千方百计促进创业、稳定就业。全面落实《山西省就业促进条例》，加快完善创业就业优惠政策，大力推进"大众创业、万众创新"。对高校毕业生创业实施"七补一贷"扶持政策，引领更多的高校毕业生自主创业；对小微企业实施"六补一缓"政策，鼓励小微企业和劳动密集型企业吸纳就业；着力推进创业孵化基地、创业实训基地和创业园区建设，"一条龙""一站式"创新创业服务机制进一步完善；健全失业监测预警机制，采取鼓励企业以吸纳就业、灵活就业、自主创业、托底安置等多种形式，着力解决就业困难人员就业；对零就业家庭，做到出现一户、帮扶一户、解决一户，确保动态为零。2015 年，全市城镇新增就业人数 10.5 万人，其中，创业带动就业 2.29 万人；4.16 万名下岗失业人员实现再就业，其中就业困难人员再就业 1.10 万人。城镇登记失业率控制在3.43%以内。

### 3. 城乡居民收入稳步增长

2015 年，城镇常住居民人均可支配收入达到 27727 元，较 2010 年的 17258 元增加 10469 元，增长了 60.7%；农村常住居民人均可支配收入由 2010 年的 7461 元增加到 2015 年的 13626 元，增加 6165 元，增长了 82.6%，两项收入增速均高于地区生产总值增速。城乡居民收入比为 2.03:1，较 2010 年缩小了 0.24 个百分点，城乡居民收入水平稳步提升。

### 4. 各项社会事业不断进步

教育均衡发展稳步推进。2015 年，太原市扎实推进教育综合改革，大力促进教育均衡发展，全市学前教育、义务教育、高中阶段教育、中等职业教育、高等教育等各级各类教育事业得到较快发展。到 2015 年末，全市共有普通高等院校 43 所，中等职业教育学校 58 所，普通高中 94 所，普通初中 130 所，小学 416 所，幼儿园 640 所。小学学龄儿童入学率和初中生入学率、巩固率均达到国家标准。

尖草坪区、万柏林区、杏花岭区、小店区、古交市分别通过省级和国家级义务教育发展基本均衡评估认定；调整优化全市中等职业学校和专业布局，加强职业教育综合实训基地建设，为职业教育发展奠定坚实基础；推进高等教育提质发展，重点打造特色专业、品牌专业，努力形成各具特色的学校发展模式；不断加强与各行业、区域内大中型企业紧密联系与合作，高等学校科学研究和服务地方经济社会发展的能力显著增强。

医疗卫生服务水平不断提高。2015 年，太原市以"提高人民健康水平和人口素质"为导向，持续深化医药卫生体制改革，全力推进"百院兴医"工程，全市医疗卫生服务水平不断提高，百姓"看病难、看病贵"进一步得到缓解。截至 2015 年末，太原卫生机构数达 2791 个，比 2010 年增加 264 个；医疗床位数 36760 张，比 2010 年增加 8989 张；千人拥有医疗床位数由 2010 年的 7.6 张增加到 8.5 张，千人拥有医生数由 2010 年的 4.4 人增加到 4.6 人。

城乡社会保障水平进一步提升。2015 年，太原市以"制度完善、服务高效、百姓实惠"为目标，着力扩大城乡社会保障覆盖面，惠及百姓利益的社会保障水平再上新台阶。与 2010 年相比，全市城镇社会保险参保率由 91.1% 提高到 97.7%，新农合参保率由 98.0% 提高到 99.7%；城镇职工、城镇居民和新农合三项医疗保险制度无缝对接，实现了全民医保。社会保险待遇大幅提高。企业退休人员养老金标准再次提高，实现了养老金待遇连续 11 年上调；财政对城镇居民基本医疗保险的补助标准从 2012 年的每人每年 240 元增加到2015 年的 380 元，人民群众切切实实得到社会保障带来的实惠。以"保基本、托底线、救急难"为原则，全面夯实社会救助体系建设。截至 2015 年底，全市城市低保覆盖人口 3.32 万人，农村低保覆盖人口 3.98 万人，4238 人纳入农村"五保"供养，城市临时救助 8404 户次，农村临时救助 5003 户次。

5. 全力推进社会治理与创新

2015 年，太原市以创新社会治理体制机制为保障，以化解社会矛盾、协调利益关系为着力点，全力推动政府治理和社会自我调节、居民自治良性互动，加强社会治安综合治理，推进社会治安防控体系建设，严厉打击各类违法犯罪，从严整治治安突出问题，社会治理能力和水平不断提高，人民权益得到切实保障，社会更加和谐、稳定。

深入开展不稳定因素排查化解工作，及时妥善处置突发性群体事件，依法打击处理缠访闹访、组织煽动、挑头闹事，有效维护了省城和谐稳定大局；积极拓展新型人民调解组织覆盖面，重点在征地拆迁、劳动争议、医疗纠纷等领域建立专业性、行业性人民调解组织，人民调解化解社会矛盾的基础性作用得到进一步发挥；基层组织民主自治基础不断夯实，全市 10 个县(市、区)都建立了社会服务管理指导中心，105 个街道（乡、镇）和 1477 个社区（村）建立了社会服务管理中心，基层三级平台在维护基层社会稳定、服务群众方面发挥了积极的作用。

**（四）推进文化产业、文化事业发展，国家历史文化名城影响力进一步提升**

2015 年，太原市以服务人民群众为导向，以依法治文和建设文化基础设施为抓手，深化文化体制改革，建立健全现代公共文化服务体系和现代文化市场体系，开启了太原文化大发展、大繁荣的新局面。

1. 文化体制改革进一步深化

继续深化文化体制改革，进一步创新体制机制，出台《关于做好向社会力量购买公共文化服务工作的落实意见》和《关于向社会力量购买公共文化服务第三方评估的改革指导意见》，加大政府购买公共文化服务的力度；出台《太原市关于进一步加大传统文化、非物质文化遗产传承保护力度的改革指导意见》，建立健全全市非物质文化遗产保护传承体制机制；编制《关于太原市大力支持小微文化企业健康发展的意见》，推进太原市文化与金融合作，支持小微文化企业健康发展；推动全市文化事业单位建立法人治理结构。

2. 公共文化服务体系进一步完善

大力推进公共文化服务体系建设，四级公共文化服务网络得到进一步完善。推动传统媒体与新兴媒体融合发展，推出了《太原日报》新闻客户端并改版升级；太原有线网络公司获得 ISP 牌照，迈出了太原广播电视全 IP 化的第一步；完成乡村广播电视"户户通"建设任务；不断加大文化活动建设力度，积极开展以"中国梦"为主题的创作活动，成功举办"中国共产党反腐倡廉历程展"，推出了晋剧《于成龙》《紫穗槐》，话剧《谍杀》，以及廉政题材小戏小品、歌舞作品 30 余部；承办了"第十二届全国美展获奖作品展览"太原巡展、纪念抗日战争胜利 70 周年"民族魂·翰墨情"美术、书法原创作品展等 47 个展览；组织第十七届"群星奖"太原市选拔评选活动，圆满完成2015 年"幸福龙城、美丽太原"两节系列文化活动；深入开展以"书香太原"为主题的全民阅读活动，丰富了人民群众的文化生活。全年共荣获国际奖项 3 项、国家级奖项 3 项、省级奖 2 项；晋剧《唐宗归晋》《于成龙》，舞剧《千手观音》成功申报国家艺术基金项目；全省首家"太原非物质文化遗产传习展示中心"对外开放；命名古建筑模型制作技艺等 11 家非物质文化遗产传习场所为太原市第二批非物质文化遗产传习基地。

3. 文化产业进一步发展

积极落实扶持文化产业优势项目和文化产业示范基地，开展太原市第三批文化产业示范基地评审工作和特色文化产业县、乡、村评选工作，组织参加第二届山西文化产业博览交易会、第十一届中国深圳国际文化产业博览交易会等国内文博会，签约金额上百亿元，占全省总量的1/3，文化产业进一步壮大。全年共审核换证和备案登记了 609 家网吧、390 家歌舞娱乐场所、48 家文艺表演团体、22 家演出场所、367 家出版物经营单位、33 家艺术品经营单位，文化市场体系得到进一步健全。

### （五）加大生态文明建设力度，生态环境质量持续改善

2015 年，太原市坚持绿色发展理念，将生态文明建设融入现代化建设各方面和全过程，持续深化"五大工程、五项整治"，全面实施控制燃煤、关停企业、工业企业提标改造、治理污水、防治尾气、抑制扬尘、整治面源、垃圾处置、秸秆禁烧、生态绿化十大重点举措，努力建设资源节约型、环境友好型社会，生态环境保护和建设取得明显成效。

1. 生态环境持续改善

从城市绿化看，建成区绿化覆盖率、绿地率和城市人均公共绿地面积在"十二五"时期逐年递增，省城环境质量不断得到改善。2015 年开工建设晋阳湖、和平公园等 13 个公园，建成 46 个游园，完成阳兴大道、建设路、南沙河路等主干道景观绿化；创建省级园林单位 2 个，省级园林小区 2 个；全市共有综合性公园 37 个，专类公园 11 个，带状公园 5 个，街旁绿地 146 块；建成区绿化覆盖面积 13940 公顷，园林绿地面积 12264 公顷，公园绿地面积 3930 公顷。截至 2015 年底，全市建成区绿化覆盖率 41.00%，绿地率36.07%，人均公园绿地面积 11.56 平方米，达到历史最好水平。（见表 5）

表 5 "十二五"以来太原城市绿化情况

| 指 标 | 2011 年 | 2012 年 | 2013 年 | 2014 年 | 2015 年 |
|---|---|---|---|---|---|
| 建成区绿化覆盖率(%) | 38.00 | 39.10 | 39.90 | 40.50 | 41.00 |
| 绿地率(%) | 33.16 | 34.18 | | 35.57 | 36.07 |
| 城市人均公共绿地面积(平方米) | 10.10 | 10.66 | 10.96 | 11.26 | 11.56 |

数据来源：《太原国民经济和社会发展统计公报》，2011—2015 年。

从空气质量来看，2015 年，全市空气质量进一步改善。PM2.5 达标天数从 2014 年的 62.2% 上升到 2015 年的 69.3%，上升了 7.1 个百分点；空气二级以上良好天气率从 2014 年的 54.0% 上升到 63.0%，上升了 9 个百分点，2015年空气二级以上天数达到 230 天。（见图 1）

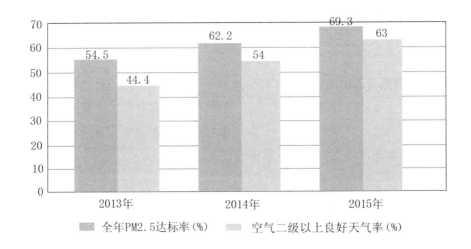

图1 2013—2015 年太原市空气改善情况

在水环境治理方面，全市饮用水源地水质达标率继续保持在 100%，地表水功能区水质达标率为 75%；汾河出境断面水质得到改善，主要污染物化学需氧量（COD）较上年下降了 17.63%，氨氮下降了 16.92%。

在污染物总量减排方面，经初步测算，全市 6 项主要污染物排放量与 2014 年同期相比，COD 下降了 13.4%，氨氮下降了 4.28%，二氧化硫下降了 5.70%，氮氧化物下降了 6.75%，烟尘下降了 5.24%，工业粉尘下降了 1.50%。

2. 着力推进节能减排

以工业节能减排为抓手，推动节能减排深入发展。推进燃煤机组超低排放改造工作，全市 30 万千瓦以上机组 9 台全部改造完毕，燃煤机组超低排放改造工作提前两年完成；重点监控年耗能 1500 吨标煤以上的 118 户工业企业；关停二电厂 3×20 万千瓦燃煤机组等污染企业 34 家，减少燃煤 180 万吨；狠抓化解过剩产能和淘汰落后产能工作，对太原煤气化第二焦化厂 JN60 型 6 米焦炉（2×50 孔）100 万吨产能项目按照工信部最新有关验收标准进行了验收；对 2015 年列入国家能源局、山西省淘汰落后产能工作领导组的太原清徐美锦集团（2×0.3、1×0.6）1.2 万千瓦的小火电机组进行拆除、验收；积极推进大宗固废利用工作，及时监控全市资源综合利用项目进展情况和指标完成情况，资源综合利用率指标完成率达 68.2%；成规模拆除城中村小锅炉，拔掉城中村小锅炉 5100 余台；在六城区范围内组织开展建筑工地扬尘污染、机动车尾气污染、工业污染、烧烤及饮食服务摊点面源污染和重点区域环境治理等 5 项环境综合整治；对重点污染企业实施 24 小时驻厂监管，完善"污染者付费、治污者受益"的责任机制。

开展节水型企业（单位、校园、小区）创建工作。节水型企业、单位覆盖率达到 36.34%，小区覆盖率达到 6.3%；完成太重污水深度处理再生利用改造项目，回用量达到 1000 立方米/日；积极推动高新区区域再生水利用设施工程落实，累计建成 20 余个再生水项目，设计处理量达到 8690 多立方米/日；以道路改造为契机，大力开展中水工程建设，共铺设中水管道 3080.65 米；继续实施城市照明工程绿色图审，严格节能环保标准；加强照明节能监理，城市低效照明产品淘汰率达 100%。

积极推动既有居住建筑节能改造、新建建筑节能、绿色建筑、可再生能源建筑应用。结合城市综合整治，对滨河东路沿线同步实施坡屋顶改造，完成既有居住建筑节能改造 412 万平方米；全市新建建筑设计、施工阶段建筑节能标准全部执行国家建筑节能强制标准，执行率达 100%。

3. 生态文明建设政策支撑体系逐步完善

先后出台《东西山林地林木认养办法》《关于大力推进林业生态建设的决定》《关于加快林业发展推进森林城市建设的意见》《关于促进西山城郊森林公园建设的实施意见》等政策措施，规定荒山绿化后，不超过 20% 的土地可用于公园配套设施建设和适度开发；制定《关于 2015 年节能工作的实施方案》《2015 年太原市资源综合利用与清洁生产工作要点》《2015 年市区城中村（棚户区）和农村全面推广使用洁净煤工作方案的通知》等政策措施，进一步加大节能减排和清洁能源使用的政策支持力度；出台《太原市排污费征收标准调整方案》，将主要污染物因子的排污费征收标准调整为原标准的 3 倍，督促排污企业加快污染治理，最大限度减少污染物排放。

**（六）全面实施"三个突破"，推动经济持续平稳发展**

抓好科技创新、民营经济、金融振兴"三个突破"，是山西省委、省政府提出的振兴山西经济发展的重要举措。2015 年，面对严峻复杂的经济形势，太原市委、市政府按照省委要求，深入实施"三个突破"，全力推动"六大发展"，全市经济发展动力和活力进一步提升。

1. 科技创新力度加大

2015年，太原市紧紧围绕科技创新发展目标任务，持续深化科技管理体制改革，大力推进产学研协同创新，着力提升企业创新能力，科技创新对经济结构调整和发展方式转变的支撑力和贡献率不断提高。

科技创新政策环境进一步优化。构建普惠性创新支持政策体系，出台《中共太原市委、太原市人民政府关于贯彻落实创新驱动发展战略的实施意见》，加大考核权重，将科技创新工作任务指标纳入政府各有关部门的年度目标责任考核体系，形成市委、市政府有力领导、部门协调联动、产学研协同创新的科技创新格局。

科技投入成效显著。2015年研究与试验发展（R&D）经费支出93.21亿元，占GDP的比重为3.4%；柔性引进两院院士，新建8个院士工作站，引进16个国家级创新平台；推进太原市企业与中科院开展产学研科技合作，中科院"电子辐照技术联合研发基地""基于互联网的重型装备远程监控与诊断系统研究"等8个项目签约落地。

大力促进科技成果转化。截至2015年底，全市发明专利申请2890件，同比增长10.6%；发明专利授权1533件，同比增长49.9%；有效发明专利拥有量5157件，同比增长28%；全市技术合同成交额52.99亿元，其中，市内技术合同成交额21.96亿元，比上年增长162%。

全力推动高新技术产业发展。2015年，全市新增高新技术企业107家，累计认定高新技术企业376家，三级企业技术中心155个。其中，国家级企业技术中心11个，省级企业技术中心77个，市级企业技术中心67个。太原重型机械集团有限公司（以下简称"太重"）"矿山采掘装备及智能制造实验室"被认定为国家重点实验室。全市规模以上工业高新技术产业增加值248.05亿元，占地区生产总值的比重为9.1%。

2. 大力推进民营经济发展

2015年，太原市以全省民营经济发展推进大会精神及全市民营经济发展推进大会暨小微企业创业创新基地城市示范动员大会精神为引领，持续加大民营经济发展的政策支持力度，民营经济总量平稳增长，结构不断优化。全市民营经济增加值1571.53亿元，占全市GDP的比重达57.46%；上缴税金

307.5 亿元,占全市税收总额的比重为 67.89%;民营经济总户数 27.92 万户,吸纳就业 162.6 万人。民营经济在太原经济发展中发挥着越来越重要的作用。

投资规模不断增长。民营经济投资规模和份额逐年增长,对全社会投资增长的拉动进一步提高。2015 年,全市民间投资累计完成 1001.18 亿元,占全市投资比重的 49.4%,同比增长 21.7%,拉动全市投资增长了 10.2 个百分点。其中民营企业固定资产投资施工项目 481 个,完成投资 594.19 亿元,占到民间投资总量的 59.4%。

民营经济结构趋向合理。民营煤、焦、铁等传统优势产业从资源粗加工型向深加工型转变,装备制造、节能环保、电子信息、生物制药、现代农业、商贸物流、文化旅游等新兴产业成为民营工业企业的支柱产业。其中,仅计算机、通信和其他电子设备制造业营业收入就占制造业营业收入的 70% 以上。三次产业比重分别为 0.75:41.3:57.95,第三产业占比较 2011 年提高了26.78 个百分点,第三产业整体实力进一步增强。

集群经济成效显著。以产业园区为载体,以龙头企业为依托,大力培育特色产业和拳头产品,集中连片发展,形成规模优势,集群经济成为民营经济新的增长亮点,初步形成老陈醋、面食、不锈钢加工、机械加工、白酒、活性炭等特色块状经济,民营经济规模企业群体进一步壮大。水塔醋业股份有限公司等 12 家企业被评为省级农产品加工"513 工程"重点龙头企业,富士康(太原)科技工业园完成增加值 183.57 亿元,同比增长 8.07%,占全市民营经济总量的 11.68%,对全市民营经济增长的贡献率为 9.55%,拉动民营经济增长了 0.96 个百分点,名优企业经营效益不断增长。

政策扶持力度持续加大。认真贯彻落实中央和山西省促进民营经济发展的各项政策,出台《加快民营经济发展的实施意见》《小微企业创业创新基地城市示范工作实施方案》《大力推动创业创新,促进小微企业健康发展的意见》等政策配套文件,鼓励和扶持民营企业参与文化旅游、休闲会展、养老服务等特色潜力行业发展,引导民营企业投资新能源、节能坏保、生物医药产业;以跻身全国首批小微企业创业创新基地示范城市为契机,大力扶持小微企业发展。截至 2015 年底,全市已有省级中小企业创业基地 12 家;小微企业增加 18753 户,同比增长 27.7%;营业收入 3529.67 亿元,同比增长5.5%;新增小微企业就业人数 8.19 万人,同比增长 13.8%。

### 3. 着力推动金融振兴

2015年，太原市认真贯彻落实全省金融振兴推进大会精神，把金融业的发展放在更加突出的位置，着力深化和推进金融改革，因地制宜鼓励各类金融创新，金融业在发展速度、质量和效益以及金融创新等方面取得了新突破。2015年，全市共有银行业机构26家，银行机构网点1024个，金融业实现增加值373.62亿元，占GDP的比重达13.7%，同比增长15.9%，增速比上年加快了11.0个百分点，拉动GDP增长了1.81个百分点，金融业已成为太原市的重要支柱产业，对全省金融发展的辐射带动作用显著增强。

金融存贷款增速加快。2015年末，全市金融机构本外币各项存款余额达10830.05亿元，比年初增长5.6%；本外币各项贷款余额9121.35亿元，同比增长13.2%，存贷比为84%，高于上年同期的79%，贷款增速快于存款增速。2015年末，全市人民币各项存款余额10011.26亿元，同比增长2.0%。其中，个人储蓄存款余额3325.78亿元，同比增长0.5%；人民币各项贷款余额9027.59亿元，同比增长13.6%。从贷款结构看，中长期贷款余额5524.47亿元，同比增长12.6%；短期贷款余额2841.48亿元，同比增长14.8%，表明有更多的信贷资源用于支持太原经济发展。

融资主渠道进一步拓宽。太原市充分发挥各大银行的融资作用，进一步做大做强政府融资平台，与国家开发银行等建立长期战略合作关系，用足用活国家政策银行应对经济下行压力的投资机遇，放大投资规模和速度；全力发展金融业总部经济，充分发挥太原煤电价格优势、土地成本优势、自然条件气候优势、高铁高速公路网络优势以及中心区位优势，加强与各金融机构总部的战略合作，不断扩大信贷投放和资金配置，吸引各类金融机构的资金清算中心、数据备份中心、后台服务中心、培训中心等落户太原。

充分利用资本市场扩大直接融资规模。积极引导企业通过发行短期融资券、中期票据等方式，扩大直接融资比例。2015年，全市上市公司达到19家，占全省总数的50%。其中主板16家，中小板2家，创业板1家；"新三板"挂牌企业达到20家，占到全省的2/3；开辟"助保贷""共赢联盟贷""互助基金贷"等融资模式，普惠更多企业，尤其是中小型企业。2015年，全市获得"助保贷"省级融资模式创新奖励0.4亿元；市级类"助保贷"投入风险补偿铺底资金0.96亿元，累计为319户企业放贷11.9亿元。

引导金融与科技深度融合。协调设立 1 亿元的天使投资基金和 1 亿元的创业投资引导基金,扶持具有自主知识产权和市场前景较好的种子期、初创期科技企业;设立 6000 万元的科技型小微企业信贷风险补偿专项资金,引导金融机构、担保机构加大对科技型小微企业的信贷支持;指导晋商银行在高新区成立太原市第一家科技支行;积极开发知识产权质押、股权质押等科技金融产品,为科技型中小企业提供专业金融服务;组织举办科技金融对接活动,向省城金融机构推荐企业科技项目融资需求,为科技型中小企业提供特色化、差异化、多元化金融服务。

### (七)扎实推进"五个一批",促进全面、和谐、健康发展

抓一批重大产业项目,抓一批重大基础设施项目,抓一批重大民生项目,抓一批重大不稳定因素的化解,抓一批重大改革事项,是太原市委、市政府提出的推进"六大发展"、促进富民强市的重大举措。2015 年,太原市委、市政府按照"五个一批"工作部署,积极组织实施,全力抓好落实,稳步推进工作,有力地促进了全市经济社会平稳较快发展。

1. 推进一批重大产业项目

产业发展是推动城市发展的重要支撑。2015 年,太原市通过实施一批规模较大、带动性强、影响力大的产业项目,有力地促进了全市产业结构调整和产业转型发展。

2015 年,确立第一批市级重大产业项目共 83 项,分第一产业、第二产业、第三产业 3 部分,总投资 1716.9 亿元。截至 2015 年 12 月底,83 项重大产业项目已开工 79 项,完成投资 286.3 亿元。其中第一产业项目 6 项,总投资 19.1 亿元,已全部开工,完成投资 7.11 亿元;第二产业项目 40 项,总投资 846.4 亿元,已开工 36 项,完成投资 140.3 亿元;第三产业项目 37 项,总投资 851.4 亿元,已全部开工,完成投资 138.9 亿元。

2. 推进一批重大基础设施项目

2015 年,太原市从城市道桥、供水、供气、供热、污水处理、垃圾处理、园林绿化、公交场站、电力设施、轨道交通等方面着手,科学组织、强力推进一批重大基础设施项目。计划实施的 136 个重大基础设施项目,总投资约 587.64 亿元,全年开工 127 项,累计完成投资 211.64 亿元,超额完成了

年度目标任务。

城市道桥项目方面，全年安排新建改建主、次干道 31 项，背街小巷改造 32 条，工程总投资 110 亿元，当年总计完工里程 66.42 千米，累计完成投资 79.32 亿元；城市配套项目方面，有供水、供气、供热、污水处理、防洪排涝、垃圾处理六大类 36 项工程，总投资 356 亿元；城市园林景观方面，计划建设市级公园 6 项，总投资 70.73 亿元；城市电网配套方面，共 25 个项目，其中服务城中村改造等重大民生类 11 项，服务开发区扩区等重大产业类 12 项，服务重大基础设施类 2 项，总投资约 49.44 亿元，完成投资 20.61 亿元。

3. 推进一批重大民生项目

2015 年，太原市委、市政府以着力办好一批人民群众热切盼望的民生实事，着力解决群众最紧迫、最现实、最直接的民生问题为宗旨，提出太原市 2015 年重大民生项目计划。包括农村、教育、卫生、城市建设、环境综合整治、民政、文体、保障性住房及城中村改造等 9 个方面，共 168 项，总投资 2155 亿元，2015 年计划投资 554 亿元。其中城中村改造投资 410 亿元，保障性住房建设投资 67 亿元，教育卫生等投资 77 亿元。截至 2015 年底，已开工项目和开展事项共 155 项，完成投资 403.4 亿元，完成年度计划的项目及事项 110 项，其中已完工和完成的 83 项。

4. 推进一批重大不稳定因素的化解

太原市以化解一批重大不稳定因素"做减法，不做加法"为工作目标，以"全面清理、逐项研究，分类分项、两责到位，依法依规、统筹兼顾，标本兼治、突出重点，滚动推进、动态调整"为基本原则，对全市重大不稳定因素进行全面排查清理、因案施策、包案化解。对诉求合理的重大不稳定因素，综合运用法律、政策、经济、行政等手段和教育、协商、调解、疏导等办法予以化解；对特殊疑难的重大不稳定因素设立解决特殊疑难问题专项资金，必要时采取公开听证、复查复核等方式力争化解；对责任主体多元的"三跨三分离"重大不稳定因素，采取协商会办、群众评议、社会参与等多种方式予以化解；对涉法涉诉的重大不稳定因素，严格实行诉访分离，导入司法程序，运用法治思维和法治方式依法化解，一批重大不稳定因素化解工作取得显著成效。

5. 推进一批重大改革事项

2015 年，太原市紧紧围绕全市改革发展大局，以推进一批重大改革事项为重要抓手，立足太原实际，积极探索创新，一批重大改革事项进展顺利，改革年度目标任务基本完成。

太原市确定的 73 项重大改革任务和事项涵盖经济生态、民主法制、文化、社会、纪检、党的建设、行政城建等七大领域，其中落实承接中央、省委的改革任务 54 项，探索性、创新性改革举措 19 项。截至 2015 年底，已完成改革年度目标任务的 69 项，其中改革举措已经进入落地实施阶段的 48 项，主要包括扩展开发区空间，理顺管理体制，健全人大主导立法工作机制，推动文化事业单位建立法人治理结构，食品生产经营、药品生产流通领域推进信用体系建设等重点改革举措。已经完成改革事项前期调研、文件起草，正按照相关程序报批的改革事项 15 项，主要包括市属国有企业股权多元化改革，完善煤炭焦炭公路销售体制，完善东、西两山生态保护修复机制，深化行政审批制度等改革事项；属于长期推进的改革任务，已经完成年度目标任务的 6 项，主要包括推进农村土地制度改革、推进厂办大集体改革、推进传统媒体与新兴媒体融合发展等改革事项。

# 二、2016 年太原发展形势分析与展望

2016 年是实施"十三五"规划的开局之年，也是推进结构性改革的攻坚之年。在这重要的战略机遇期，太原面临有利的发展机遇和条件。

从国际看，世界经济在深度调整中曲折复苏，全球产业升级调整带动新科学、新技术不断进步，为太原经济结构调整和产业升级提供了后发优势，为进一步扩大开放、加强对外合作提供了新机遇。

从全国看，我国已进入全面建成小康社会、全面深化改革、全面依法治国、全面从严治党的重要历史时期，创新、协调、绿色、开放、共享五大发展理念，为加快全面建成小康社会、更好地把改革开放和现代化建设各项事业不断推向前进指明了方向；新常态下，经济增长速度从高速转为中高速，经济结构调整从增量扩张为主转向调整存量、做优增量并举，发展方式从规模速度型转向质量效益型，发展动力从主要依靠资源和低成本劳动力等要素

投入转向创新驱动；激发内生动力、优化经济结构、转换发展动力、转变发展方式成为太原经济发展的必然选择；"一带一路"建设、京津冀协同发展、长江经济带发展三大战略为太原发展带来重大机遇。

从山西看，综改区建设步伐加快，转型发展效果显现，特别是省委、省政府实施"三个突破"重要举措，对太原提出发挥"六个表率"要求，出台《关于支持太原市率先发展的意见》，为加快太原发展注入了强大动力和活力。

从太原来看，太原正处于全力推进"五个一批"、实施"三个突破"、实现"六个表率"的关键时期，太原市委、市政府坚持稳中求进的工作总基调，着力稳增长、促改革、调结构、惠民生、防风险，全市经济社会发展稳中有进、持续向好。

同时，太原发展也面临严峻的困难与挑战：经济下行压力较大，经济社会发展中长期积累的矛盾仍然突出；经济结构欠佳，质量效益不高，发展规模不大；科技创新能力不强，创新动力不足；传统产业产能过剩，企业效益深度下滑；财政收支矛盾突出，民生问题欠账较多，社会事业发展相对滞后，社会稳定潜在风险较多；生态环境脆弱，发展方式依然粗放；对外开放水平较低，园区承载能力、引领作用不强，招商引资引智水平不高；城乡区域发展不平衡，全面建成小康社会、实现率先发展仍需付出艰苦努力。因此，太原要准确把握战略机遇期内涵的深刻变化，主动适应经济发展新常态，站在全局的高度来分析解决经济社会发展中的短板和突出问题，坚持发展为第一要务，坚持以新发展理念引领发展，将创新、协调、绿色、开放、共享五大发展理念贯穿于全面深化改革、实现现代化进程的各项工作之中，着力提高发展质量和效益，着力保障和改善民生，统筹推进经济、政治、文化、社会和生态文明建设，在全省全面建成小康社会进程中实现率先发展，努力实现"十三五"时期经济社会发展良好开局。

2016年太原经济社会发展的主要目标：

经济结构持续优化。经济保持平稳增长，经济增长的质量和效益明显提高。地区生产总值增长8%左右，固定资产投资增长12%，一般公共预算收入增长3%，社会消费品零售总额增长6.5%；传统产业竞争力不断增强，新兴产业规模进一步扩大，现代服务业发展水平不断提高，农业现代化进程不断加快，三次产业内部结构进一步优化；科技创新能力显著提升，对外开放的广度和深度进一步拓展，在全省对外开放格局中的带动作用进一步增强。

城市功能全面提升。城市空间布局更加优化，立体化综合交通体系进一步完善；城中村和棚户区改造步伐加快，智慧城市建设持续推进，城市综合承载力和建设管理水平进一步提高，省会城市功能和辐射引领作用不断增强。

民生保障水平进一步提高。财政对民生社会事业的投入增长速度不低于GDP 增长速度；城乡居民收入增长不低于经济发展速度，城镇和农村常住居民人均可支配收入分别增长 8% 和 8% 以上；就业比较充分，城镇年均新增就业 10 万人，城镇登记失业率控制在 4% 以内；教育、文化、医疗、社会保障、住房等公共服务体系更加健全，基本公共服务均等化水平明显提高，人民群众获得感和幸福感显著提升。

文化强市建设步伐加快。公共文化基础设施更加健全，现代公共文化服务体系进一步完善，市民素质和社会文明程度显著提高；文化事业整体水平、文化产业综合实力明显提升，国家历史文化名城影响力进一步扩大。

生态环境持续改善。生产方式和生活方式绿色、低碳水平进一步提升；单位地区生产总值能耗、主要污染物排放量进一步降低；重污染天气大幅度减少，全年 PM2.5 年均浓度值下降 4%，二级以上优良天气力争增加 20 天以上；地表水水质、污水处理率进一步提高，建成区绿化覆盖率达到41.4%，城乡人居环境进一步改善。

# 三、推动太原发展的对策建议

## （一）加快推进供给侧结构性改革，促进经济持续平稳健康发展

1. 深化创新，以改善供给结构为主攻方向，大力促进产业转型升级

实施创新驱动战略，推动"双创"和"中国制造 2025"、"互联网+"行动计划，大力发展高端装备制造、新能源、节能环保等战略性新兴产业，加快传统产业改造升级步伐，鼓励发展现代金融、现代物流、专业会展、研发设计等现代服务业和生产性服务业，发展壮大文化旅游、健康养老等生活性服务业；有效化解过剩产能，认真落实国家、省关于煤炭、钢铁行业去产能

的相关部署，稳步推进去产能的各项工作，积极稳妥地处置"僵尸企业"，促进产业优化重组；开展"降低实体经济企业成本行动"，落实好中央和省出台的企业减负松绑政策措施，切实降低企业综合成本，减轻企业负担，调动企业发展的积极性；大力发展多层次资本市场，积极支持企业上市融资，有效利用资本市场扩大直接融资规模；建立政府、银行和企业合作机制，广泛开展与工商银行、农业银行、中国银行、建设银行、交通银行等商业银行的合作，提升金融支持地方经济发展的水平和能力。

2. 加大招商引资和重大项目建设力度

围绕高端装备制造、信息技术、新能源、节能环保、现代服务业等领域，以"山西品牌中华行"、"民营企业进山西"、融入"一带一路"建设系列活动为契机，以大项目、好项目为抓手，着力引进投资规模大、带动作用强、支撑能力突出的大项目和科技含量高、财税贡献大、经济社会效益优的好项目，带动经济稳定增长和结构持续优化；充分发挥园区引领和带动作用，加快经济区、高新区、民营区和不锈钢园区拓展步伐，打好基础设施建设、招商引资和改革创新攻坚战，不断提升园区经济的带动力；切实抓好重大项目建设，加快推进太重风电装备、江铃重汽、比亚迪新能源汽车等重大产业项目，特别是预增产值亿元以上重点投产项目建设，确保如期投产，尽快形成新的增长点；加快地铁2号线、滨河西路南延等重大基础设施建设，力争形成更多的实物工程量和投资额；加快推进采煤沉陷区治理、棚户区改造等重大民生项目，不断提高人民群众的幸福感和获得感。

3. 多措并举，扩大消费需求和外贸规模

积极承办和组织企业参加山西品牌中华行、山西品牌丝路行、山西品牌网上行和山西品牌省内行活动，支持本土名优企业走出去建立山西名优商品展销中心，拓展市场空间，扩大品牌消费；鼓励和引导商贸服务企业利用节假日等旺销时机，开展商品让利促销，扩大城乡消费规模；加快发展电子商务，积极发展大宗商品电子交易，做大做强特色农产品电子商务交易，积极推动跨境电子商务公共服务平台建设；认真落实国家、省促进商品房消费的各项政策，出台太原市房地产去库存的具体政策，通过支持农民工进城购房、放宽公积金政策、鼓励保障房货币化安置、加强房地产市场秩序监督等措施，扩大有效需求，努力化解房地产库存，确保商品房销售稳定增长；助力企业积极开拓国际市场，支持企业在境外建设展示中心、批发零售网点、售后服务中心、备件生产基地以及跨境电商海外仓，扶持具有较强竞争力的海外展销平台和国际营销网络，深化与境内外贸易投资促进机构的联系和沟通，搭建多形式的互动交流平台。

4. 推进高水平对外开放，着力实现合作共赢

树立全球眼光，用好发展机遇，主动对接国家"一带一路"和京津冀协同发展战略，紧盯自贸区发展战略，积极推进区域经济合作；切实加强与国内各经济区特别是周边发达地区的经济交流，形成良性互动、竞争合作、共同发展的格局；加快与中部省会城市的联合协作，扩大与"长三角""珠三角"地区城市的战略合作，有选择地承接发达地区产业转移，拓展发展空间和市场，全面提高经济合作的质量和水平；深化太原城市群协作，推进太原晋中同城化，全面提高太原对省内城市的辐射带动能力。

**（二）大力推进城市建设，提升城市品质和服务功能**

1. 提高城市规划与建设的科学性

以《全国主体功能区规划》《国家新型城镇化规划（2014—2020 年）》为指导，贯彻中央、省城市工作会议精神，进一步打牢城市长远发展的坚实基础；增强规划的科学性，创新城市规划理念，实施"阳光规划"和开放式规划；增强规划的前瞻性，综合考虑城市功能定位等多种因素，合理安排生产空间、生活空间、生态空间布局；增强规划的系统性，大力推进"多规合一"；增强规划的严肃性、科学性和权威性，严格执行《中华人民共和国城乡规划法》规定的原则和程序；杜绝规划的随意性，大力建设海绵城市、绿色城市、紧凑城市，提高环境质量。

2. 提高城市治理现代化水平

加强城市发展规律研究，科学把握城市人口、经济、土地和住房、交通、环境的发展及其相互关系；加快推进户籍制度改革，促进有能力在城镇稳定就业和生活的农业转移人口有序实现市民化；促进基本公共服务均等化，逐步实现城中村居民和外来务工人员在子女上学、医疗、住房等方面享受与市民同等待遇；继续打造智慧城市，推动信息技术在各领域的深度应用；完善城市公共信息平台，提升网格化、数字化、精细化管理水平，畅通城市要素

流动渠道；优化调整城市土地利用结构，调减工业用地，增加生活、生态用地，逐步形成合理的土地用途结构；加强城市地下和地上基础设施建设，谋划布局一批产业集聚、功能完备、特色明显的发展片区，推动城市扩容提质；建立健全城市治理专业教育制度，加强城市治理人才培养，形成一支懂城市、会治理的人才队伍；借鉴国际先进经验，探索实行职业城市经理人制度，进一步创新"经营城市"理念，走出一条"以城建城、以城养城、以城兴城"的自我增值、自我发展的城市化道路；积极拓宽城市建设投融资模式，多元化筹措建设资金，深化政府和社会资本合作（以下简称"PPP"），加强开发性金融合作，探索研究 PPP 模式在城市基础设施建设中的应用及推广。

3. 提升依法治市水平

法治是城市现代化的重要标志，是城市工作的基本方式，是维护和保障市民合法权益、促进社会公平正义的制度保障。应在深入推进城市管理和执法体制改革的基础上，健全依法决策的体制机制，把公众参与、专家论证、风险评估等确定为城市重大决策的法定程序，依法规划、建设、管理城市。

4. 推进市民素质现代化

人是城市的主体，人的素质就是城市的素质。应大力培育现代公民意识，树立现代市民行为规范，培育新风尚，弘扬正能量，提升市民素质现代化水平；要以迎接 2019 年第二届全国青年运动会为契机，深入推进全国文明城市、国家生态园林城市、国家环保模范城市、国家卫生城市、国家森林城市"五城联创"活动，引导广大市民树立主人翁意识，争当"五城联创"的参与者和推动者，不断提升城市文明程度和市民文明素质。

**（三）紧扣增进民生福祉，全力推动社会事业建设**

1. 大力促进创业带动就业

实施创业优先战略，落实好就业促进计划和创业引领计划，积极扶持大学生自主创业；加大市场准入、财政补贴、税务减免等政策扶持力度，为小微企业、自主创业者搭建创业平台；推动"大众创业、万众创新"，积极发展就业容量大的服务业、民营经济和小微企业，运用"互联网+就业"新模式，在更广阔领域实现就业供需对接；推行精细化就业服务和援助，开展"双创"、实施失业保险、支持企业稳定岗位、政府专项资金扶持等措施，多措并举做好国有破产、改制企业人员和残疾人、零就业家庭等就业困难群体的就业援助工作；建设延伸至街道（乡镇）、社区（行政村）的就业服务信息网络，为城乡劳动者平等就业搭建服务平台；大力加强职业培训和创业培训，建立健全城乡劳动者终身职业培训制度，为创业就业提供有力支撑。

2. 努力增加城乡居民收入

深入推进分配制度改革，规范收入分配秩序，努力缩小城乡、区域、行业收入分配差距，形成合理有序的收入分配格局。稳步推进机关事业单位工资制度改革，认真落实最低工资制度，保障企业职工工资正常增长和支付，维护劳动者合法权益；深化市属国有企业负责人薪酬制度改革，加强对其收入分配和利润分红的监管，制定企业领导人员与普通职工合理的收入差距比例，努力使劳动者收入提高与企业利润增长相适应；加大财政转移支付，不断扩展城乡保障面和提高保障额度，建立和完善社会救助和保障标准与物价上涨挂钩的联动机制，推动农村低保标准与国家扶贫标准相衔接，切实保障低收入人群收入水平。

3. 全力推进社会事业建设

建立多元化的社会事业投入机制。通过对民生投入增长与经济增长的科学分析，按照客观合理、科学安排、适度超前谋划的原则，调整优化财政支出结构，确保每年财政用于公共服务支出的增幅高于一般性财政预算收入增幅；建立基本公共支出项目最低财力保障制度，切实将财政支出的重点转到加强公共服务上来；全面放宽社会事业市场准入，通过委托、承包、采购等方式，广泛吸引社会资本参与社会事业各种项目建设，多渠道增加民生投入。

推进教育事业全面发展。要把教育摆在优先发展地位，继续加大教育投入，深化教育领域综合改革，切实维护教育公平。科学制定全市中小学布局专项规划，调整优化教育布局，推动城市学校对农村学校、优质学校对薄弱学校的结对帮扶共建，逐步缩小城乡、区域之间和校际的办学差距，促进义务教育均衡发展；进一步建立完善政府统筹、行业参与、社会支持、以市为主的职业教育管理体制和办学机制，积极推动对太原地区分属于各部门的中专、技校、职业高中的结构重组和资源整合，推进现代职业教育体系建设；推动高等教育走质量优先的内涵式发展道路，突出办学特色，注重以社会需求为导向调整优化专业布局和学科建设，促进高等教育更好地适应太原经济社会发展的需要。

提高医疗卫生服务水平。以"保基本、强基层、建机制"为原则，进一步深化医药卫生体制改革，建立健全覆盖城乡的医疗卫生服务体系，促进优质医疗资源纵向流动，确保卫生事业发展与太原经济社会发展水平相适应。建立区域医疗机构之间的分工协作机制，在明确各层次医疗卫生机构功能和职责的前提下，通过建立和促进医疗机构间科学有序的分工合作机制，引导卫生资源向基层流动；公立医院要通过技术支持、人员培训、管理指导等多种方式，带动基层医疗机构发展，提升基层医疗卫生机构服务能力；整合区域内三级综合医院、二级综合及专科医院、基层医疗卫生机构，组成以医联体制度为共同规范的紧密型非独立法人组织，实现医疗资源的纵向组合。

进一步完善公平、可持续、全覆盖的社会保障制度。实施全民参保登记计划，深入推进"五险统征"体制建设；逐步提高财政用于社会保障支出的比重，为实现全覆盖与可持续发展提供强大经济支撑；调整和优化财政投入结构，重点向人均收入水平较低的农村地区和城乡的贫困人口倾斜；逐步将城乡居民养老保险的统筹层次提高到省级、市级统筹，实现城乡居民养老保险待遇公平；应加大社会统筹比例，适度降低个人账户的缴费额，针对不同收入人群，制定差异化的待遇确定与调整机制，重点照顾城乡老、弱、残疾人及其他低收入者等弱势群体。

积极推动养老服务业发展。充分发挥政府主导、政策引领、社会主体作用，加快构建以居家为基础、社区为依托、机构为补充、医养相结合的社会养老服务体系。巩固居家养老基础地位，建立提供生活照料、精神慰藉、康复护理等服务的居家养老服务网络；开展社区养老服务，在街道和社区普遍建立社区养老服务中心、日间照料中心，为老年人提供多种便利服务；通过公建民营、民办公助、运营补贴、信贷支持等扶持政策，多措并举支持和推进社会力量和民间资本积极参与养老服务业发展，满足不同层次的养老服务需求。

4. 加强和创新社会治理

着眼于维护最广大人民群众的根本利益，从经济社会发展的长远目标和整体利益出发，以系统治理、依法治理、综合治理、源头治理为工作理念，加快构建和形成适应形势、符合实际、科学有效的社会治理工作机制，确保省城社会既和谐有序又充满活力；健全重大决策社会稳定风险评估机制，从制度落实、建立和完善专家库、积极引进和推动社会第三方参与评估等方面入手，从源头控制社会风险，防止因决策不当引发社会矛盾；完善预防和化解社会矛盾的工作机制，加强专业性、行业性调解组织建设，重点做好征地拆迁、村矿（企）矛盾、劳动关系、医患纠纷、交通事故、环境保护等矛盾多发领域的排查化解工作，进一步畅通群众诉求表达、利益协调、权益保障渠道；强化基层、夯实基础，创新城乡基层群众自治和社区治理，推进城镇社区"网格化"管理，实现政府治理和社会自我调节、居民自治良性互动；加强城乡居民自治组织建设，开展以村务公开、居务公开、民主评议为主要内容的民主监督实践，全面推进居民自治制度化、规范化、程序化。

**（四）加快文化强市建设步伐，提升文化发展整体水平**

1. 培育和践行社会主义核心价值观

深入开展社会主义核心价值观教育和群众性精神文明创建活动，弘扬法治文化、廉政文化和红色文化，用中国梦和中国特色社会主义凝聚共识、汇聚力量；将太原厚重历史文化与当代主流精神紧密结合，以"华夏文明看山西"为主题，扶持优秀文化产品创作生产，讲好太原故事；充分利用传统媒体、新兴媒体，以"润物无声"的方法和群众喜闻乐见的形式，开展社会公德、职业道德、家庭美德、个人品德教育，倡导全民阅读，普及科学知识，提高市民思想道德素质和科学文化素质，在全社会营造崇德向善的浓厚氛围。

2. 加强公共文化服务体系建设

进一步完善支持和保障公共文化服务体系建设的投入办法。坚持政府主导，逐步建立健全同公共财力相匹配、同人民群众文化需求相适应的政府投入保障机制，把加大投入力度与改进投入方式结合起来，将主要公共文化产品和服务项目、公益性文化活动纳入公共财政经常性支出预算，采取 PPP 等多种融资合作模式鼓励社会力量参与城市公共文化服务，努力促进公共文化服务的多元化和社会化。

扩展公共文化服务体系的空间。进一步加强社区、乡村公共文化设施建设，把社区、乡村文化中心建设纳入城乡规划和设计，拓展投资渠道；健全政府购买公共文化服务机制，提高公共文化产品和服务供给能力，推动优质文化资源向基层、农村、企业流动；丰富公共文化产品和服务的内容，鼓励文化单位、教育机构等开展公益性文化活动；鼓励国家投资、资助或拥有版权的文化产品无偿用于公共文化服务。

3. 进一步发展壮大文化产业

以企业为主体，促进文化产业多元发展。文化产业要做大做强，必须依靠企业发展壮大。要加快国有文化企业改革步伐，积极培育产值过 10 亿元、20 亿元的大型文化领军企业，同时注重民营文化企业的发展，以提高文化产业整体活力和竞争力。

重视内容创意，夯实文化产业发展根基。文化产业要持久发展，必须夯实内容产业这个基础，这尤其对于一个城市的文化而言至关重要。应优先扶持文化内容产业，在扶持政策上特别是融资和贷款方面对内容生产企业予以倾斜对待。要靠创新内容来提供创意产品和服务，一方面注重以人民为中心的内容创作导向，从群众期盼、时代呼声、文化遗产中汲取养分，注重发展文化的社会功能，实现文化在沟通感情、促进社会和谐中的积极作用。另一方面，要加大文化内容与新媒体、新科技的融合力度，以科技元素呈现新内容。

加强融合发展，推进文化服务业发展。要创新投融资方式，采取贴息办法，带动社会资本投入文化产业，引导成立文化产业投资基金、文化产业融资担保公司、文化产业风险补偿基金；要创新投融资需求，充分满足文化企业从初创期到成熟期不同发展阶段的融资需求；同时，建立知识产权评估体系和产业交易市场体系，使文化产权保护市场化、制度化，使版权质押、商标质押、知识产权质押贷款通道更为畅通，为投资者和创作者、成果发布与市场运用、资金投入和成果投产等提供有效的平台；要促进文化科技融合创新，选择特色鲜明、前景光明的文化产业门类进行技术创新，点、线、面结合，运用最新数字技术武装内容产业，通过自主创新，在历史遗产数字化、移动互联、动漫游戏、数字出版等领域发展科技含量高、知识含量高、附加值高的文化产品；要加强文化产业咨询服务工作，依托统计局、社科院等相关部门掌握更多统计数据，并进行分析研究，了解群众文化生活需求和文化消费变化情况，为建设文化强市提供有效信息，为指导文化产业发展规划及决策提供事实依据。

### （五）着力改善生态环境，促进人与自然和谐共生

1. 创新发展理念，树立保护生态环境就是促进经济社会发展的意识

绿色发展是推动和促进太原经济社会发展必须坚持的理念，是促进太原产业转型、培育新的经济增长点的契机。要树立人与自然和谐相处的理念，培育人与自然平等的生态文明意识，把可持续发展理念贯彻到社会生产、生活的方方面面，推进太原生态文明建设；要以科学发展为主题，以转变经济发展方式为主线，推进生态保护与经济发展、城市建设、民生改善互动共赢，探索出一条既注重经济社会发展，又注重生态文明建设，既追求人与社会协调，又强调人与自然和谐的发展新路。

2. 创新发展路径，着力构建符合绿色发展的产业结构

应抢抓新一轮工业革命发展机遇，充分发挥太原作为山西省省会的智力优势与产业优势，以虚拟化和低消耗为引擎，带动产业结构升级、生产空间重构、办公方式变革、能源与土地依赖降低、生产与服务流程再造；要强化生态数据信息基础建设，加强对资源环境状况，包括国土空间、生态安全、风力风向、降雨、能源消耗、碳排放、排污量等数据信息的采集、监测和统计、分析，建立完善市域及各个区域资源状况、环境容量的数据标准和数据体系，为优化推动产业布局、环境治理、生态保护提供科学有效的数据支持。

3. 强化落实，深入推进省城环境质量改善

大力实施去煤、降尘、管车、治企、监管 5 项措施，推进大气环境质量改善；加大工业污染治理，突出抓好太原钢铁（集团）有限公司、太原第二热电厂等一批重点工业污染治理项目；实施集中供热全覆盖工程，加快燃煤锅炉替代步伐，全力推广可再生能源供热新技术；严格管控工地扬尘污染，全面控制拆迁污染，整治渣土运输污染；加快淘汰老旧机动车，严格控制机动车尾气污染，全面启动纯电动新能源出租车整体更新；以饮用水源保护、汾河蓄水美化、城市污水处理工程建设、城市黑臭水体治理 4 项重点工程为着力点，加大水环境治理力度；坚持把植树造林作为恢复植被、改善生态的基础工程，加快东西山造林绿化和市区园林绿化，构筑生态安全屏障。

4.完善制度，构建生态文明建设保障机制

强化政府责任，完善区域经济、社会与环境统筹发展的控制性指标体系，建立环境质量共同监测、相互监督和协调预警机制，促进环境共同治理和保护；制定完善最严格的耕地保护制度、水资源管理制度和环境保护制度，重点做好生态红线划定、战略环评、规划环评、主体功能区及环境功能区划、环境标准、区域限批与行业限批等政策措施的制定和落实；强化能评、环评"闭合监管"机制，坚持将能评、环评作为固定资产项目审查的前置条件，执行最严格的审批标准；加强对项目竣工、运行情况的"后评估"，重点审核节能、排污方案的执行情况，保障能评、环评方案真正落到实处；健全生态环境保护责任追究制度和环境损害赔偿制度，综合运用行政处罚、区域限批、限期治理等手段，加大生态环境执法力度；对严重破坏生态、造成环境事故的责任主体，实行严格问责，必要时追究法律责任。

执笔人：武非平，女，现任太原社会科学院助理研究员
　　　　张冬霞，女，现任太原社会科学院学会部主任
　　　　武领文，男，现任太原社会科学院经济学室主任
　　　　刘　栩，男，现任太原社会科学院科研部副主任

# 2015年太原城中村改造报告

**内容摘要：** 2015年太原市人民政府下发《太原市城中村改造实施计划》，进一步明确了城中村改造的指导思想，并提出力争用5年时间，在2020年左右，全部完成170个城中村改造任务。截至2015年底，54个改造村中，共拆除建筑面积1512万平方米，拆迁量完成88%；有47个村基本完成整村拆除。本报告重点反映2015年城中村改造的发展情况，分析城中村改造存在的问题，预测和展望2016年城中村改造趋势，继而提出今后太原城中村改造的对策建议，以期进一步推动城中村改造的实施，拉动太原经济社会发展。

**关键词：** 太原　城中村改造　发展趋势　对策建议

---

2015年3月2日，太原市委召开全市城中村改造动员大会，拉开了城中村改造的帷幕。太原城中村改造的指导思想：遵循以人为本、依法依规、公开公正、分类指导原则，采用政府主导、规划引领、整村拆除、安置优先方法，加强领导，落实责任，强化措施，加大力度，真抓实干，形成合力，重点突破，打好城中村改造工作攻坚战。加快城中村与城市融合发展，彻底改善居民生活条件，增强城市功能，拉动经济发展，塑造太原新形象，发挥省会城市表率作用。2015年，太原市城中村改造工作在市委、市政府的坚强领导下，全市上下积极作为，攻坚克难，城中村改造工作有力、有序、有效地全面推进，取得了明显成效。

# 一、基本状况

由于受城乡二元结构等多重因素的影响，太原市的城中村长期以来游离于城市统一治理体系之外，积聚了大量矛盾和问题。截至 2015 年初，173 个城中村中仅有 3 个完成了改造，大量城中村的存在已经影响到太原经济社会全面协调可持续的发展与城市品质的提升。故从 2015 年起，市委、市政府决定从城中村改造入手，全面提升太原城市建设水平。

## （一）城中村现状

### 1. 总体分布情况

太原市共有 173 个城中村，占全市建制村总数（1005 个）的 17.2%。除万柏林区的神堂沟、闫家沟、移村 3 个村完成了整村改造，截至 2014 年底，太原尚未完成整村改造的城中村有 170 个，总计 11 万户，户籍人口 46 万人，另有外来常住人口 49 万人，城中村常住人口总计 95 万人。土地总面积 191 平方千米，其中，旧村宅基地占用面积 46.95 平方千米。旧村宅基地及公共建筑面积 4163.1 万平方米，其中，宅基地建筑面积 3513.2 万平方米。173 个城中村集中分布于六城区和经济区，其中：小店区 51 个村，迎泽区 12 个村，杏花岭区 15 个村，尖草坪区 26 个村，万柏林区 27 个村，晋源区 35 个村，经济区 7 个村。以城市中环路为界，中环内 48 个村，中环外 125 个村（见表 1）。以 360 平方千米城市规划区为界，规划区内 156 个，规划区外 17 个村（见表 2）。

### 2. 建设管理情况

（1）市政设施配套情况。

城中村市政基础配套设施主要由村集体自行建设、维护和管理。

道路方面：城市规划区内六城区的城中村主要道路已全部硬化，经济区所辖的 7 个村有 3 个村的道路全部硬化，4 个村的道路局部硬化，基本实现"村村通"公路的目标。

排水方面：污水排入市政管网的有 41 个村，占 23.7%；其他村的污水直接排入了周边河道或退水渠。

表 1　以城市中环路为界，太原城中村分布情况

| 城区 | 中环内城中村(48 个) | | 中环外城中村(125 个) |
| --- | --- | --- | --- |
| 小店区<br>(51 个) | | 12 个村：亲贤、杨家堡、大马、殷家堡、坞城、北张、王村、狄村、寇庄、许西、许东、龙堡 | 39 个村：西峰、北营、郑村、窑子上、大吴、西吴、新庄、小吴、北畔、黄陵、红寺、嘉节、范家堡、小马、南坪头、黑驼、老峰、岗头、道把、东峰、马练营、李家庄、巩家堡、大村、小店、东桥、西桥、贾家寨、温家堡、宋环、横河、西贾、西攒、薛店、武宿、西温庄、田庄、高中、新营 |
| 迎泽区<br>(12 个) | | 5 个村：郝庄、郝家沟、双塔、王家峰、东太堡 | 7 个村：枣园、店坡、马庄、新沟、水峪、赵北峰、松庄 |
| 杏花岭区<br>(15 个) | | 6 个村：享堂、伞儿树、耙儿沟、道场沟、小枣沟、敦化坊 | 9 个村：中涧河、柏杨树、七府坟、东涧河、南寀、剪子湾、杨家峪、淖马、长江 |
| 尖草坪区<br>(26 个) | | 3 个村：西流、大东流、小东流 | 23 个村：新村、赵庄、西留庄、下兰、南固碾、北固碾、东张、赵道峪、新城、新店、光社、圪垛、南寨、三给、摄乐、柴村、芮城、营村、西村、上兰、土堂、呼延、大留 |
| 万柏林区<br>(27 个) | | 17 个村：前北屯、移村、瓦窑、大王、后王、小井峪、下元、沙沟、闫家沟、窊流、彭村、后北屯、东社、小王、新庄、南上庄、南屯 | 10 个村：大井峪、神堂沟、南社、聂家山、黄坡、寨沟、南寒、北寒、红沟、枣尖梁 |
| 晋源区<br>(35 个) | | 5 个村：武家庄、义井、南堰、北堰、吴家堡 | 30 个村：金胜、北阜、董茹、南阜、城北、西寨、木厂头、贾家庄、新村、棘针、罗城、南城角、北瓦窑、梁家寨、庞家寨、五府营、南瓦窑、鹅归店、周家庄、南大寺、北大寺、长巷、小站、晋祠、赤桥、小站营、西镇、索村、古寨、冶峪 |
| 经济区<br>(7 个) | | 无 | 7 个村：南畔、南黑窑、城西、下庄、圪塔营、化章堡、杨庄 |

表2　以城市规划区为界，太原城中村分布情况

| 城区 | 城市规划区内城中村(156个) | 城市规划区外城中村(17个) |
| --- | --- | --- |
| 小店区<br>(51个) | 51个村：亲贤、杨家堡、大马、殷家堡、坞城、北张、王村、狄村、寇庄、许西、许东、西峰、龙保、南坪头、黑驼、老峰、岗头、道把、大吴、西吴、北营、郑村、新庄、小吴、新营、北畔、窑子上、黄陵、东峰、小马、红寺、嘉节、范家堡、李家庄、巩家堡、大村、小店、横河、西贾、西攒、薛店、武宿、马练营、东桥、西桥、贾家寨、温家堡、宋环、西温庄、高中、田庄 | 无 |
| 迎泽区<br>(12个) | 11个村：郝庄、郝家沟、双塔、王家峰、东太堡、枣园、店坡、马庄、新沟、赵北峰、松庄 | 1个村：水峪 |
| 杏花岭区<br>(15个) | 12个村：中涧河、柏杨树、七府坟、东涧河、享堂、伞儿树、耙儿沟、剪子湾、道场沟、小枣沟、敦化坊、杨家峪 | 3个村：南沟、淖马、长江 |
| 尖草坪区<br>(26个) | 22个村：西流、大东流、小东流、新村、赵庄、西留庄、下兰、南固碾、北固碾、东张、赵道峪、新城、新店、光社、圪垛、南寨、上兰、三给、摄乐、柴村、芮城、营村 | 4个村：西村、土堂、呼延、大留 |
| 万柏林区<br>(27个) | 26个村：前北屯、移村、瓦窑、大王、后王、小井峪、大井峪、下元、沙沟、闫家沟、神堂沟、瓮流、南社、彭村、后北屯、南寒、北寒、东社、小王、新庄、南上庄、南屯、聂家山、寨沟、红沟、黄坡 | 1个村：枣尖梁 |
| 晋源区<br>(35个) | 27个村：南城角、北瓦窑、庞家寨、五府营、南瓦窑、鹅归店、周家庄新村、南大寺、北大寺、长巷、小站、晋祠、小站营、金胜、北阜、董茹、武家庄、西寨、木厂头、贾家庄、古寨、新村、义井、南堰、北堰、吴家堡、棘针 | 8个村：梁家寨、赤桥、西镇、索村、城北、罗城、南阜、冶峪 |
| 经济区<br>(7个) | 7个村：南畔、南黑窑、城西、下庄、圪塔营、化章堡、杨庄 | 无 |

供水方面：使用自备井供水的 111 个村，占 64.2%；使用城市自来水管网供水的 29 个村，占 16.8%；使用自来水和自备井双水源供水的 33 个村，占 19%。

供气方面：使用天然气的 69 个村，占 39.9%；未使用天然气的 104 个村，占 60.1%。

供暖方面：全部实现集中供热的 40 个村（其中，5 个村实行区域燃气供热），占 23.1%；部分实现集中供热的 32 个村，占 18.5%；仍采用自备锅炉或直接燃煤供热的 101 个村，占 58.4%。

照明方面：148 个村有照明设施，占 85.5%（其中，7 个村的照明设施由市政配置管护，其余由村集体配置管护）；25 个村无照明设施，占 14.5%。

（2）环境卫生情况。

全市城中村共有 3620 条街巷，配备垃圾桶 2.2 万个，地坑收集点、收集池 502 个，中小型收集转运站 32 个，垃圾清运车 348 台。清扫保洁面积 1032.9 万平方米，生活垃圾日收运量 1916 吨。村级环卫管理人员 254 人，环卫工人 2568 人。

城中村主要采取 3 种模式清扫保洁。其中，25 个村由区环卫部门管理，经费由区财政全部承担，占 14.5%；71 个村由街道、乡镇管理，经费由省、市、区三级财政分别补助（省财政每年补助 203.9 万元，市、区两级财政每年补助 203.9 万元），占 41%；77 个村由村集体自行管理，经费以村集体自行筹措为主，区财政适当补助，占 44.5%。

垃圾清运工作主要是由村集体或区环卫部门上门收集，或以地坑、池站方式收集，再由区环卫部门运往垃圾场、大型转运站处理。

3. 实施改造情况

太原城中村改造工作于 2003 年启动。市委、市政府不断探索适合太原实际的改造模式，先后出台了《关于加快推进城中村改造的实施意见》《关于进一步规范城中村改造的若干意见》《〈关于进一步规范城中村改造若干意见〉的补充意见》《关于优化城中村改造审批流程的通知》《太原市城中村改造项目服务流程指南》等相关政策。改造思路由最初鼓励城中村自筹资金、自我改造、自我发展，转变为政府主导、市场运作、规划引领、整村拆除、安置优先，整体推进"五个转变"①，并不断规范土地收储、安置房建设、利益分配、手续办理等工作，吸引有实力的开发商积极参与，但进展并不顺利，改造工作基本处于停滞状态。截至2014年底，11年来，173个城中村只有万柏林区的神堂沟、闫家沟、移村3个村完成了整村改造，占1.7%。

### （二）城中村改造的主要措施

**1. 明确改造思路，制订改造计划**

市委、市政府明确指出，我市城中村改造要始终遵循为民谋利、依法办事、阳光操作、综合施策、分类指导的原则，采取政府主导、规划引领、整村拆除、安置优先的方法，坚持把城中村改造作为造福群众的重大民生工程、推进富民强市的重大发展工程、增强城市功能的重大战略工程，作为全市全局工作的重要突破口，作为重塑"三个形象"的着力点和"试金石"。力争用5年时间，在2020年左右，全部完成170个城中村的改造任务。改造村当年启动，当年完成拆除，各村改造建设周期原则上为2—3年。2015年、2016年两年完成以中环内为主体的85个城中村整村拆除并同步启动建设，实现改造任务过半、改善城中村人居条件人数过半。后3年完成剩余85个城中村的整村拆除及同步建设任务。

**2. 出台优惠政策，强化保障措施**

制定了推动城中村改造的各项优惠政策和措施，包括城改用地一次性国有土地确权，土地出让金85%返还，规费减免，公租房免配建、免缴公租房异地建设资金，享受棚户区改造政策，用地不足的以拟出让用地补充，市政基础设施和公共服务设施配套等。与此同时，新制定了《城中村改造规划导则（试行）》，针对城中村建设规划中存在的各类复杂而具体问题，实事求是地对待，明确了处理和审批的基本原则和处理方法。

**3. 加强组织领导，创新工作机制**

建立了市委常委会每季、政府常务会每两个月研究和听取城中村改造工作情况等一系列制度。成立了由市长任领导小组组长、分管副市长任领

---

①"五个转变"是指村民转为居民、村委会转为社区居委会、农村集体经济转为城市混合经济或股份制经济、集体土地转为国有土地、城中村转为城市的现代化文明社区。

导小组办公室主任的城中村改造领导机构。住建、规划、国土、发改部门等充分授权,分管负责人在市城改办集中办公,集中审批、一站式办理城改手续,保证了改造工作快速有序推进。市城改办建立了整村拆除日报制度,定期召开情况分析会,掌握工作进度,提出工作对策。针对改造村遇到的实际问题,随时召开业务会、协调会研究解决。全年共召开业务会 65 次,协调会 130 余次。向市委、市政府报送《城中村改造工作专报》30 期,编印《工作简报》91 期,及时通报全市城中村改造进展情况,宣传典型经验,表扬先进,鞭策后进。

4. 落实主体责任,合力推进改造

明确六城区和经济区是城中村改造工作的责任主体,各区党政主要负责同志既"挂帅"又"出征",亲自研究部署,具体解决问题,一线指挥工作。同时,抽调精兵强将,投入强大的城改干部队伍力量,全方位推进城中村改造。纪检监察机关加大立案查处"城中村"案件,政法部门出重拳,从快打击涉及城中村的恶势力团伙,保持"三个高压态势",为城中村改造提供了有力的保障。市、区两级司法局组织了大批律师进村,调处了大量家庭纠纷和村内历史遗留问题,对改造工作发挥了重要作用;工商、税务、安监、城管、环卫、食药监、卫生、文化等各行政执法部门联合执法,清理城中村内的各类非法经营和其他违法行为,消除了阻碍城改工作中的顽疾;供电、供水、供热、供气部门都逐村完成了要素供给对接工作,为城改工作提供了重要的基础保障;各新闻媒体将城中村改造列为 2015 年宣传报道的重要工作,密切跟踪、热情关注、正面引导,为坚决打赢城中村改造这场硬仗营造了强大的舆论氛围,积聚了社会正能量。

### (三)2015 年城中村改造工作取得积极进展

1. 整村拆除成效显著

在充分准备的基础上,2015 年 3 月 2 日,全市召开了城中村改造动员会,拉开了城中村改造的帷幕。8 月 24 日,我市又召开了城中村改造推进会,对下一步工作进行再安排,要求全市上下再接再厉、乘势而上,务求城中村改造首个战役全面胜利。

截至 2015 年底,全年 54 个改造村中,有 47 个村基本完成整村拆除,全市共拆除建筑面积 1512 万平方米，拆迁量完成 88%。拆迁工作做到了依法拆除、和谐拆除、安全拆除、按期拆除。

**2. 手续办理不断优化**

在改造工作中，通过规范优化行政审批流程和环节，去掉潜规则，立起硬规矩，强化为市场主体服务的意识，使以前需要一两年才能办成的改造手续，变为现在的即来即办、快速审批。在建设规划方案审批中，始终坚持里子面子、地上地下并重，配套完善了教育、医疗、社区行政管理及服务等 6 类设施，科学规划了地下管网综合的道路系统，同步打通断头路，畅通微循环。集中设置了水、电、热、气、环卫、电信、邮政、广电、公交站点及防震减灾等设施，合理布局了商业和现代服务产业、公园绿地和公共活动空间，全面保护了传统民居、宗祠、庙宇和古树名木等历史遗迹，有效利用了地下空间拓展人防、停车及其他资源，对养老服务设施进行补充完善，并举一反三地实现公安消防、派出所等建设的区域配置。

**3. 引进合作和投资初见成效**

全市城中村改造工作，已初步形成了合作改造、村集体经济组织自我改造、政府托底改造、城中村改造与相邻地块搭配综合开发 4 种改造模式。其中，在合作方的选择上，特别注重选择有实力、有信誉、有业绩的知名开发企业，并通过由区政府、村委会、开发企业三方签订改造合作协议的形式，确保合作的规范。截至 2015 年底，46 个村引进了合作方，2 个村与合作方正在洽谈，2 个村正在积极寻求合作方。已有万科、恒大、富力、南海、融创、远大、广州广电等知名企业加入了我市城中村改造的行列。当年直接投入资金 198 亿元，直接带动其他投资 197 亿元，共形成 395 亿元的综合投资，占全年全市固定资产投资的 20%。

**4. 回迁安置房建设稳步推进**

太原市城中村改造坚持把加快回迁安置工作放在改造中的优先位置，采取了优先拆除回迁安置地块、优先转让回迁安置地块、优先办理回迁安置房项目手续、优先启动回迁安置房建设等一系列措施。2015 年实施改造的 54 个城中村中，46 个村启动了 5.9 万套 661 万平方米回迁房建设，打消了群众对回迁的顾虑和担忧，有力地促进了改造工作。在加快回迁房建设的同时，太原市同步考虑群众长远生计，在每个村未来的建设规划方案中，都科学合理布局了商业设施，由群众自持经营或统一经营分配红利，确保群众既得到住宅分配又有商业经营，实现群众安居乐业，有效地解决了城中村居民稳定的收入来源和长远生计。

# 二、存在问题分析

分析城中村问题的原因，有客观因素，也有主观原因。主要有 5 个方面。

## （一）城乡二元体制的制约有待进一步破解

1. 城乡部分政策有待统一

据现行政策，国家对国有和集体土地在使用、管理、权属、交易等各方面都有严格的界定，政策差异非常大。这是形成并导致城中村改造难以推进的重要原因。如在土地及房屋征收补偿方面，城市国有土地上的房屋拆迁按《国有土地上房屋征收与补偿条例》征收补偿，农村集体土地上的拆迁按《中华人民共和国土地管理法》征地补偿，两个补偿标准差异很大。由于政策不一致，相同地段城市居民与城中村居民补偿标准不一；同时，城中村国有和集体土地交错现象十分普遍，改造时势必出现同一地块上按不同标准补偿的现象。群众不理解、意见大，矛盾及问题非常突出。再如，城中村居民虽已转为城市户口，但医疗、养老、就业、教育等没有与城市接轨，不少城中村居民担心改造后难以适应城市生活，普遍存在后顾之忧。

2. 城乡管理体系有待优化

没有把城中村完全纳入城市管理体系中进行统筹优化。在城中村违法建设处置上，多年来，规划、土地、房产、住建、城管等部门一直在国有和集体土地分类管理上来回扯皮、相互推诿，主动查处、全程监管、联合执法意识不强，事前监管不到位，事中和事后监管缺失，以致违法建筑建成后造成城中村改造工作陷入被动。

3. 城乡管理体制尚需整合

城中村现行的运行机制与实际管理严重脱节。《中华人民共和国规划法》实施以来，由于乡村两级没有对违法建设的处置权，有职责、有能力管理的国土、规划、住建、城管等部门职责划分却不清，没有依法实施有效监管，形成了"有权处置的不管，无权处置的乱管"的格局，致使违法违规建设行为愈演愈烈。

### （二）改造滞后形成的矛盾影响城中村改造的进程有待进一步消除

城中村经过多年的发展，已形成了复杂多元的利益主体和利益格局，这成为推进城中村改造的现实困难。

1. 城中村"新户"与"老户"的利益矛盾

根据太原市政府并政〔2007〕17号文件，城中村人口基数以2007年5月31日的户籍人口为准，规定增人不增地、减人不减地。近年来，受利益驱使，一些人通过各种渠道落户城中村，致使城中村外迁人口明显增加，进而增加了改造成本，摊薄了村民红利，形成了"老户"与"新户"利益分配上的尖锐矛盾。

2. 政策执行不严造成新的矛盾和困难

一些村在执行"133"政策中只建不拆，给后续改造带来了矛盾和困难。一些村没有按照"先建后拆、边建边拆"原则推进，而是先行在旧村净地上建设村民安置房，甚至对外销售获取利益，旧村拆除工作却未进行，造成旧村原址不够安置，难以平衡，给实施整村改造带来很大困难。

3. 被征土地过多造成改造用地不足

近年来，由于重点项目、道路、场馆、保障房建设占用了城中村土地，造成部分村改造建设用地不足，剩余土地无法安置本村村民。

4. "城""村"混居，连片改造难

一些城中村"133"用地中，分布着省、市单位的办公用房和住宅区，由于政策不同，造成连片改造难度加大。

5. 城市整体功能布局形成的制约

经济区和晋源区的一些城中村，由于临近机场、航道、历史文化保护区或历史街区，受高度限制，容积率较低，客观上形成了"133"改造建设用地不够用的问题。

6. 村集体自我改造资金筹集难

自我改造的村集体缴纳土地出让金存在一定困难。尽管市里出台了先缴后返（15%实缴、85%返还）的优惠政策，但基准地价普遍较高，每个村仍需先交纳几亿元甚至几十亿元。村集体无力筹集预交资金，商业贷款又不符合相关条件，造成资金筹集困难。

7. 对个别拆迁"困难户"缺乏有效措施

个别拆迁"困难户"一拖数年，严重影响了改造进度，增加了过渡和改造成本，影响了其他村民按时回迁。

### （三）部分领导干部担当精神有待进一步提振

城中村问题是在推进城镇化过程中出现的，既与城乡二元体制密切相关，也与一些干部的政绩观、担当精神、工作作风密切相关。11 年间，全市 173 个城中村只完成了 3 个村的整村改造，以及城中村存在的种种乱象，一个重要的原因是某些党员干部对此问题重视不够、担当不够，宗旨意识淡薄、责任意识缺失。从主观上找原因，主要有以下 4 点。

政绩观有偏差。重当前、轻长远，"光征地不管人"，只吃"肉"不啃"骨头"，把困难和矛盾往后推。

担当精神不够。遇着困难绕着走，不愿接触"城中村"这个矛盾，不敢攻克"城中村"这个堡垒。存在怕担责任和等待、拖延的思想，工作上推诿扯皮。

作风不过硬。既有不作为问题，如对违法违章建筑、非法经营等监管不到位，又有乱作为问题，如有的单位擅自批准"小产权"建设，有的部门庸政懒政、失职渎职，甚至特权乱为、利益输送、徇私枉法。

措施不力、工作不实。没有统筹研究推进城中村改造的政策措施，没有以钉钉子的精神狠抓落实，存在空喊口号不行动、制定目标不督查的问题，责任不清，措施不力，抓工作流于形式。对城中村种种乱象，视而不见，视而不管，见怪不怪，习以为常。

### （四）推进工作的合力有待进一步整合

城中村改造是一项复杂的系统工程，需要上下联动、共同推进，而在改造实施过程中，由于政策界限不清，部门间各自为政，没有形成上下协调、密切配合、运作高效的工作机制，一些部门表面上"依法行政""依规办事"，实质上敷衍塞责、推诿应付。

1. 改造项目手续办理程序复杂

城中村改造需办理立项、规划、土地、施工许可等四大项 39 小项审批手续，涉及发改、国土、住建、规划、园林等 16 个部门。一方面，规划、国土、住建等部门没有构建起相互衔接、闭环管理、并联审批的快速通道，由于程序繁杂、办事效率低，改造手续一拖数年的现象普遍存在。另一方面，部分审批人员前置服务不到位，既没有提前介入、跟进服务，又不能做到报件一次性告知。更有甚者，将政府权力部门化、部门权力个人化、个人权力商品化，存在吃拿卡要、权力寻租、权钱交易等问题。

2. 政策不统一造成混乱

全市对城中村的拆迁补偿没有统一的政策和标准，各区甚至各村都不一样，造成互相攀比，难以协调推进。如，小店区杨家堡村旧村拆除时，占地面积约 4 分地的宅基地拆迁补偿金额高达 500 万元，引发相邻村甚至大部分改造村的盲目攀比，增加了拆迁和改造难度。

3. 非法活动没有及时制止，反而不断强化、固化

如大量自建出租房是城中村居民相对稳定的既得利益和主要收入来源，一些村民房屋出租年平均收益在 10 万元，甚至几十万元、上百万元，但这些收入绝大多数是通过违法建筑产生的，有的甚至是非法经营所得，规划、建设、公安、工商、税务、城管、安全、消防等部门没有形成合力，没有及时整治，致使非法利益不断扩大、固化，形成了改造的巨大阻力。

4. 配套设施不到位导致回迁安置不及时

许多城中村安置房已建成，但水、电、气、暖等市政公用设施不配套，无法交付使用，导致城中村居民不能及时回迁安置。

5. 处置信访问题相互推诿

在信访问题处置方面，上下级责权划分不清晰，没有形成工作合力，往往遇事就往基层推，而基层又没有解决问题的能力和手段，以致矛盾和问题日益积累，越拖越大，成本越拖越高。这种不健康的现象，病灶反映在基层，病根却在上面，如不及时解决，不仅会直接影响城中村改造工作的进程，而且会成为社会不稳定因素。

### （五）村级党组织作用有待进一步加强

基层组织是党的战斗力的基础，本应成为党联系群众、服务群众的组织者和实践者，但由于近年来各级党组织管党治党不严、从严治吏不力，致使许多城中村基层组织软弱、涣散。有的村党支部对村集体事务不管不问，没有发挥党支部的组织领导作用；有的村基层民主管理流于形式，"四议两公开"推进不力，存在假公开、不公开等现象，影响了党群、干群关系；有的村干部我行我素、肆意妄为，侵吞、挪用集体资金，行贿受贿，买官贿选，境外赌博，道德败坏，人民群众深恶痛绝；有的村由于历史原因，形成了宗派势力，相互拆台、互不相让，党员难召集、活动难开展、工作难推进。相关部门对城中村定期查账、离任审计、年度考核等制度，多数停留在形式上，落实不到位；对拆迁补偿款分配、集体资产管理、村务公开等监督严重缺失，特别是对土地等重点领域的违纪违法问题和侵害集体利益的突出问题监督缺失、查处不力；对基层民主选举中的贿选等问题置若罔闻、打击不力，不仅削弱了村级班子的凝聚力和战斗力，损害了党的形象，也影响了干群、党群关系，挫伤了群众支持参与改造的积极性。

# 三、形势预测

根据太原市城中村改造总体安排，2016 年将启动 31 个村的改造工作，要在抓紧完成 2015 年城中村改造扫尾工作的同时，积极开展 2016 年城中村改造前期准备工作，为 2016 年改造工作的顺利实施打下良好基础。

2016 年任务：在 2015 年实施 54 个村整村拆除和同步建设工作的基础上，2016 年安排改造村 31 个，小店区 6 个、迎泽区 4 个、杏花岭区 4 个、尖草坪区 4 个、万柏林区 7 个、晋源区 4 个、经济区 2 个。共涉及 23694 户 97534 人，土地总面积 37.25 平方千米，旧村建筑面积 889.46 万平方米。

2016 年目标：2015 年、2016 年两年，完成包括中环内 46 个村在内的 85 个城中村整村拆除并同步启动建设，涉及 60540 户 247534 人。实现改造任务过半、改善城中村人居条件人数过半。2017—2019 年 3 年完成剩余 85 个城中村整村拆除并同步建设任务，年均安排 28 个改造村。

总体目标：在 2020 年左右，全部完成 170 个城中村改造任务。

# 四、对策建议

城中村改造是一项事关全局的系统性、战略性工程，也是造福群众、富民强市的重大民生工程和重大发展工程。加快城中村改造，对于解决太原市城镇化率虚高实低问题、推动省城经济社会发展转型升级、提升城市形象、改善人居环境都具有十分重要的意义。要坚持"远近结合、标本兼治、统筹谋划、攻坚克难"的原则，突出抓好城中村改造综合整治，搞好保障服务等工作，尤其要举全市之力推进城中村改造，把最关键、最紧迫、最困难的中环内 46 个城中村改造作为突破口，积极稳妥推进，精心组织实施，彻底解决困扰太原城市发展的顽症和痼疾。

## （一）健全完善体制机制，加快城中村改造步伐

解决城中村问题，治本之策是全面实施改造，从根本上解决城乡二元结构这个难题，使城中村真正与城市融为一体。

1. 建立健全组织领导机制

城中村改造是一项庞大的系统工程，是一场攻坚战，只有加强各级党组织的领导，落实责任，敢于担当，积极作为，举全市之力合力攻坚，才能决战决胜。市委、市政府要把城中村改造作为全局性工作，提到重要议事日程，及时研究城中村改造中出现的困难和问题。市城中村改造领导小组及办公室要及时研究协调推进城中村改造中的具体工作。市直有关部门要各司其职、主动服务、积极作为、协同配合。六城区和经济区要强化责任担当，履行好城中村改造的主体责任，明确改造的时间表、任务书和责任人，采取区领导包村、村委包户的方式，真正把城中村改造扛在肩上，抓在手上，落实在行动上。

2. 健全完善改造的具体工作机制

在推进改造过程中，必须抓住关键环节，直面矛盾问题，敢于破除陈规陋习，敢于啃硬骨头，真正做到改造不留死角、群众不留遗憾。

（1）科学编制规划。高水平编制规划为城中村改造提供科学的引导，促

进城市功能完善，城市品质提升，人居环境改善，推进城市的有机更新。坚持"里子"与"面子"并重。在对容积率、绿化率、建筑密度等刚性指标严格把关的同时，加强对建筑风貌、形态、体量、布局以及城市天际线等的管控，尊重自然禀赋，传承历史文脉，提升城市品质。在"面子"上添光彩的同时，同步布局商业、商务、教育、文化、医疗、社区服务中心等项目，同步完善交通、环卫、园林、消防等基础设施，提高公共服务水平，完善生产生活功能，增强城中村改造区域人口的承载能力和产业的集聚能力。坚持"地上"与"地下"同步。在重视地上建筑的建设及公用设施的更新改造，完善道路、照明、公交站点等基础设施硬件的同时，科学安排好水、电、气、暖等市政管线，以及停车、人防、防洪等设施，促进地下空间与地上空间在规模、功能上匹配和协调。坚持局部与整体统一。城乡规划是系统工程，牵一发而动全身。要牢固树立全市一张图、一盘棋的思想，站在全局、整体的角度，促进城中村改造规划与城市总体规划和各专项规划有机衔接。

（2）完善城中村改造政策。进一步强化法治理念，既要认真落实好国家和省市有关法律法规，又要依法依规制定、完善城中村改造的具体政策。市相关部门和六城区政府要勇于冲破陈旧的思想观念障碍和利益固化藩篱，坚持一切从实际出发，完善有利于城中村改造的政策和举措，特别是解决好土地变更、集体经济转制、基础设施配套和村民转变市民过程中的各种问题。要注意保持政策的稳定性和延续性，认真评估现行政策执行情况，充分考虑上一轮改造中建设用地使用、已有建筑、村民利益分配等方面的实际，防止出现政策"断层"或新旧政策相互掣肘的情况。要综合运用容积率和地价杠杆对城中村改造项目进行双重调节，将所有改造项目的开发强度控制在可接受的水平上。

（3）加快城中村改造项目审批。由城中村改造领导小组办公室综合协调改造项目审批工作，实行部门联合审批、并联审批、一口进出，综合性、一站式快速办理项目建设手续。市直有关部门要提前介入、主动服务，帮助做好项目前期的各项工作，特别是做好改造用地范围划定、规划条件确定等手续办理的基础性工作，帮助城中村和开发主体完善报批资料，减少或避免重复报件。

（4）做好招商引资和融资帮扶工作。既注重发挥好政府的统筹指导作用，又充分发挥市场在资源配置中的决定性作用，激发市场的活力，引导和吸引市场主体积极参与城中村改造工作。要加大招商力度，拓宽招商思路，准确把握市场规律，积极探索实施项目整体规划、捆绑运作、"肥瘦搭配"、资产打包等多种开发模式，努力在招商引资上寻求突破。市、区两级政府要合力搭建招商对接平台，通过政策倾斜，吸引有品牌、有实力、有信誉的企业参与城中村改造。同时，要积极探索建立支持城中村改造工作的区级政府融资帮扶平台，为解决改造资金难题出谋划策、筹措资金、提供支持。

（5）做好拆迁安置工作。能否按时完成拆迁，在一定程度上决定着城中村改造的成败，也是各开发商最为关心、最关注的事情。要围绕拆迁、回迁做好工作，始终坚持以人为本，让群众受益，确保依法拆迁、安全拆迁、和谐拆迁、按期拆迁。要带着感情动迁，与群众充分交流，耐心听取他们的意见、建议，努力帮助群众解决后顾之忧，负责任、实事求是地给村民算好拆迁账、安置账、民生账、利益账，积极争取群众的理解和支持。要科学制定拆迁补偿标准，研究制定适合本地区经济发展和财力水平的拆迁补偿安置办法，避免因补偿安置标准差别过大导致相互攀比，保证整村拆除工作的顺利推进。要超前谋划、解决好群众的安置和过渡问题，尽量缩短、减少拆迁改造对群众生活的影响，减少过渡费用，节约改造成本，努力实现拆迁安置"房等人"。要坚持阳光拆迁，实行拆迁法规政策、补偿标准、回迁安置信息"三公开"，严格做到一个政策、一个标准、一把尺子、一套人马、一包到底"五个一"。要强化拆迁建设监管，既保证新建安置住房的质量，又确保旧村建筑全部拆除，杜绝"豆腐渣"式的安置工程和"半拉子"式的拆除项目，打造安全工程、放心工程。

（6）分类指导、统筹推进。尚未改造的170个城中村分布在不同的区域，功能布局、土地级差以及改造、拆迁等方面的情况十分复杂，必须加强统筹协调，做好有机衔接，实行分类指导。要坚持远近结合的思路，在统一规划、统一政策的前提下，逐村分析研究，"一村一策一方案"进行推进，统筹好改造时序，把握好改造进度，既尽力而为，又量力而行，最大限度地提高工作的效率和效益。要坚持"近期有保障、长远有规划"的原则，抓紧完善现有道路、公交站点、市政管网、照明等基础设施硬件，既保障解决好当前城中村居民的生产生活，又兼顾好长远改造问题。

### 3. 健全完善舆论引导机制，为城中村改造营造良好氛围

充分发挥电视、报纸、电台、网络等各类新闻媒介的作用，大力宣传城中村改造的重要性和必要性，积极宣传城中村改造对民生改善的重大意义，通过典型示范的宣传，让群众真正感受到"改造谁、幸福谁，改造谁、谁得利"，充分引导城中村群众树立现代文明的生活方式和理念，改变落后的生产、生活方式，使他们从就业、社会保障、行为方式等各个方面融入城市，成为真正的市民，为加快城中村改造营造良好的社会氛围。

### （二）提升现有城中村治理水平

实施城中村改造不是一朝一夕能完成的，必须遵循"一手抓先行村改造，一手抓后序村整治"的原则梯次推进，对列入后序改造计划的城中村，要从环境卫生、查处违建等方面入手进行综合治理，为城中村居民营造良好的生活环境。

#### 1. 加强环境卫生管理力度

在建立长效管理机制的同时，加快整治村容村貌，彻底解决城中村环境脏、乱、差的问题。一是开展城中村环境卫生专项整治。以城区、街办、村级组织为实施主体，集中治理乱倾乱倒、乱堆乱放、占道经营、垃圾清扫收运不及时等突出问题。二是加快处置建筑垃圾。由城区政府牵头，开展建筑垃圾清运处置专项行动，全面清理处置城中村和城乡接合部的存量垃圾。将城中村环卫工作经费纳入区级财政预算予以保障，建立和完善渣土运输经费结算机制，采取按运往指定渣土场的垃圾消纳量结算清运经费的办法。三是强化城中村的日常清扫保洁管理。将城中村环卫工作作为市对区考核的重点，每月进行检查、评比、排名、通报。四是加快城中村垃圾收集中转设施建设，提高垃圾处置能力。

#### 2. 强化对违法违规建设的管理和整治力度

查处违法违规建设要实行联合执法，明确各自职责，相互支持配合，坚决杜绝城中村新的违法违规建筑的产生。一是做好已有违法违规建设处置工作。切实维护城市规划的权威性和严肃性，特别是做好土地利用总体规划和城市总体规划在城中村改造中的相互衔接，集约、节约利用土地资源，探索研究城中村已有违法违规建设处置办法，查处并逐步消化城中村现有违法违

规建筑。二是建立完善整治违法违规建设的长效机制。市、区两级政府要加大执法力度，明确责任主体，建立条块结合、以块为主、属地管理、重心下移、权责明确、运行有序的"大城管"综合执法模式，严厉查处和打击宅基地上的新建、加建、翻建等违法行为。三是健全分级管理、上下互动的两级巡查机制。加强《中华人民共和国土地管理法》《中华人民共和国城乡规划法》等的宣传教育，增强村民遵法守法意识和依法依规建房的自觉性，坚决遏制城中村各类违法违规建设行为。

3. 加强整治非法经营行为力度

集中力量对藏匿在城中村中的各类非法经营行为进行全面整治，彻底清除滋生制假贩假、传销等违法犯罪的土壤。一是开展集中清理城中村非法经营行为专项行动。以城区政府和街办为主体，组织公安、工商、税务、食药监、消防等部门对辖区内的城中村，全面开展以清理整顿无证无照菜市场、小旅馆、小饭馆、小发廊、网吧、酒吧、棋牌室及诊所等非法经营行为为主要内容的专项行动，严厉查处一批违法违规经营行为，使城中村的各类经营主体走上规范健康发展的轨道。二是建立动态联动监管机制。加强日常监管，建立街办、村级组织巡查、报告，工商、公安、城管、卫生等部门联合执法的动态长效监管机制，防止清理整顿后非法经营行为回潮。

4. 加强治安管理力度

公安局、检察院、法院、司法局、综治办等各有关部门要进一步加强城中村治安的综合管理，加大宣传教育和对各类案件的查办力度，为城中村创造和谐稳定的社会环境。一是加强人防物防建设。协调村委会，依托警务室，建立健全由综治办牵头，公安主导，行政执法、工商等部门参与的警民联动工作机制。加强内部防范，加大群防群治、巡逻防控力度，消除管控盲区。二是加强流动人口管理。规范和完善信息采集建档工作，对从事个体经营的外来流动人口进行不定期上门走访，强化动态监管。三是加强出租房屋管理。以出租房屋登记备案和治理偷税漏税为切入点，加大对城中村小旅社、小网吧、歌舞娱乐、洗浴按摩等场所的巡查监管力度，从严从重从快打击、查处隐藏在城中村出租房屋内的"黄""赌""毒"等社会丑恶现象。

5. 加强安全监管力度

区、街两级要组织人员对城中村存在的各类安全隐患进行全面摸底排查，建档立卷，及时采取排险解危措施，逐一核查，确保城中村居民的生命财产安全。一是开展城中村安全隐患排查。以街办、村级组织为实施主体，对城中村范围内房屋存在设计缺陷，超过合理使用年限，维修养护不够或因拆改主体结构、明显加大荷载的装饰装修等导致的安全隐患；消防设施配置不到位、设备老化、通道不畅等消防隐患；汛期防洪排涝、冬季降雪积冰等恶劣环境，以及人流高峰、突发状况下可能引发的各类安全隐患等进行一次全面排查整改。二是及时研究整改处置发现的安全隐患。街办、村级组织要对排查中发现的安全隐患，逐一进行登记，按照安全等级、隐患类型进行梳理、分类，逐项研究制订整改处置方案，将工作任务落实到具体责任人，确保安全隐患及时予以排除。三是加强日常安全巡查。城区、街办、村级组织要安排专人定期进行安全巡查，特别是要加大降雨、降雪、大风等恶劣天气或上班、放学等人流高峰期巡查的频率。一旦发现安全隐患或突发情况，要在第一时间报告上级部门，及时组织力量进行妥善处置，防止发生事故。

6. 形成和保持狠刹"四风"、惩治腐败、打黑除恶 3 个高压态势

对城中村信访举报案件进行全面梳理，筛查信访举报线索，查办一批重大违纪违法案件。对长期盘踞在城中村的黑恶势力，重拳出击，坚决予以打击。一是形成狠刹"四风"的高压态势。围绕落实中央八项规定精神，全面梳理整治城中村改造、管理等方面存在的干部"四风"问题，重点查处为官不为、擅自乱为、纪律松弛等问题，同时实行"一案双查"，既追究当事人责任，也追究区、街道（乡、镇）相关领导的主体监督责任。二是形成惩治腐败的高压态势。对问题线索反映集中、群众反映强烈的村进行重点清查。由各城区纪委牵头，对村集体资金、资产、资源进行审计摸底，重点查处一批党员支部委员会和村（居）民自治委员会（以下简称"两委"），用工"吃空饷"、违法占地、违法建设、非法买卖土地、乱签经济合同以及独断专行、权力寻租、权钱交易等案件，形成惩治腐败的高压态势。三是形成打黑除恶的高压态势。对藏匿在城中村的违法犯罪行为和黑恶势力露头就打，严厉打击各种村匪、楼霸、路霸等恶势力以及

强买强卖、欺行霸市等违法行为，遏制城中村治安案件高发频发的势头，切实增强群众的安全感，为城中村改造保驾护航。

### （三）做好改造后居民的保障服务与管理工作

城中村要想改得快、改得好，让群众安居乐业、生活舒心，必须提前谋划、解决好改造后居民的生活服务配套、生产生活保障、公共服务与管理等一系列问题。

1. 解决好改造后居民的生产生活保障问题

全力推进城乡社会保障一体化，制定相应的衔接政策，彻底破除城中村居民社保、医保、养老、教育等"身份"障碍，使其真正与市民享受同等待遇，消除他们的后顾之忧。在制订城中村改造方案时，要结合本村的实际情况，统筹、谋划好改造后村集体经济发展、村民就业、生活等问题。人社、民政部门要将城中村居民纳入就业培训范围，积极组织开展各类就业技能培训活动，为村民提供全方位的就业指导。同时，要鼓励、支持和引导城中村集体经济组织发展现代服务业，为群众创造更多的就业机会，提供稳定且可持续的生活来源。

2. 解决好改造后公共服务的衔接问题

有关部门要切实加强对改造区域内公共服务设施的统筹管理、使用、调配和衔接，特别是要统筹好改造区域内的原有教育、卫生医疗资源与新增配套资源，使城中村村民在改造后能在子女上学、就医、社区服务等各个方面与其他市民享受同等待遇。

3. 解决好改造后公共管理的衔接问题

有关区、市直有关部门要对实施改造区域的公共管理事项提前统筹、提前准备、提前介入。尽早着手研究、规划、安排好公交站点设置、交通组织、公共照明、市政道路管理、市政设施管理、环境卫生管理等方面的工作，将机构、队伍、经费等一次性纳入城市管理总盘子，做到改造中、改造后公共管理不缺失、不缺位，真正实现无缝衔接。

### （四）加强基层组织建设，夯实城中村改造的工作基础

村级组织建设关系到党的形象，关系到党的执政基础，关系到联系服务

群众"最后一公里"的问题。要充分发挥村级党组织的战斗堡垒作用,强化依法监管,形成实干肯干、管理有序、公平、公正、公开的良好风气。

1. 以换届为契机加强村两委班子建设

按照省、市委关于村"两委"换届选举工作的统一部署,以高度负责的态度,严把人选关、程序关、责任关,选优配强班子。要进一步强化监督指导,建立市委常委联系和区级领导包联城中村"两委"换届工作制度,防止"老好人"和跑官买官、拉票贿选的人当选,防止地痞、恶霸混进村班子,严禁违法违纪者当选,确保"十种人"零当选,坚决杜绝以钱买票形成"富人为官"、家族势力形成"亲者为官"、派系斗争形成"庸者为官"、帮派势力形成"霸者为官"、任人唯亲形成"恭者为官"的现象。

2. 依法加强对城中村的监管力度

推行"一村一名法律顾问"制度和村级重大决策、事项合法性审查制度,确保城中村改造和村务活动依法依规。城区、街道要加强改造村土地、户籍、财务、用工等方面的管理监督,建立并落实好相应的管理备案、考核和责任追究等制度,堵塞管理漏洞,防止和杜绝各种资源的"跑冒滴漏"。加强城中村集体经济转制中的清产核资、资产评估等环节的监管,各种清查资料、函证文书等清产核资资料要在区政府、街道备案。严禁擅自处置呆坏账、债权和废损固定资产,防止集体资产流失。加强对改制公司经营管理人员的培训、指导,着力引导村干部用发展的眼光经营管理集体资产,实现保值增值。

3. 建立村务公开、完善民主管理的长效机制

进一步健全完善制度,探索村务公开问责机制,对工作开展较差的村,通过警告、通报、追究问责等方式督促其整改。以重点村为突破口,对"四议两公开"等制度执行情况进行全面整顿,着力解决村务不公开、决策不民主、监督不到位、民主管理制度不落实、干群关系紧张、村级领导班子软弱涣散等问题,加快形成民主管理工作规范化、制度化、法制化的格局。

**参考文献:**

[1]太原市人民政府.太原市城中村改造实施计划(并政发〔2015〕8号)[R],

2015-02-28.

[2]调查调研组.太原城中村调查报告[R],2015-04-10.

[3]课题组.太原市后北屯"城中村"改造的战略定位与发展模式研究[J].国务院发展研究中心调查研究报告,2010(51).

执笔人：李　芳，女，现任太原市人民政府发展研究中心城市发展研究处处长

# 2015 年太原科技创新发展报告

**内容摘要：** 2015 年，太原市认真落实省、市科技创新推进大会精神，大力实施创新驱动发展战略，在发展高新技术产业，促进"大众创业、万众创新"，推动科技金融结合等方面取得新突破。科技创新对经济社会发展的支撑力和贡献度不断提高。同时，在推进科技创新中还存在着一些问题和差距，如企业自主创新能力不强，高新技术企业数量少、规模小、占比低，市场化、专业化、产业化的科技服务业发展滞后，科技管理体制改革亟待深化等。2016 年是"十三五"开局之年，太原市科技创新工作要以新的发展理念为统领，深化科技管理体制改革，加快创新资源市场配置，加大创新公共服务供给，强化企业创新主体作用，推动"大众创业、万众创新"，为建设国家创新型城市提供科技支撑。

**关键词：** 科技创新　高新技术　科技资源　科技服务　科技管理

## 一、太原市科技创新发展基本情况

"十二五"时期，太原市深入实施创新驱动发展战略，以科技成果应用转化、企业创新能力提升、科技环境条件建设为重点，不断完善区域科技创新体系，在促进产学研结合、推动创业创新、培育发展高新技术产业等方面取得了明显成效，创新型城市建设迈上新台阶。"十二五"时期，全社会研究与试验发展（R&D）经费投入年均增长11.6%；授权专利17224件，比"十一五"时期增长1.35倍；建成了13个国家级重点实验室、工程实验室、工程研究中心以及8个国家级科技企业孵化器；建立了35个院士工作站；太原风华等8家企业成为国家级创新型企业；清华控股太原创新基地等6个特色科技园区投入运营；设立了天使投资、创业投资和科技型小微企业信贷风险补偿专项资金；成立了晋商银行高新区科技支行；引进转化了中国科学院和清华大学等国内知名高校、科研院所的100余项高科技成果和30余名"千人计划"专家及创新团队。太原不锈钢产业集群成为国家创新型产业集群试点，信息安全、钕铁硼材料、高端包装装备及材料等3个产业基地成为国家火炬特色产业基地。太原市荣获"全国科技进步先进市"，并先后被国家确定为科技成果转化示范基地、新能源汽车推广应用示范城市和小微企业创业创新基地城市示范[1]。

## （一）2015年太原科技创新总体情况

2015年，全市财政科技投入达12.80亿元，比上年减少1.35亿元，比2010年增长了1.7倍；财政科技投入占市级公共财政预算支出比重由2010年的2.5%上升到2015年的3.1%。全市高新技术产业增加值248.05亿元，比上年增长了11.1%，比2010年增长了84.0%；占规模以上工业增加值比重由2010年的23.4%提高到41.3%。全社会研究与试验发展经费达73.23亿元，比上年降低了15.5%，比2010年增长36.1%；研究与试验发展经费支出占GDP比重由2010年的3.03%降到12.68%。专利申请量6404件，比上年增长13.4%，比2010年增长27.6%；专利授权量4456件，比上年增长了22.2%，比2010年增长了92.7%。技术合同成交额52.99亿元，比2010年增长了12.6倍，年均增长68.6%（见表1）。全市高新技术企业达到380家，比2010年增长197%。[2][3]

---

①深化科技改革,加大创新供给,实现创新驱动发展新突破——太原市科技局局长在2016年全市科技工作会议上。

②《太原市国民经济和社会发展统计公报》,2010—2015年。

③《太原市科学技术统计公报》,2010—2015年。

表 1 太原市 2010—2015 年科技发展主要指标完成情况

| 类别 | 指标 | 2010 年 | 2011 年 | 2012 年 | 2013 年 | 2014 年 | 2015 年 |
|---|---|---|---|---|---|---|---|
| 专利 | 专利申请总量(件) | 5019 | 6525 | 7147 | 7926 | 5645 | 6404 |
| | 专利授权总量(件) | 2312 | 3012 | 2679 | 3431 | 3646 | 4456 |
| | 发明专利申请量(件) | 2163 | 3006 | 2428 | 2816 | 2613 | 2890 |
| | 发明专利申请量占专利申请总量比重(%) | 43.1 | 46.1 | 34.0 | 35.5 | 46.3 | 45.1 |
| | 发明专利授权量(件) | 709 | 1015 | 815 | 904 | 1023 | 1533 |
| | 发明专利授权量占专利授权总量比重(%) | 30.7 | 33.7 | 30.4 | 26.3 | 28.1 | 34.4 |
| 科技成果 | 鉴定和登记的科技成果数量(项) | 589 | 551 | 526 | 255 | 346 | 313 |
| | 国际领先和国际先进成果数量(项) | 135 | 134 | 131 | 87 | 96 | 134 |
| | 国际领先和国际先进成果占鉴定和登记的科技成果数量比重(%) | 22.9 | 24.3 | 24.9 | 34.1 | 27.7 | 42.8 |
| 技术合同 | 登记数(项) | 339 | 645 | 372 | 452 | 325 | 1422 |
| | 成交额(亿元) | 3.89 | 10.98 | 12.35 | 15.23 | 13.78 | 52.99 |
| 科技投入 | 全社会研究和试验发展经费支出(亿元) | 53.81 | 60.86 | 70.97 | 83.99 | 86.71 | 73.23 |
| | 全社会研究和试验发展经费支出占 GDP 的比重(%) | 3.03 | 2.93 | 3.07 | 3.48 | 3.43 | 2.68 |
| | 财政科技投入(亿元) | 4.70 | 7.76 | 9.56 | 11.30 | 14.15 | 12.80 |
| | 财政科技投入占市级公共财政预算支出的比重(%) | 2.5 | 3.2 | 3.4 | 3.5 | 4.4 | 3.1 |
| 高新技术产业 | 高新技术产业增加值(亿元) | 134.84 | 152.00 | 248.52 | 264.07 | 223.33 | 248.05 |
| | 高新技术产业增加值占规模以上工业增加值的比重(%) | 23.4 | 22.1 | 31.7 | 34.3 | 34.6 | 41.3 |
| | 高新技术产业增加值占 GDP 的比重(%) | 7.6 | 7.3 | 10.8 | 10.9 | 8.8 | 9.1 |

数据来源:《太原市国民经济和社会发展统计公报》,2010—2015 年,《太原市科学技术统计公报》,2010—2015 年。

太原市科技发展呈现出以下特点：

1. 科技研发经费平稳增长

2015 年，太原市全社会研发经费支出 73.23 亿元，比上年减少 13.48 亿元，是"十一五"末（2010 年）的 1.36 倍，占地区生产总值的比重达到 2.68%，研发经费投入强度基本保持平稳。

从中部六省省会城市看，太原市研发经费投入总量排在武汉、合肥、长沙、郑州之后列第 5 位，与上年持平；人均研发经费投入排在第四位；研发经费占地区生产总值比重位居第三位。

"十二五"期间全市地方财政科技投入（合并市本级与县区）逐年增加，占财政支出的比重均达到 3% 以上。2015 年，全市财政科技投入 12.80 亿元，比上年减少 1.35 亿元，是 2010 年的 2.7 倍。市本级财政科技投入 1.37 亿元，比上年增加 0.71 亿元，比 2010 年减少 0.34 亿元。

2. 科技创新成果丰硕

"十二五"期间，全市累计专利申请量不断增加，专利申请量和授权量呈现先增后降趋势（见图 1）。2015 年，全市申请专利 6404 件，授权专利 4456 件，与上年相比，全市专利申请量和专利授权量分别增长 13.4% 和 22.2%，比 2010 年分别增长 27.6% 和 92.7%。2015 年，有效发明专利拥有量 5157 件，比上年增长 28.0%。其中，企业专利申请量、授权量分别为 2857 件、2292 件，占总量的比重分别达 44.6%、51.5%，说明太原市企业的自主创新能力正不断提高。

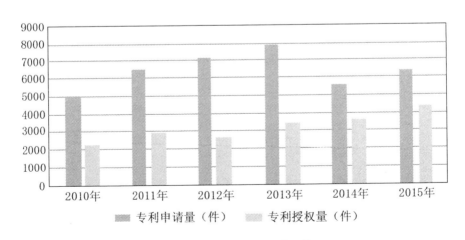

图 1　2010—2015 年太原市专利情况

与中部六省省会城市知识产权情况相比，太原市专利申请量和专利授权量排名均为第六位（见表2）。

**表2  2015 年中部六省省会城市专利情况**

单位：件

| 城市 | 专利申请量 | | 专利授权量 | | 有效发明专利 | |
| --- | --- | --- | --- | --- | --- | --- |
| | 数量 | 排序 | 数量 | 排序 | 数量 | 排序 |
| 武汉 | 33620 | 1 | 21740 | 1 | 20123 | 1 |
| 合肥 | 32364 | 2 | 17070 | 2 | 9427 | 3 |
| 长沙 | 21999 | 4 | 14633 | 4 | 14190 | 2 |
| 郑州 | 26046 | 3 | 16125 | 3 | 6506 | 4 |
| 太原 | 6404 | 6 | 4456 | 6 | 5157 | 5 |
| 南昌 | 9602 | 5 | 6277 | 5 | 2668 | 6 |

数据来源：中部各省会城市 2015 年国民经济和社会发展统计公报。

从发明专利情况看，2015 年太原市发明专利申请量 2890 件，比上年增长 10.6%，比 2010 年增长 33.6%；发明专利授权量 1533 件，比上年增长 49.9%，比 2010 年增长 116.0%。

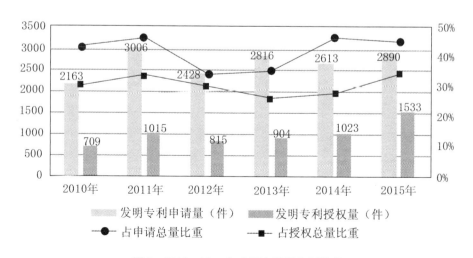

**图2  2010—2015 年太原市发明专利情况**

2015年，全市鉴定和登记的科技成果数量达313项，比上年减少33项，但是，达到国际领先和国际先进水平的成果占全部成果的比重比上年提高了15个百分点，比2010年提高了近20个百分点，说明太原市技术创新水平正不断提升。

2015年，全市技术市场共登记技术合同1422项，合同成交额52.99亿元，市内技术合同成交额21.96亿元，比上年增长了162%。从技术合同类别看，技术开发类合同651项，合同成交额33.14亿元，占全部合同成交额的62.5%，表明技术开发仍为技术交易的主要形式。从技术合同所在领域看，电子信息技术类合同成交748项，成交额16.72亿元，居各类技术领域之首，占总成交额的31.56%；新能源与高效节能技术类合同224项，成交额为6.37亿元，占总成交额的12.03%，居第二位；新材料及其应用类合同64项，成交额为5.92亿元，占总成交额的11.18%，居第三位，表明太原市战略性新兴产业技术交易活跃。

从中部六省省会城市看，太原市技术合同成交额位列武汉、郑州、合肥之后，排名第四位，比上年前进两位。武汉、合肥、长沙、郑州、南昌的技术合同成交额分别为405.30亿元、104.90亿元、21.76亿元、130.10亿元、30.40亿元。

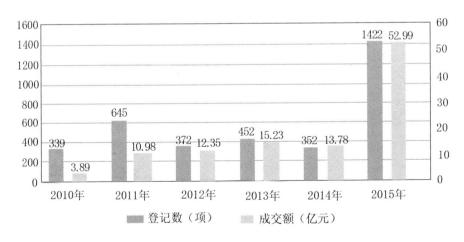

图3　2013—2015年太原市技术合同登记及交易情况

3. 高新技术产业快速发展

2015 年，全市高新技术企业达到 380 家，高新技术产业增加值达 248.05 亿元，比上年增长 11.1%，比 2010 年增长 84%，占 GDP 的比重达 9.1%。

从中部六省省会城市看，太原市高新技术产业增加值排名第 6 位，高新技术产业增加值占地区生产总值的比重排名第 5 位，排名均与上年持平。

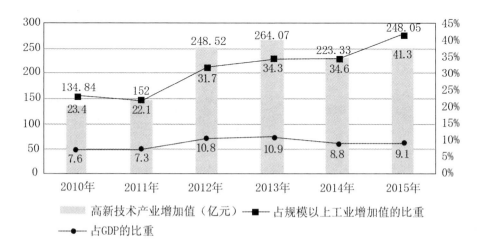

图 4　2013—2015 年太原市高新技术产业发展情况

表 3　2010—2015 年中部六省省会城市高新技术产业发展情况

| 城市 | 高新技术产业增加值（亿元） | 高新技术产业增加值占地区生产总值的比重（%） |
|---|---|---|
| 武汉 | 2235 | 20.5 |
| 合肥 | 1257.2 | 22.2 |
| 长沙 | 2730 | 32.1 |
| 郑州 | 1780 | 24.3 |
| 太原 | 248.05 | 9.1 |
| 南昌 | 345.39 | 8.6 |

数据来源：中部各省省会城市 2015 年国民经济和社会发展统计公报。

### （二）2015年太原科技创新发展成效

**1. 科技创新环境进一步优化**

2015年，太原市出台了《中共太原市委太原市人民政府关于深入实施创新驱动发展战略的实施意见》（并发〔2015〕9号文件），在增强企业技术创新能力，用好省城高校、科研院所科技力量等8个方面出台了28条政策措施，在技术合同交易、重大新产品研制等方面给予补贴。着力构建普惠性创新支持政策体系，先后制定出台《技术合同交易奖补认定审核办法》《填补国内首台（套）重大新产品认定奖补办法》等系列配套措施，对12个填补国内空白首台（套）重大新产品给予1600万元研发补助，对新认定的国家重点实验室给予100万元创新能力建设补助。围绕太原市7个新兴产业领域以及5个方面科技创新重大问题，组织展开12个重点课题研究，编制科技创新发展"十三五"规划纲要。

**2. 高新技术产业取得新发展**

大力支持企业创新能力建设。太重集团"矿山采掘装备及智能制造实验室"被认定为国家重点实验室。分类指导、重点培育，全年新认定国家高新技术企业105家，高新技术企业数量比上年增长了39%，高新技术企业销售额占规模以上工业企业销售额的比重达到27%。娄烦县、古交市实现了高新技术企业零的突破。

**3. 企业专利工作迈上新台阶**

实施中小企业专利"灭零行动"，指导服务新兴产业领域100余家"零"专利中小企业申请专利。对太原重工等10余家知识产权优势企业开展知识产权贯标工作，促进专利技术与相关行业标准融合。开展专利执法专项行动，查处假冒专利40余件，立案受理专利纠纷39件。全市发明专利申请量2890件，同比增长10.6%；发明专利授权量1533件，同比增长49.9%；有效发明专利拥有量5157件，同比增长28%。

**4. "双创"工作打开新局面**

通过积极参与、努力争取，太原市被国家五部委确定为全国首批小微企业创业创新基地城市示范，争取国家和省10亿元专项资金支持。制定印发《众创空间认定扶持办法》等政策措施，新建众创空间22个，集聚了软件开发、3D打印等一批科技型"双创"企业。建筑面积32万平方米的清华控股太原创新基地投入运营，208 家科技企业入驻。建设"双创服务中心"，为创客提供低成本、全要素、开放式、便利化的"一站式"服务。高新区建设投资有限公司和山西创昇万通科技有限公司被认定为国家级科技企业孵化器，太原高新置业被认定为省级科技企业孵化器，"C 立方"等 20 个众创空间被认定为山西省众创空间（试点）。

5. 科技成果转化呈现新成效

依托国家（太原）创新驿站，筹建集"一网四技七大科技服务"功能于一体的科技大市场。完善不锈钢深加工、煤机装备以及节能环保 3 个领域科技成果转化服务信息系统，定期开展专题（专场）成果发布和项目对接。推广新能源汽车 1096 辆，在全国 39 个推广应用城市（群）中排名第 24 位。组织 1000 名农村科技特派员和 40 余名"三区"科技人才推广应用农业新技术、新品种 100 余项，开展星火科技培训 12 万余人次。面向中小微企业和科技服务机构等，组织开展了技术交易业务培训和政策解读。全市技术合同成交额 52.99 亿元，其中市内技术合同成交额 21.96 亿元，比上年增长了 162%。

6. 科技招商引智获得新成果

市政府与中科院签订战略合作协议，推进太原市企业与中科院开展产学研科技合作。中科院"电子辐照技术联合研发基地""基于互联网的重型装备远程监控与诊断系统研究"等 8 个项目签约落地。深入实施科技扩大开放"五个一"工程，引进转化浙江大学"燃煤电厂污染物超低排放技术"等 35 项高科技成果，引进北京大学陈世忠教授等 23 名科技创新高端人才及创新团队，引进清华大学清泰能源有限公司等 12 个高科技企业。柔性引进两院院士，新建 8 个院士工作站。

7. 科技资源开放共享水平获得新提升

实施"一网两库"扩容提质，建成科技文献等 6 个科技资源基础平台以及机械装备等 6 个专业创新服务平台，为 1200 余家中小企业提供科技资源共享服务。省城高校、科研院所和大中型企业的 4500 余台（套）科学仪器设备列入大型科学仪器设备协作共用网，共享使用率达到 45%。建成科技创新报告服务系统，市级科技计划项目形成的 200 余项科技成果（专利技术）面向社会开放共享。

8. 科技金融结合实现新发展

协调设立 1 亿元的天使投资基金和 1 亿元的创业投资引导基金，扶持具有自主知识产权和市场前景较好的种子期、初创期科技企业。设立了6000万元的科技型小微企业信贷风险补偿专项资金，引导金融机构、担保机构加大对科技型小微企业的信贷支持。指导晋商银行在高新区成立了太原市第一家科技支行，积极开发知识产权质押、股权质押等科技金融产品，为科技型中小企业提供专业金融服务。组织举办了科技金融对接活动，向省城金融机构推荐企业科技项目融资需求。

9. 科技普及呈现新氛围

以贯彻省市科技创新大会精神为重点，在《太原日报》、太原电视台等省城媒体广泛开展科技创新宣传、科技政策解读。以全国科技活动周、全国科普日、"3.18"太原科技日等为重点，广泛组织开展科技进企业、下农村、到社区、进学校等系列科普活动，邀请专家学者、行业精英举办"智慧城市大数据""大众创业、万众创新"等专题科技讲座70余场，开展了各类技术培训160余期。成功举办了第十二届太原市青少年发明创新竞赛。中北大学被授予"全国科普教育基地"。①

# 二、太原科技创新发展存在的问题

2015年，太原虽然在科技发展方面取得了一定成绩，但在推进科技创新中还存在着一些问题和差距。科学技术作为第一生产力、创新作为引领发展第一动力的作用还没有充分发挥出来，经济社会发展尚未真正转到依靠科技创新的轨道上来。

一是企业自主创新能力不强。企业研发投入不足，企业创新平台数量少、水平低，缺乏拥有自主知识产权的核心技术，产学研结合不够紧密。

二是科技创新对产业结构调整支撑不足。高新技术企业数量少、规模小、占比低，缺乏具有国际竞争力的创新型领军企业，对经济社会发展新常态的支撑引领作用不够。

三是市场化、专业化、产业化的科技服务业发展滞后。技术市场与人才市场、资本市场等要素市场的结合度低、联动性差，科技成果的资本化、商

---

①太原市科技局2015年工作总结及2016年工作要点。

品化和产业化水平不高。

四是科技管理体制改革滞后。科技管理职能转变还不到位，在发挥驻并高校、科研院所科技力量服务促进全市经济发展方面服务不够、对接不够，省城科技资源的优势尚未转化成经济优势和竞争能力。

# 三、太原科技创新发展预测

当前，我国经济发展进入速度变化、结构优化、动力转换的新常态，推进科技创新既迎来了难得的机遇，也面临着严峻的挑战。

"十三五"时期，是太原市转变经济发展方式的攻坚期。转变经济发展方式，就是从以规模扩张为主导的粗放式增长向以质量效益为主导的可持续发展转变。为此，必须依靠创新聚合高端要素，形成经济发展新动力；必须依靠创新调整产业结构，构建经济发展新优势；必须依靠创新抢占制高点，拓展经济发展新空间，实现从要素驱动向创新驱动转换。

"十三五"时期，是太原市科技创新发展的加速期。只有牵住科技创新这个"牛鼻子"，走好科技创新这步"先手棋"，才能占领先机、赢得优势，才能实现经济保持中高速发展和产业迈向中高端。为此，必须发挥科技创新在供给侧结构性改革中的基础和关键作用，进一步强化企业创新主体地位和主导作用，加强产学研协同创新，加速科技成果应用转化及产业化，以科技创新的加速发展引领支撑经济发展新常态。

"十三五"时期，是太原市深化科技体制改革的突破期。全面深化科技体制改革，就是要破除一切制约科技创新的思想障碍和制度藩篱，营造有利于创新驱动发展的市场和社会环境，最大限度地释放创新活力。只有进一步深化科技体制改革，在产学研协同、创新资源统筹、创新创业激励、科技管理服务等方面突破体制机制障碍，建立健全技术创新市场导向机制，推进科技治理体系和治理能力现代化，才能打通科技和经济社会发展之间的通道。[1][2][3]

---

[1]《中华人民共和国国民经济和社会发展第十三个五年规划纲要》。
[2]《山西省国民经济和社会发展第十三个五年规划纲要》。
[3]《太原市科技创新"十三五"规划纲要》。

2016 年是"十三五"开局之年，也是深化科技管理改革的关键之年。因此，太原市科技创新工作需要以新发展理念为统领，科学规划部署全市科技创新发展"十三五"目标任务，深化科技管理体制改革，加快创新资源市场配置，加大创新公共服务供给，强化企业创新主体作用，推动"大众创业、万众创新"，为建设国家创新型城市提供科技支撑。要改革创新，真抓实干，坚持创新驱动和科技引领，力争高新技术企业数量增长 10%，高新技术企业销售额占规模以上工业企业销售额的比重提高 2 个百分点；有效发明专利拥有量增长12%；培育发展 1—3 个国家技术创新中心；技术合同成交额增长15%。

# 四、太原科技创新发展对策建议

2016 年，太原市科技创新工作要全面贯彻党的十八大和十八届三中、四中、五中全会精神和习近平总书记系列重要讲话精神，深入落实省、市关于推进科技创新突破的部署要求，加快推进以科技创新为核心的创新发展，坚持科技创新和体制机制创新两个"轮子"相互协调、持续发力，构建技术创新、成果转化、创业创新等三大公共服务平台，推动创新群体从科技人员创新、创业向"大众创业、万众创新"转变，推动科技资源从分散、分割、封闭向统筹、开放、共享转变，推动政府职能从研发管理向创新服务转变，充分发挥科技创新在供给侧结构性改革中的基础、关键和引领作用，提高科技创新供给的质量和效率，加快实现发展动力转换，为太原经济社会发展提供有力支撑。

## （一）抓产品创新，在提升企业创新能力上求突破

### 1. 强化企业创新主体地位

聚焦特色优势产业，整合省城科技资源，协调建设 3—5 个由行业龙头企业牵头，产学研紧密联合的产业技术创新战略联盟、工程技术中心、中试基地等协同创新平台。依托高端创新人才和团队建设企业院士工作站和博士后工作站。落实普惠性财政税收优惠政策，对企业发明专利申请和维持、技术标准制定、创新平台提档升级、首台（套）重大新产品研发等实行后补助，

引导企业建立研发准备金制度，持续加大研发投入。企业研发投入达标和研发机构建立，将作为政府支持企业技术创新的前提条件。

2. 提高企业核心竞争力

采取首台（套）重大创新产品后补助方式以及政府采购政策，鼓励支持本市企业开发具有自主知识产权的创新产品。继续实施科技型中小微企业专利"灭零行动"，协助各园区建立专利工作站，完善专利特派员制度，提高企业发明专利占比。支持产学研建立知识产权联合体，将高校、院所的研发优势转化为产业发展优势。建立和完善专利信息服务平台，定期发布专利目录和重点专利转化项目指南。加强产业（行业）技术标准研制，支持企业主持或参与制订国家、行业、地方技术标准，促进技术专利化、专利标准化，抢占制高点和话语权。

3. 培育发展高新技术企业

实施"科技小巨人"企业成长计划，开展科技型小微企业认定，对科技型小微企业开展梯度培育、差异扶持，引导小微企业走"专精特新"道路。建立完善省城科技人员服务地方企业科技创新的激励机制和政策措施，组织省城高校、科研院所科技人员深入中小企业开展技术创新"精准服务"。围绕产业链部署创新链，凝练若干制约产业创新发展的重大技术问题，通过公开招标，组织产学研协同攻关，突破关键技术瓶颈，形成一批具有自主知识产权的重大发明专利、技术标准和高新技术产品，促进全市高新技术企业数量有较大幅度增长，产业规模进一步扩大。

**（二）抓市场建设，在畅通科技成果应用转化通道上求突破**

1. 大力发展技术市场

以"互联网+技术市场"为核心，建设集"一网四技七大科技服务"功能于一体的科技大市场，完善线上与线下、有形与无形以及技术、资本、人才互联互动互补的技术转移服务模式。依托中国科学院、清华大学、哈尔滨工业大学等国内知名科研院所、高校研发优势，建设电子信息、低碳技术、智能制造等一批专业化技术市场。在有条件的县、区及开发区设立技术合同认定登记点，为产学研各方提供便利化服务。建立小微企业技术合同成交额统计调查工作机制。

2. 加强产学研协同创新

在智能装备、新材料、节能环保等领域，鼓励产学研共建一批从事技术集成、熟化和工程化的中试基地，促进高新技术成果就地转化。建立常态化的产学研供需对接工作机制和服务平台，落实高校、科研院所科技成果向企业转移转化的技术交易补贴政策。

3. 实施民生科技成果应用示范

在节能减排、医疗卫生、公共安全、节能环保等领域，采取市县联动、集成示范等方式，推广应用一批民生科技成果。依托农业科技园区，开展农业新品种、新技术引进示范。组织农村科技特派员和"三区"科技人才深入农业生产一线，开展农业科技培训、技术咨询等，着力解决农技推广服务"最后一公里"问题。

### （三）抓"双创"示范，在培育发展新动能上求突破

1. 合力推进"双创"

协调服务国家大学科技园，健全运行机制，完善服务功能，建设专业化众创空间，培育符合青年创业特点和产业发展方向的"互联网+"和现代服务业等高成长性新业态。支持科研院所发挥技术和资源优势，建设"双创"技术服务平台，面向"创客"开展技术研发、产品设计、分析测试等公共技术服务。鼓励龙头骨干企业围绕主营业务方向建设众创空间，按照市场机制与其他创业主体协同聚集，形成以龙头骨干企业为核心、高校院所积极参与、辐射带动中小微企业成长发展的产业创新生态群落。

2. 增加公共服务供给

实行创新券政策，支持科技型中小微企业购买资源共享、数据服务、研发设计、测试检测等公共技术服务。在创业园区、科技孵化器、众创空间建立科技资源开放共享服务点，面向中小微企业开展科技资源服务。运用政府购买服务、后补助、业务奖励等方式，支持各类公共服务平台为初创期小微企业提供创业辅导、技术转移、检验检测等科技服务。实施"孵化+创投"，促进天使投资、风险投资与创业孵化紧密结合，提升孵化能力。广泛组织开展创业大赛、创业培训等活动，营造创新创业氛围。

### 3. 鼓励科技人员创新创业

省城高校、科研院所要按照《中华人民共和国促进科技成果转化法》有关规定，落实科技成果使用权、处置权和收益权政策。对高校、科研院所创业项目的知识产权申请、转化和运用，按照有关政策给予支持。进一步改革科研项目和资金管理使用制度，充分激发广大科技人员的科研创造性和转化成果积极性。

### （四）抓资源整合，在发展科技服务业上求突破

### 1. 加快发展科技服务业

科技创新公共服务平台既是一种机制，也是一种载体，更是一种服务。科技型中小企业和科技人员在开展创新创业活动中，迫切需要技术转移、成果转化、创业孵化、分析检测、科技金融等公共服务。这为科技服务机构发展壮大提供了难得机遇。要贯彻落实国家、省和市加快科技服务业发展的重大部署，把建设创新公共服务平台作为发展科技服务业的重点任务，紧紧围绕全市广大科技型中小企业和科技人员的创新创业需求，建设完善一批科技创新公共服务平台，通过实施科技创新券政策措施，引导、鼓励公共服务平台为科技企业和科技人员提供开放共享服务，提升科技服务业对全市科技创新和产业发展的支撑能力。

### 2. 大力引进科技创新资源

加强与京津冀、环渤海地区科技合作和产业对接，以首都科技资源为重点，加强与中关村地区、中国科学院系统、清华大学和哈尔滨工业大学等的科技合作与交流，大力引进高科技人才、高科技项目和高科技企业。组织太原市企业与山西科技创新城研发机构开展技术合作、成果转化等活动。组织筹备"2016 中国计算机大会"，促进我市信息产业发展。

### 3. 加强科技资源开放共享

建立完善创新报告制度，定期发布大型科学仪器设备、科技文献、科技数据的开放共享目录，形成统一、开放、共享的科技资源数据库和信息服务平台。完善"一网两库"科技基础条件服务平台，充实特色产业领域科技文献信息资源、技术信息资源等基础数据科技资源，加快建设轨道交通装备、生物技术等专业服务平台。开展《太原市科技资源共享条例》执法检查，进

一步促进科技资源开放共享。

### (五) 抓政策落实，在深化科技改革上求突破

1. 强化科技政策落实

2015年，国家和省、市相继出台了一系列推进科技创新的政策措施，特别是全市科技创新推进大会后，市委、市政府出台《关于深入实施创新驱动发展战略的实施意见》，明确了工作重点，提出了具体措施。该政策含金量很高，要认真学习领会，深入贯彻落实，加强精准施策。科技管理工作者要深入产学研一线特别是科技型小微企业，开展政策宣讲解读，重点推动企业研发费用加计扣除，研发仪器设备加速折旧，技术交易、重大新产品研发、高新技术企业认定以及科技企业孵化器、国家大学科技园等税收扶持和经费补助政策的落实，惠及企业，激发创新。

2. 深化科技管理改革

推动政府职能从研发管理向创新服务转变，改进创新资源配置，强化创新公共服务，优化创新能力布局，营造创新发展环境。加强统筹协调，建立健全普惠性科技创新政策体系。启动建设市级科技管理平台和科技计划项目管理信息系统，形成以创新发展目标绩效为导向、与国家和省衔接的科技计划体系。完善计划项目生成机制和实施机制，建立依托专业机构管理科技项目的工作机制。调整优化财政科技投入方式，重点支持公共科技活动，突出产业化导向，综合运用后补助、购买服务、贷款贴息、融资增信等方式，支持企业开展技术研发、成果转化。

3. 加强科技金融结合

协调启动科技创业投资基金和天使投资基金，对我市新兴产业领域的初创期、种子期科技型企业进行股权投资，建立从实验研究、中试到规模化生产的全过程科技创新融资模式，推进企业快速成长壮大。落实《太原市科技型小微企业信贷风险补偿专项资金管理暂行办法》，引导银行、担保公司面向科技型小微企业提供信贷支持，破解企业融资瓶颈。

**参考文献：**

[1]深化科技改革,加大创新供给,实现创新驱动发展新突破——太原市科

技局局长在 2016 年全市科技工作会议上的讲话[Z].

[2]2010—2015 年太原市国民经济和社会发展统计公报[Z].

[3]2010—2015 年太原市科学技术统计公报[Z].

[4]中部各省会城市 2015 年国民经济和社会发展统计公报[Z].

[5]太原市科技局 2015 年工作总结及 2016 年工作要点[Z].

[6]中华人民共和国国民经济和社会发展第十三个五年规划纲要[Z].

[7]山西省国民经济和社会发展第十三个五年规划纲要[Z].

[8]太原市科技创新"十三五"规划纲要[Z].

执笔人：王　雯，女，现任太原科技战略研究院助理研究员
　　　　石志荣，女，现任太原科技战略研究院助理研究员

# 太原市民营经济发展报告

**内容摘要：** "十二五"以来，太原市认真贯彻落实党中央国务院和省委、省政府关于促进民营经济发展的各项方针政策，不断优化发展环境，强化政策引领，加大资金扶持，破解融资难题，突出管理创新，完善服务体系。民营经济总量持续增长，上缴税金逐年递增，投资规模不断扩大，企业户数大幅增长，发展层次明显提升，为全面建成小康社会做出了重要贡献，为"十三五"期间更好更快发展打下了坚实基础。然而，仍存在经济总量不大、要素投入不足、服务体系滞后等问题。"十三五"期间，民营经济发展要坚持问题导向，按照十八届五中全会创新、协调、绿色、开放、共享的发展理念，结合太原市发展实际，围绕双创示范这一重点，着力实施"九大发展"，促进民营经济持续健康发展。

**关键词：** 民营经济　产业结构　融资　双创　九大发展

2015年是全面完成"十二五"规划的收官之年，也是全面深化改革的关键之年。面对复杂多变的宏观经济环境，太原市委、市政府紧紧围绕实现"六个表率"和实施"五个一批"的总体目标，按照省委"三个突破"的要求，坚持主题、主线，坚持稳中求进，各级各部门齐心协力破解民营经济发展难题，全市民营经济稳步发展，在太原市经济发展中的重要地位日益显现。

# 一、民营经济发展现状

## （一）经济总量持续增长，产业结构趋向优化

太原是晋商故里，晋商文化源远流长；山西"票号"从无到有、从小到大；晋商东渡扶桑，西及东欧，南涉诸岛，"名誉著于全球"，有着光荣的历史。经过改革开放 30 多年发展，民营经济[①]已成为最具潜力、最具活力、最具成长性的经济增长点。特别是近年来，太原市委、市政府高度重视发展民营经济，先后出台了一系列鼓励、扶持民营经济发展的政策措施，全市民营经济实现了快速健康发展。

民营经济总量持续增长，占全市经济总量 50% 以上。2015 年，全市民营经济增加值 1571.53 亿元，比 2010 年的 842.48 亿元增长 1.87 倍，年均增长 13.3%，年均增量 145.81 亿元，占全市 GDP 的比重由 2010 年的 47.38% 提高到 57.46%，提高了 10.08 个百分点，年均提高 2.02 个百分点。

民营经济上缴税金逐年递增，成为财政收入的主要来源。2015 年，全市民营经济上缴税金 307.5 亿元，比 2010 年增长了 1.8 倍，年均增速 12.4%，年均增量 27.2 亿元，占全市税收总额的比重由 2010 年末的 53.21% 上升到 67.89%。

民营经济产业结构演进加快，转型发展初显成效。从民营企业内部结构看，三次产业营业收入比例由 2010 年的 0.18:68.65:31.17 变为 2015 年的 0.75:41.3:57.95。2015 年，第二产业所占比重比 2010 年下降了 27.35 个百分点，第三产业所占比重比 2010 年提高了 26.78 个百分点。

民营经济总户数快速增长，创历史新高。太原市民营经济总户数从 2010 年的 17.81 万户，发展到 2015 年的 27.92 万户，净增 10.11 万户，年均增长 9.4%。随着工商部门对企业注册资本金由实缴制改为认缴制，全市民营企业总户数实现了较快增长。2015 年，新增民营企业户数 1.88 万户，同比增长 16.22%。

---

[①]为保证历史统计口径一致，本次报告中民营经济包括富士康。

用工形势整体平稳，成为吸纳就业的主渠道。就业是一个地区和谐稳定的保障，而民营经济已成为吸纳城乡就业的主渠道。"十二五"以来，吸纳就业由 2010 年的 119.05 万人增加至 2015 年的 162.6 万人，占全社会从业人员比重由 67.6% 增至 76% 左右。

### （二）投资规模不断扩大，转型发展起步良好

近年来，太原市民营经济投资规模不断增长，结构调整、产业升级、技术创新等在民营企业中深入开展，成效初显。2015 年，全市民间投资1001.18 亿元，同比增长 21.7%，拉动全市投资增长 10.2 个百分点，占全市投资比重由 2014 年的 47% 上升到 49.4%。其中民营企业固定资产投资施工项目 481 个，完成投资 594.19 亿元，占到民间投资总量的 59.4%。民营经济投资规模和份额逐年增长，对全社会投资增长的拉动较大。民营经济转型发展初见成效，民营煤、焦、铁等传统优势产业全面从资源粗加工型向深加工型转变，循环产业链不断延伸，装备制造、节能环保、电子信息、生物制药、现代农业、商贸物流、文化旅游等新兴产业发展迅速。

### （三）骨干企业规模壮大，支撑作用明显增强

"十二五"期间，太原市民营经济规模企业群体进一步壮大，形成了一批行业领军企业。2015 年，水塔醋业股份有限公司等 12 家企业被评为省级农产品加工 513 工程重点龙头企业。富士康增速趋缓，但仍是拉动全市民营经济增长的重要力量。富士康（太原）科技工业园增加值 183.57 亿元，同比增长 8.07%，占全市民营经济总量的 11.68%，对全市民营经济增长的贡献率为9.55%，拉动民营经济增长了 0.96 个百分点。

### （四）品牌建设取得突破，竞争实力逐渐提升

"十二五"期间，太原市通过加大品牌的培育、引进、推介、保护和奖励力度，在争创中国驰名商标、山西名牌、山西省著名商标等方面有了新突破。一批知名企业和品牌应运而生，名牌企业的经营效益不断增长。水塔陈醋、六味斋、双合成、紫林、百圆裤业等品牌深受消费者信赖。山西美特好、太

原唐久跻身中国连锁百强。全市民营企业拥有的"中国名牌产品""中国驰名商标""山西省名牌产品""山西省优质产品""山西省著名商标"数量逐年增长。多家民营企业获得了质量、环境、卫生等国际标准认证，民营企业产品屡获国际、国内产品质量奖励，2015年太原市为新认定的53个中小微企业品牌奖励256万元。

### （五）产业聚集效应显著，园区建设成效明显

"十二五"期间，太原市中小企业和民营经济充分发挥自身优势，以龙头企业为依托，培育特色产业和拳头产品，集中连片发展，形成了规模优势。现已初步形成老陈醋、面食、不锈钢加工、机械加工、白酒、活性炭等特色块状经济。集群经济成为民营经济新的增长亮点，切实提高了全市经济发展质量水平。产业园区规模不断扩大，其配套服务逐步完善。产业园区成为新兴产业集聚和产业技术创新的新高地，入园企业数量、增加值、税金占中小企业和民营经济总量的比重再创新高。

### （六）第三产业较快发展，成为全市民营企业的主导产业

随着太原市产业结构调整的深入推进、省会城市的产业结构特点和经济下行压力不断加大的倒逼效应，民营企业整体呈现第二产业总量不断萎缩，第三产业实力进一步增强的特点。2015年，民营企业第三产业营业收入完成2892.14亿元，同比增长12.34%，比全市民营企业营业收入增速高5.22个百分点，占全市民营企业营业收入的比重为57.95%；利润总额完成149.54亿元，同比增长8.16%，比全市民营企业增速高4.33个百分点，占全市民营企业利润总额的比重为62.67%；上缴税金完成157.16亿元，同比增长6.55%，比全市民营企业上缴税金增速高5.64个百分点，占全市民营企业上缴税金总额的57.28%；劳动者报酬完成208.49亿元，同比增长7.48%，比全市民营企业增速高3.23个百分点，占全市民营企业劳动者报酬的比重为58.71%。

### （七）新兴产业异军突起，引领作用日益显现

"十二五"时期，太原市不断加大产业结构调整和对新兴产业扶持的力

度，新兴产业发展势头迅猛并初具规模。目前已形成节能环保、新一代信息技术、生物医药、高端装备制造、新能源及新能源汽车、新材料等 6 个全市重点发展的战略性新兴产业。2015 年，从重点监测的制造业发展情况看，新兴接替产业发展较快，成为民营工业企业的支柱产业。其中仅计算机、通信和其他电子设备制造业营业收入就占到了制造业营业收入的 70% 以上，传统产业所占比重已不足 15%。

### （八）服务体系建设加快，服务能力明显提高

"十二五"期间，太原市不断完善民营企业服务体系建设，不断提升为创业者和中小企业服务的能力。加快信息化平台建设，目前已建立以十大在线服务平台、企业直通车、产品展销为一体的"一站式"在线服务超市，可为中小企业提供一站式、一网化、保姆式（在线）服务。加快创业基地建设，2015 年已有省级中小企业创业基地 12 个，创业基地不仅为入驻企业提供完善的基础设施，还在企业融资和申报国家、省级发展资金方面给予适度倾斜，全市已有 7 家创业基地申请到省级中小企业发展专项资金 1000 万元。加大人才培训力度，在贯彻落实省局"3 个 1"经营者素质提升工程的同时，结合太原市实际组织实施的"135"中小企业培训计划、太原市中小企业专业技术人才知识更新"851"人才工程、"十百千"人才培育工程等，切实满足民营企业的人才需求。"十二五"期间，每年培训各类人才 5000 余人次，共计培训各类人才近 3 万人次；积极开展各项服务活动，年均为 200 个企业"送政策、送专家、送服务"，总共为 143 家民营企业无偿配备了法律顾问。

### （九）融资渠道不断拓展，发展活力日益增强

"十二五"期间，太原市采取多种措施，切实解决民营企业的融资难、融资贵问题。2013 年以来，中小企业局与中国建设银行合作推出"助保金"贷款业务，与浦发银行、中国民生银行合作推出"类助保贷"业务。截至 2015 年末，市、县两级共为 432 户企业放贷 18 亿元，使"助保金"贷款业务成了民营企业融资的"金钥匙"；太原市还与中国建设银行、中国光大银行、浦发银行、兴业银行、华夏银行、晋商银行、晋城银行等金

融机构开展税银合作，面向小微企业推出了"税信通""税易通""税易贷""诚信纳税贷"和"税银通"等信贷产品，并通过 e 税客手机客户端、12366 短信平台、办税服务大厅等纳税服务渠道广泛宣传"银税"合作，形成了"税务评信、政府增信、银行授信、企业诚信"的新型融资模式。

### （十）强化创业创新，城市示范成为发展民营经济的重要抓手

在市委、市政府主要领导的带领下，太原市获批全国首批小微企业创业创新基地城市示范。3 年示范期内，国家给予 9 亿元的资金扶持，市政府按照 1:1.3 的模式，配套 12 亿元，省财政还奖励 1.3 亿元，按照各县（市、区）、开发区资金配比模式，示范期内县（市、区）配套资金在 15 亿元以上，从而形成了 38 亿元多的资金支持规模，支持力度前所未有。真正起到资金链带动创业链，创业链带动产业链，产业链带动就业链，链链相扣，推动经济链健康发展。2015 年，按照"抓引导、政策引领，抓载体、典型示范，抓服务、创新驱动，抓改革、破题攻坚，抓保障、考核推动，抓宣传、舆论造势"的总体思路，太原市双创示范工作取得了可喜的成绩。与 2014 年相比，小微企业增加了 18753 户，增长了 27.7%，营业收入 3529.67 亿元，增长了 5.5%；新增小微企业就业人数 8.19 万人，增长了 13.8%；技术合同成交额达 14.76 亿元，占全市技术合同成交额（52.99 亿元）的 27.85%，超全市考核目标（14.6 亿元）0.16 亿元，增长了 13.54%；拥有授权专利数达到 2582 件，增加了 395 件，增长了 18.1%，增速提高了 6.6 个百分点，超全市考核目标（2471 件）111 件。

### （十一）"小升规"企业培育工作成效显著，大幅超额完成省政府考核任务

2015 年，全市"小升规"企业[①]培育工作成效显著，年内培育入库条件的企业 42 户，完成省政府给太原市下达"小升规"企业培育任务 15 户的 280%。

---

[①]年营业收入首次达到 2000 万元以上，并进入国家规模以上工业企业库的企业。

# 二、推动民营经济发展的举措

2015 年，面对复杂多变的宏观经济环境，太原市紧紧围绕推进"六大发展"和实施"五个一批"的总体目标，按照"三个突破"的要求，以首批全国"双创"城市示范工作为契机，多措并举破难题，力推民营经济平稳发展。

## （一）强化贯彻落实，推动民营经济稳步发展

为贯彻落实好全省民营经济发展推进大会精神，2015 年 9 月 22 日太原市召开"太原市民营经济发展推进会暨小微企业创业创新基地城市示范工作动员大会"，会议规模、会议规格、会议效果前所未有。太原市委书记吴政隆出席会议并做重要讲话。吴政隆书记"民营经济活则太原活、民营经济兴则太原兴、民营经济大发展则太原大发展"的讲话精神，鼓舞了民营企业的士气，也为太原市民营经济工作指明了方向。

## （二）强化政策引领，政府、企业共同发力

认真贯彻国家、省政府扶持中小微企业发展的系列文件精神。年内市委、市政府出台了《关于小微企业创业创新基地城市示范工作实施方案》、《关于大力推动创业创新促进小微企业健康发展的意见》的"43 条"和《关于加快民营经济发展的实施意见》的"33 条"。新政的驱动力体现在：一是政策松绑，凡涉及新注册小微企业的行政事业性收费一律由市政府补贴；二是管理松绑，凡涉及小微企业注册组建的工商、质监、国土、规划、公安等政务服务事项一律下放县区管理；三是政务松绑，强化"一口进出、一次性告知、限时办结"服务制度，提高政务服务质量；四是准入松绑，对城市建设、城市管理、文化旅游等资源，实行"非禁即入"。

## （三）强化转型升级，加快发展三产、做强二产

按照省委提出的"推进一产、提升二产、发展三产"的总体思路，鼓励和扶持民营企业参与以居家为基础、社区为依托、机构和医养融合为支

撑的养老产业发展；鼓励民营企业参与休闲、会展、文化、特色潜力行业等旅游产业发展；鼓励民营企业发展节能环保产业、都市现代农业；引导民营企业投资新能源产业、生物医药产业，通过优化产业布局和转型升级，使企业通过产业调整尽快适应经济新常态。从政策上为 5 家设立技术中心的企业争取到省、市级扶持资金 310 万元；给 25 个新增科技含量高的发明专利奖励资金 50 万元；还组织 10 家企业、17 个企业家代表参加中国—阿拉伯国家博览会和中国国际中小企业博览会，引导企业"走出去"，发展"外向型"经济。

### （四）强化用人机制建设，为中小企业培育人才

为破解用人和就业难题，太原市积极探索"培训育才+社保留才+公寓引才+职称用才"的新路子。一是实施人才培训战略。完成了省局下达的人才综合素质的培训任务；完成了对 345 名中小企业管理者北京大学研修班、3500 名管理人员、2590 名技术人员的培训，完成了市级下达任务的 170% 以上。二是实施人才社保建设。加强对民营企业参加社会保险的引导，落实小微企业缴纳社会保险资金的补贴，推进民营企业依法足额缴纳社会保险。出台大学生就业后的廉租房政策，利用棚户区改造政策，在产业集聚区周围建设或租赁一部分安置住房，作为大学生就业的廉租房，以解其后顾之忧。三是实施人才兴企战略。2015 年共为民营企业评定中初级职称 3055 人。

### （五）强化管理创新，推动民企建立现代企业制度

落实《山西省中小企业规范化改制三年行动计划》和《2015 年山西省中小企业规范化改制工作推进方案》的精神，中小企业局围绕股份制改造，通过政策引领、"新三板"上市奖励、股权交易中心挂牌激励，引导企业建立现代企业制度，2015 年内完成"个转企"100 余家；通过股份制改造，建立现代企业制度的企业 341 家；与山西证券等多家证券公司对近百家企业 500 余人进行了以"创新融资"为内容的培训，共有 20 家企业在"新三板"挂牌，占全省挂牌企业的 67%。其中，2015 年新增挂牌企业 17 家，储备 25 家；落实"新三板"挂牌企业事后奖励资金 2475 万元；培育 374 家企业在地方股权交易中心挂牌展示。

### （六）强化抓大扶小，形成小企业铺天盖地发展新格局

太原市坚持抓大不放小，扶强又济弱，着力抓好一批技术含量高、带动能力强的大项目、好项目。在抓好江铃重汽、比亚迪电动汽车、富士康手机生产等重大项目的同时，大力推进"大众创业、万众创新"，推动大中小微企业共同发展，使传统产业改造和新兴产业并驾齐驱，服务业壮大和制造业升级互促共进，大企业顶天立地、小企业铺天盖地的发展格局有序推进。

### （七）强化服务提质，改善民营经济发展环境

"互联网+服务"正在形成，建立以十大在线服务平台、产品展销为一体的"一站式"在线服务超市，提供企业自主建站、24小时在线咨询等服务，力求探索足不出户解企忧的新路径。社会服务正在提质，一是诚信建设逐步规范，2015年内新认定"诚信企业"308户，3年来共认定诚信企业692户；二是公共服务逐步增强，对太原市11家为中小微企业提供信息化、事务代理、融资、创业等服务的社会化服务机构进行奖励补助300万元；三是"三送"服务逐步拓宽，先后开展5次"三送"活动，服务企业500余户；四是法律维权备受青睐，为企业免费解决各类纠纷1000余件。

# 三、民营经济发展存在的问题

### （一）经济总量不大

"十二五"以来，太原市民营经济虽然取得了一定程度的发展，部分龙头民营企业走在全国前列，发展势头迅猛，但与中部其他五省和周边省份省会城市相比，民营经济发展经济总量不大、速度不快、企业规模普遍较小、竞争力弱等问题依然存在。民营经济总量分别占占武汉市、长沙市、郑州市的三成左右，也仅占合肥市的50%左右；经营规模仍以中小企业为主，生产集中度低，尤其是小型民营企业基本是"作坊式"的生产和经营，几乎没有专利技术和技术研发能力，产品的质量差、技术含量低，市场占有率低，缺乏市场竞争力。

### （二）要素投入不足

资金、土地短缺仍是阻碍太原市中小企业和民营经济发展的瓶颈。融资成本高、融资速度慢、融资门槛高等问题仍然存在。太原市民营企业融资成本普遍在15%—18%，小微企业则要高，在20%以上。民营企业用地难问题严重，全市仅有的工业用地指标一般优先供应重点工程和大项目，中小企业的项目用地非常紧张。民营经济入园区发展已是大势所趋，但就太原市园区现有情况来看，高新区、经济区、不锈钢园区和民营区现有面积分别为8平方千米、9.6平方千米、8.36平方千米和3.67平方千米，经过多年的发展，可用土地近于零，直接影响到项目落地。

### （三）扶持力度不够

"十二五"时期，太原市不断采取措施改善、优化企业发展环境，有力地促进了中小企业的发展。但相对经济发达城市对民营企业的大力支持，太原市对本地民营企业的重视扶持力度还不够，对中小型民营企业的扶持政策还不完善，部分已出台的中小企业优惠政策措施落实还不到位；各部门注重对大型企业和国有企业及大项目的扶持，忽视了对中小型民营企业的科学管理、项目对接、转型升级、生存发展的扶持；中小企业发展专项资金规模总体偏小，资金使用较为分散，支持领域有限，对小微企业的支持尤为不足。

### （四）产业结构失衡

太原市民营经济产业结构中虽然新兴产业比重有所提高，但化工医药、电子信息产品制造及软件开发等高技术、高附加值产业比重较小，整体营业利税率相对较低。占有较大比重的传统行业结构调整缓慢，除规模企业经过调整改造得以发展外，多数企业持续发展能力受到严重制约。富士康虽然一枝独秀，成为拉动民营经济增长的主要力量，但也造成"成也萧何、败也萧何"的困境。第三产业发展滞后，"十二五"时期，太原市民营经济第三产业95%以上集中在传统商业、交通运输、饮食服务等行业，电子商务、现代物流、现代金融业、科技服务业、养老服务业和健康服务业等新兴服务业发展严重不足。

## （五）民营企业内生动力不足

太原市大多数民营企业家文化层次偏低，经营管理来源于自身的经验和家族力量，缺乏现代经营管理意识和决策能力，粗放经营，短期行为严重，"赢利压倒一切"的思想实际上忽视了战略思考，难以适应日益激烈的市场竞争。法制、信用观念薄弱，个别民营企业抽逃资金、拖欠账款、逃废银行债务、恶意偷税欠税，一定程度上影响了民营企业的整体信用形象。

## （六）社会化服务体系滞后

民营企业社会化服务体系发展滞后，服务功能不健全，成为制约其发展的最主要因素。面向中小企业和民营经济的培训、信息、咨询、技术服务、融资服务、税务代理、记账代理等社会化服务体系尚未形成。民营经济普遍感到获取技术支持困难，政策信息的来源渠道不畅。

# 四、面临的机遇和挑战

2016年是"十三五"的开局之年。新常态下，太原民营经济发展的机遇与挑战并存。努力把握机遇，积极应对挑战，通过转型升级，实现民营经济绿色崛起，是太原市民营经济发展的必由之路。

## （一）面临的机遇

党的十八届三中全会以来，行政审批制度的改革、垄断行业的放宽准入和混合所有制等为民营经济持续快速发展提供了重要支撑；以互联网、新材料、新能源为引领，以3D打印、数字制造为核心的新一轮工业革命使得科技与经济社会发展结合得更加紧密，也为民营企业提高创新能力和产业核心竞争力提供了重大机遇，民营经济持续快速发展将具有更大的空间、更强劲的动力。近年来，国家相继出台了一系列鼓励民营经济的政策，国家"十三五"规划纲要中明确提出鼓励民营企业依法进入更多领域。山西省也先后制定出台了扶持中小微企业、支持民营经济发展的一系列政策意见和实施办法，构成了促进全省民营经济发展的政策框架。省、市民营经济发展推进大会的召开，使民营经济成为全省经济发展的"三大突破"之一，为民营经济发展指明了方向和路径。同时，太原市从简政放权政府做减法、降低注册门槛、破解企业"缺血"难题等方面助推民营企业发展，以创新拉动发展民营经济，并成功入选国家小微企业创业创新基地城市示范。这些导向明确、含金量高、针对性强的政策举措，为民营经济发展提供了强有力的政策支持。

### （二）面临的挑战

要素制约矛盾突出。近年来，民营经济发展越来越多地遇到了用地难、用电难、用工难、融资难问题。随着发展阶段的变化和节能减排硬约束的强化，绿色低碳成为经济发展新趋势，降低碳排放强度、减少资源消耗、发展绿色经济是民营企业的现实选择。民营企业拼资源、拼价格、拼环境的发展老路已难以为继，迫切要求民营企业在转型升级中求生存、谋发展。

转型升级压力加大。总体上看，太原市民营企业粗放经营的特征还比较明显。从产业层次看，多数民营企业从事传统产业和资源密集型产业，缺乏核心技术和自主知识产权，自主创新能力不强，长期处于产业链、价值链的低端；从企业结构看，民营企业大企业数量偏少、体量偏轻，对广大中小企业带动性不强；从治理结构看，不少民营企业的产权结构、管理模式、营销方式、激励机制等与现代企业制度要求不相适应，制约了企业的持续、快速、稳定发展。"十三五"时期是太原市发展创新型经济、实现经济转型的关键时期，这对太原市民营企业从低端到高端、从粗放型到集约型的转型发展提出了更高的要求。

### （三）民营经济"十三五"发展目标

以促进民营企业科学发展为主线，以服务民营企业和优化企业发展环境为核心任务，以推进创业创新"城市示范"为契机，以提高民营经济发展质量和效益为中心，以扩充总量、壮大规模、增加贡献为目标，全面促进民营企业科学发展、持续健康发展。到"十三五"末，民营经济增加值占全市GDP 的比重年均提高 2 个百分点；民营经济从业人员年均新增 9 万人以上；民间投资占全市固定资产投资的比重年均提高 1.5 个百分点。民营经济发展环境明显改善，转型创新发展明显加快，全市民营经济在吸纳就业、创造利税和社会公益、保护环境等方面发挥更大作用。

1. 总量目标

"十三五"期间，太原市民营经济增加值年均增长11%，上缴税金年均增长9%。到2020年末，全市民营经济增加值达到2640亿元，民营经济增加值占全市GDP的比重达到65%以上；上缴税金达到482亿元；民营经济从业人员年均新增9万人以上；民间投资占全市固定资产投资的比重年均提高1.5个百分点，太原市民营经济总量在中部六省省会城市中的排位前进一位。

2. 结构目标

"十三五"期末，全市各类市场主体达到55万户，年均增长12%。其中民营经济总户数预计达到50万户；百亿元级以上的民营企业预计达到2家。民营经济战略新兴产业营业收入占全部民营经济营业收入的比重高于全省平均水平。

3. 发展环境建设目标

"十三五"期间，以国家小微企业创业创新基地城市示范为契机，全力推进"大众创业、万众创新"；不断完善创新创业的政策法规体系、投融资体系和社会服务体系；到"十三五"末，国家小微企业创业创新基地城市示范建设的5项考核指标中，小微企业数量达到16.07万户，年均增长15%；营业收入达到6093亿元，年均增长10%；从业人员总数达到108.31万人，年均增长10%；技术合同成交额达到25.9亿元，年均增长12%；授权专利数达到4480项，年均增长12%。

# 五、推动民营经济发展的对策建议

按照十八届五中全会创新、协调、绿色、开放、共享的发展理念，结合太原市发展实际，2016年民营经济发展要围绕"一个重点"，着力实施"九大发展"，以扩大经济总量、加快结构调整、推进转型升级、提升整体素质、加强指导服务为主要任务，做大做强民营经济。

## （一）围绕小微企业创业创新，打造民营经济发展新引擎

坚持以改革破题为重点，以小微企业创业创新为抓手，着力推动"三个融

合"、突出"四个引领"、抓好"五大工程"、实施"六大发展",破解制约小微企业发展的融资难、落地难、政策落实难、公共服务薄弱等问题。

1. 着力推动"三个融合",破解结构失衡难题

推动"双创"与去产能相融合。要充分发挥国企再创业的主体引领作用和"双创"示范工作的指导扶持作用,重点做好国有大型企业去产能、分流职工二次创业和再就业工作,要将民营经济打造成去产能的承接地和新动能的发源地,要盘活存量,激活增量,破解制约民营经济发展的各类瓶颈制约。

推动"双创"与科研院校相融合。要以深化科技管理体制改革为重点,从3个方面持续发力,不断提升企业的科技创新能力和市场核心竞争力。推动科技成果转移、转化,完善股权、期权、税收优惠政策和分红奖励办法,鼓励科研人员创业创新;聚集科研院所、高等院校的科技成果资源,将高等院校的科研力量与小微企业的发展潜力相融合,破解企业发展技术难题;鼓励和支持民营企业加大科技创新投入,积极推广应用新技术、新工艺、新装备,使民营企业尽快成为技术创新的需求主体、研发项目投入主体、技术创新活动主体和创新成果应用主体。

推动"双创"与大项目、好项目相融合。要优化创业环境,打造一条小微企业创业发展的"流水线",确保创一家,活一家,成一家;要用好用活招商引资政策,以比亚迪、金龙电动汽车等大项目落地太原市为契机,建立小微企业配套产业集群,打造上下游产业协作配套、资源共享、优势互补的良性循环,真正形成集群链带动产业链,产业链带动创业链,创业链带动就业链的发展路径。

2. 突出"四个引领",破解发展瓶颈

突出政策引领,把改善供给侧结构作为主攻方向。要将推进供给侧结构性改革作为重中之重,从4个方面着力推进体制机制创新。深化商事制度改革,在继续推进"三证合一"登记制度改革的基础上,探索小微企业网上注册新模式,率先推进企业简易注销登记制度改革;继续清理涉企行政事业性收费,建立涉企收费清单制度,新注册小微企业的非清单内收费一律取消,城市示范期内的清单内收费由城市示范专项资金全额补贴;加快建设小微企业综合服务平台,建立小微企业"互联网+"云服务平台;实施"万人培训

计划";强化规划布局引领,各县(市、区)和开发区要根据各区域的产业基础、承载能力和发展潜力,规划建设2—3个特色产业园,以此带动周边企业转型升级和区域联动发展,以此打造"一县一圈、一区多园"的产业体系。

突出创新引领,把增强企业自主创新能力作为重要举措。要把增强企业自主创新能力作为重要抓手,抓紧、抓实、抓出成效。要落实好各类科技创新扶持资金,要扶持好高新区3D打印技术和信息安全两个科技创新公共服务平台的建设;要落实高新企业认定补助、技术合同交易补助和科技型小微企业补助;要抓好科技创新基础平台建设,促进省内外科技创新成果、高新技术产品在太原市落地转化,形成全省高新技术产业集聚的"洼地"效应;要突出创新型科技人才队伍建设,培养一批科技领军人才和创新团队,加大对创新人才创业的支持力度,培育宽容失败、包容创新的文化,在全市掀起"大众创业、万众创新"的新浪潮。

突出金融引领,把建设多层次资本市场作为重要抓手。要以深化投融资体制改革为重点,着力解决小微企业融资难、融资贵的难题。要落实"助保贷"风险补偿铺底资金、"助保贷"应急周转保障资金、担保风险补偿资金、互联网金融发展资金、小微企业创业发展基金、天使投资和大学生创业贷款基准利率贴息资金,发挥财政资金"四两拨千斤"的撬动作用,以市场化方式引导民间资本进入实体经济;各县(市、区)和开发区要确保"双创"融资切块配套资金及时足额到位,利用财政杠杆和政府增信效应,撬动银行10倍以上资金,帮扶企业融资,千方百计降低企业融资成本;在4个开发区和有条件的县(市、区)试点推广"创业贷"融资,并完善模式,尽快在全市推广;要尽快完善各项融资支持资金的管理办法和实施细则;要加快建立完善小微企业信用信息库,加快小微企业信用征集体系、评级发布制度和信息通报制度建设,为民营企业能融到资、融好资创造条件。

突出宣传引领,为推动大众创业万众创新营造浓厚的氛围。要大张旗鼓地宣传民营经济的地位和作用,强化正面宣传引导,营造"鼓励创新、扶持创业、褒扬成功、宽容失败"的良好氛围;鼓励各县(市、区)和开发区、各有关部门、高校、社会团体组织开展以"大众创业、万众创新"为主题的系列活动,坚持项目、政策、资金一体化运作,支持举办创新成果和创业项目展示推介、创业创新大赛、创业训练营、创业典型宣讲等活动,不断丰富创业平台的形式和内容，点燃"大众创业、万众创新"激情。

3. 着力抓好"五大工程"，发挥"双创"示范项目的龙头带动作用

太原市既缺乏中小微企业协作配套的大产业集群，又缺少高质量的工业园区。小微企业创业创新缺乏载体容纳和产业支撑。因此，要以"双创"示范为契机，着力抓好五大工程，建设一批"双创"示范基地。

抓好创业创新载体建设工程。要发挥"大众创业、万众创新"和"互联网+"集众智、汇众力的乘数效应，打造众创、众包、众扶、众筹平台，建设一批"双创"示范基地，培育创业服务业，发展天使、创业、产业等投资；要充分发挥高新区占地 122 万平方米的创业创新载体和经济区占地 35 万平方米的创业孵化载体的示范引领作用，带动各县（市、区）和其他开发区盘活存量，利用旧厂房和存量建筑体建设一批小微企业创业创新载体。

抓好"双创"示范服务中心建设工程。高新区要加快太原市"双创"示范服务中心的建设步伐，运用互联网技术，打造太原市专业化、一站式、线上线下综合服务平台，为小微企业提供开放式办公空间、政务服务、金融服务、培训交流等服务，以及支撑空间及商业路演等服务。以此为样板，带动各县(市、区) 和开发区抓好区域"双创"示范服务中心的建设，打造互连互通、资源共享、服务"双创"的服务网络。

抓好科技创新驱动工程。要在 2016 年完成科技成果交易大市场项目的建设和运营，引进国内外科技研发成果，形成人才、技术、资本线上与线下、场内与场外互联、互动、互补的服务模式，实现创新资源与要素大集聚，技术市场、人才市场与资本市场大融合；经济区要在 2016 年内完成哈尔滨工业大学产权交易中心的建设项目，发挥哈尔滨工业大学学术和科研资源优势，建设功能齐全、运转流畅的产权交易市场，将其打造成以哈尔滨工业大学学术和科研资源为主流，汇集省内外知名高等院校发明专利及核心技术的"高地"，为全市民营经济的科学、稳步发展提供科技保证。

抓好国企去产能和分流人员再就业工程。抓住小微企业创业创新基地城市示范工作有利契机，充分运用好国家去产能和职工分流的有关扶持政策，在太钢、太重、晋机、西山等大型国有企业及创业基础条件较为完备的国有企业，建立创业就业服务中心，支持下岗分流人员再创业、再就业，力争年内有 3—5 家投入运营，二次创业的人员达到 5000 人以上。

抓好大商贸集聚区建设工程。以华润万象城、欧亚锦绣、万达综合体、远大购物广场、穗华物流园等大型商贸集聚区建设为契机，围绕"双创"工作找到结合点，集中建设2—3个商贸集聚区，通过创业主体和就业人员补贴、电商服务等方式吸引商户、吸纳就业。实施电子商务创新工程、商贸连锁提升工程、家政服务工程、物流服务工程，引进百家服务机构，孵化千个创业项目，实现万人就业目标。

### （二）实施"九大发展"，努力在优化民营经济产业结构上有新突破

**1. 实施创新发展，提升企业创新发展能力**

实施创新驱动发展战略，构建以企业为主体、市场为导向、产学研相结合的技术创新体系。提升企业技术研发能力，支持民营企业建立技术研究所、院士工作站、企业技术中心、工程技术（研究）中心等研发机构，加快新产品开发进程；加强产学研合作，畅通产学研交流合作渠道，建立产学研联盟、合作基地，加快产业技术升级；加快品牌建设，加强对民营企业自主品牌建设的支持，引导社会资源向知名品牌企业聚集，帮助民营企业保护自主品牌和老字号等传统品牌；实施知识产权战略，普及知识产权知识，提高民营企业维护知识产权的意识。

**2. 实施转型发展，推动民营经济做大做强**

按照分类指导、梯次推进的原则，引导民营企业向"强、专、精、特、新"方向发展，促进民营企业质量提升、进档升级，实现做大做强。坚持以大带小、以小促大、优势互补、分工协作、互利共赢的原则，引导中小企业走专业化发展道路，成为大企业或龙头企业协作配套产业链中的骨干企业；实施扶优扶强举措，对有特色、技术水平高、吸纳就业能力强、高成长性的民营企业加强重点联系、支持和奖励；鼓励企业改制上市，提升民营经济发展的综合竞争力；支持民营企业专业化发展，支持中小企业精细化发展，用高、精、尖产品和服务赢得市场；支持中小微企业特色化发展，鼓励中小微企业适应个性化、多样化市场需求，在"特"字上做文章，做到人无我有、人有我特，形成自己的特色产品、特色服务等。

**3. 实施绿色发展，推进民营经济产业升级**

坚持把结构调整作为促进民营企业成长的主攻方向，按照"推进一产、

提升二产、发展三产"的发展思路，以效率、和谐、持续为目标，推动产业升级。大力支持民营企业投资现代农业产业，延伸产业链，提高附加值；大力支持民营企业投资发展食醋、畜产品、蔬菜、粮油、干鲜果等加工产业；大力支持民营企业公平参与休闲观光农业、设施农业、餐桌农业等都市农业和农村新型合作经济。积极改造提升制造业民营企业，淘汰落后产能、技术、工艺和设备，重点鼓励发展技术先进、附加值高、节能环保、清洁安全、配套协作紧密的现代制造业民营企业；推进二、三产业融合，鼓励制造业产业链向研发设计和市场销售双向延伸，促进"生产型制造"向"服务型制造"转变；推动民营企业发展现代服务业，大力发展家政服务、养老托幼、便民商业等服务居民生活的民营企业。鼓励发展健康养老、家庭理财等新兴生活服务领域的民营企业；鼓励民营企业发展新兴产业，构建"以新一代信息技术为引擎，以生物、节能环保、新材料、新能源汽车为突破，以新能源、高端装备制造为先导"的战略性新兴产业发展格局。

4. 实施全面发展，拓展民间资本投入领域

积极拓宽民营经济投资发展领域。对城市建设、城市管理、文化旅游等资源，实行"非禁即入"，推动全领域、全产业链向民间资本开放，放宽民间投资领域限制；打通民营资本投资渠道，推动全领域、全产业链向民间资本开放；创新民间资本投入进入途径。积极推广政府与社会合作建设模式，确保民间资本平等进入。

5. 实施集群发展，促进民营企业聚集发展

以开发区、园区为主导，整合资源，合理布局，开展先行先试、示范带动，分层次、有重点地推进民营经济聚集发展，构建具有太原特色的产业集群。促进民营企业集聚发展，高起点地规划建设一批民营经济新兴产业集聚园区，形成若干有特色的产业集群；培育集群龙头企业，围绕龙头企业的主要产品，形成研发、制造、销售、物流及其他生产性服务业一体化的产业链体系；利用太原市城中村改造和市政建设加快推进的有利契机，为新兴产业集聚区"七通一平"，鼓励和引导各类专业服务机构围绕产业集群开展公共服务。

6. 实施重点发展，打造创业创新高地

以国家小微企业创业创新基地城市示范为契机，以改革为引领，建立覆盖各县（市、区）的小型、微型企业创业基地，逐步形成特色鲜明、活力四

射的小微企业创业创新集聚区，形成可复制、可推广的小微企业创业创新模式。加快创业基地建设，鼓励和引导各类社会资本利用旧园区、旧厂房、旧车间、旧学校等现有闲置资源改造建设中小微企业创业基地，为创业者提供生产经营场所。强化创业培训，采取知识讲座、案例教学、经验交流、实际演练等多种培训方式，提高创业培训的质量和实际效果，财政资金给予支持。深化创业服务，在高新区建设市级"双创"示范服务中心，为小微企业提供一站式服务；各县（市、区）也要完善"双创"服务体系，形成完善的创业创新服务网络。

7. 实施引导发展，增强民营企业发展素质

引导民营企业向科学化、现代化管理方向发展，提升经营管理水平，完善法人治理结构，建立现代企业制度，不断提高民营企业发展素质。加强企业管理创新，引导民营企业完善法人治理结构，从家族式管理向科学化、现代化管理方向发展；逐步建立现代企业制度，引导民营企业建立健全质量管理体系和财务内控制度，全面提升管理水平；重视企业文化建设，加大教育培训力度，积极创新人才培养模式及拓展人才培养渠道，综合运用联合培养、委托培养、订单培养等培养模式，加强民营企业各类从业人员培训；提升信息化利用水平，大力推进信息技术在各个行业的广泛应用，重点围绕信息化、智能化、精密化、集成化和绿色化，在更高层次上实施技术改造，促进传统制造业向先进制造业转变；充分利用信息技术改造物流产业、发展信息服务和工业设计等，提高生产性服务业整体水平。

8. 实施外向发展，提高企业外向发展水平

实施"走出去"战略，引导民营企业加快贸易转型，扩大技术水平高、附加值高的产品出口；支持民营企业利用自主品牌、自主知识产权和自主营销，开拓国际市场，加快培育国际知名品牌；支持民营企业开展国际化业务，在人才、研发、生产、营销等各方面加强国际合作，提高民营企业的国际竞争力；鼓励企业"走出去"，组织企业参加国内外各种展会、大型经贸博览会；大力引进国外国内知名企业和区域性龙头企业，支持有条件的民营企业积极承接国内民营 500 强企业的产业、资金、先进技术、管理、人才和信息转移，推动"总部经济""飞地经济"发展。

9. 实施改革发展，营造良好的体制机制环境

深入推进改革开放，进一步完善市场经济体制，优化政务环境、法治环境、社会环境，建立新型政商关系，为民营经济发展营造公平竞争环境和良好的体制机制环境。进一步深化商事制度改革，对"三证合一"所有费用进行审核，以政府购买服务的方式实现零成本创业；继续清理涉企行政事业性收费，进一步减少、合并和下放行政审批事项，建立涉企收费清单，新注册小微企业的非清单内收费一律取消，城市示范期内的清单内收费由城市示范专项经费全额补贴。

执笔人：崔瑞虎，男，现任太原市中小企业局办公室副主任

# 2015 年太原金融业振兴发展报告

**内容摘要：**本报告从银行、证券、保险、地方金融机构 4 个部分对太原市 2015 年金融发展情况进行了全面展示和分析，提出了到 2020 年，太原金融发展的主要目标。

提出太原金融业发展的 5 项重点任务：一要着力建设太原金融聚集区；二要以培育金融机构为突破口，壮大金融机构实力；三要以金融要素市场建设为抓手，建设多层次市场体系；四要加强社会征信体系建设，优化金融生态环境；五要提升金融服务实体经济能力，促进太原经济转型发展。提出太原市金融发展的对策建议：要完善政策指导体系，打造金融洼地，加强组织领导，积极推动金融改革，以金融发展为重点，推动创业创新、建立金融评估体系、防范和化解金融风险。

**关键词：**太原　金融业　振兴　发展

---

# 一、振兴发展成绩显著

## （一）"十二五"发展成绩显著

"十二五"期间，太原市金融业在发展速度、质量和效益、金融创新等方面取得了重大突破，对全市经济增长的贡献增大，引导金融资源在实体经济中合理有效配置，为经济社会转型做出了积极贡献，对全省金融发展的辐射带动作用初显，金融集聚区效应正在显现。

1. 金融业快速发展，对全市经济增长的贡献增大

2015 年，全市金融业增加值达 373.60 亿元，比 2010 年增加了 195.66 亿元；按可比价格计算，比2014 年增长了 15.9%，增速比 2014 年加快了 11.0 个百分点，比 2010 年增长了58.9%，年均递增 9.7%，比同期 GDP8.5%的年均增速快 1.2 个百分点。2015 年，金融业增加值比 2014 年增加了 66.57 亿元，对全市 GDP 增量的贡献率，由 2010 年的 8.6%提高到 32.6%；2015 年与 2010 年比较，金融业对全市GDP 增长的贡献率由 2010 年的 11.4%提高到 2014 年的 17.0%，再到 2015 年的 21.8%。

2. 金融业务不断扩大，集聚区效应正在发挥

2015 年末，全市金融机构本外币各项存款余额达 10830.05 亿元，比 2014 年末增加了 686.05 亿元，增长了 6.8%，比 2014 年末 2.0%的增速加快了 4.8 个百分点，比 2010 年末增加了 3821.97 亿元，增长了 54.5%，年均递增 9.1%。2015 年末与 2014 年末相比，太原金融机构本外币各项存款余额占全省的比重，由 37.6%上升到37.8%。

2015 年末，全市金融机构各项贷款余额达 9121.35 亿元，比 2014 年末增加了 1066.71 亿元，增长了 13.2%，比 2014 年末 11.5%的增速加快了 1.7 个百分点，比 2010 年末增加了 3996.25 亿元，增长了 78.0%，年均递增 12.2%。2015 年末与2014 年末相比，太原金融机构各项贷款余额占全省的比重，由48.6%上升到49.1%。

随着金融业对实体经济在转型发展中支持力度的加大，全市金融机构本外币各项贷款余额的新增额和增速均超过各项存款余额，存贷差明显缩小，贷出率显著提高，经济的质量和效益有所提升。2015 年末，全市金融机构本外币各项存贷款差额为 1708.70 亿元，比 2010 年末的 1882.98 亿元减少了 174.28 亿元，下降了 9.2%；金融机构本外币各项存款余额贷出率，由 2010 年末的 73.1%提高到 84.2%，比全省同期 64.9%的贷出率高出 19.3 个百分点。2015 年，全市金融业生产税净额达44.50 亿元，比2010 年增加 29.69 亿元，增长了 2 倍，年均递增 24.6%；营业盈余达 191.23 亿元，比 2010 年增加了 78.65 亿元，增长了 69.9%，年均递增11.2%；劳动者报酬达 128.34 亿元，比 2010 年增加 82.15 亿元，增长了 1.78 倍，年均递增 22.7%。

2015 年，全市保险业保费收入达 160.69 亿元，比 2014 年增加 46.71 亿元，增长了 41.0%，比 2014 年 16.8% 的增速加快了 24.2 个百分点；比 2010 年增加 74.89 亿元，增长了 87.3%，年均增长 13.4%；赔付支出 43.07 亿元，比 2014 年增加 1.90 亿元，增长 4.6%，比 2014 年 16.7% 的增速回落 12.1%；比 2010 年增加 26.13 亿元，增长了 1.5 倍，年均增长 20.5%；赔付率由 2010 年的 19.7% 上升到 2014 年的 36.1%，回落到 2015 年的 26.8%。

3. 金融组织体系日趋完善，服务功能不断增强

2015 年末，全市银行业机构共 26 家，包括政策性银行 2 家、国有银行 5 家、股份制银行 9 家、邮储银行 1 家等。银行机构网点 1024 个，其中包括政策性银行 4 个、国有商业银行 377 个、股份制商业银行 131 个、农村信用社 192 个、城市商业银行 66 个、农村商业银行 51 个、村镇银行 4 个。网点在全市分布情况：城区 863 个、清徐县 48 个、古交市 54 个、阳曲县 36 个、娄烦县 23 个。

2015 年末，全市共有上市公司 19 家，占到全省上市公司总数的 50%，其中在上海证券交易所上市的有 9 家、深圳证券交易所上市的有 10 家、香港创业板 1 家，累计募集资金 430 亿元。"新三板"挂牌企业 20 家，即将挂牌的有 4 家。在证券业机构方面，本地法人主体证券公司 1 家，外地证券公司在我市设立营业部的有 33 家。太原地区证券公司及营业部为 64 家，其中驻并分公司 8 家、营业部 55 家、总部在太原的山西证券 1 家。

2015 年末，太原辖内保险公司法人机构 1 家，省级分公司 47 家、地市级中支 26 家、县支 105 家、营业部 3 家、营销服务部 88 家，各类机构正式职工 8673 人。

2015 年末，太原市有 86 家小额贷款公司，覆盖了太原市 10 个县（市、区）和 4 个开发区。2015 年新增 3 家，注册资本总额 70.46 亿元，比年初增加 21%，净资产 58.12 亿元，比年初减少 12%。小贷公司凭借"短、平、快"的特点，以无抵押、信用贷款等方式大力解决了我市中小微企业融资难的问题，共为我市 8000 多个客户提供了贷款服务，贷款的投向也主要集中在"三农"、小微企业上，两项贷款合计 29.33 亿元，占比达 68%。但受到经济下行压力影响，公司业务有所收紧，年末贷款余额 43.28 亿元，比年初减少 0.2%，不良贷款有所增大，逾期 90 天以上的不良贷款为 8.27 亿元，比年初增加了近 1 倍。

在省、市、区三级监管部门规范引导下，利率水平符合相关规定，最高年化利率不高于24%，最低6%。在融资性担保（以下简称"融担"）行业方面，我市融担机构数量为49家，注册资本总额73.374亿元，比年初增加11.48%；净资产77.18亿元，比年初增加12%。49家机构中，16家为国家控股或国有参股的机构，其中11家为财政全资的融资担保机构，33家为民营公司。融资性担保机构为中小企业在银行融资过程中起到增信作用，在保户数达4501户，但受到经济波动影响，银担合作受到影响，融担公司的业务大幅下滑。2015年末，担保余额110亿元，比年初减少了3.4%。行业整体收益水平处于下降状态，代偿4.78亿元，代偿率2.28%，比年初增加了16.33%。

4. 金融政策体系逐步健全，生态环境不断改善

近年来，市委、市政府对金融支持实体经济发展高度重视。先后下发了《关于加快金融业发展的实施意见》（并发〔2013〕7号）、《关于大力推进民营经济转型跨越发展的意见》（并发〔2011〕36号）等文件，并通过市直各有关部门优化了金融服务企业的政策措施，使支持金融业的政策趋于完善。

市委、市政府对金融业发展的目标定位是将太原建成具有较强影响力的金融集聚区，增强金融业服务实体经济的能力和辐射全省的能力。2013年5月成立了太原市人民政府金融工作办公室，专门负责金融的发展和服务工作，建立了金融机构与政府、企业之间的沟通机制。积极做好社会信用体系建设，不断优化太原信用环境；促进区域金融合作与交流；完善各类金融机构、金融人才的服务体系，指导金融机构对外开放和合作发展；经过与上海证券交易所、深圳证券交易所的沟通协调，形成了资产证券化、私募债、公司债发行的对接机制。以深圳前海股权交易中心、天津滨海新区股权交易所、北京"新三板"市场、太原市股权交易中心等场外市场为主体，推荐太原优秀企业通过股权融资，扩大直接融资比例，降低融资费用。

### （二）面临的机遇与挑战

在《中共中央关于全面深化改革若干重大问题的决定》中指出，要完善金融市场体系，推进政策性金融机构改革，健全多层次资本市场体系，落实金融监管改革措施和稳健标准，完善监管协调机制，界定中央和地方金融监管职责和风险处置责任。山西省委、省政府大力支持太原在国家资源型经济

转型综合配套改革试验区建设中先行先试，在转型上实现率先发展。这是太原市金融发展的政策机遇。

市委、市政府经济工作的总体要求是：深入贯彻党的十八大及十八届三中、四中全会精神和省委、市委十届六次全会精神，以习近平总书记系列重要讲话精神为根本指针，主动适应经济发展新常态，坚持稳中求进工作总基调，以提高经济发展质量和效益为中心，把转方式、调结构放到更加重要的位置，全面深化改革，扩大开放，突出创新驱动，强化风险防范，保障改善民生，围绕"六个表率"① 要求，着力抓好"五个一批"②，全力推进"六大发展"③，促进全市经济持续健康发展、社会和谐稳定。

在看到机遇的同时，我们也应清醒地看到存在的挑战。太原市金融业近年来取得较快发展，但与周边城市相比、与中部六省省会城市相比、与发达地区相比还存在着一定差距：金融市场主体数量较少，本地金融法人机构实力不强；金融业创新能力不足，服务水平有待提高；金融机构服务我市企业作用不能显现，存贷差相对较大；多层次资本市场正在形成，直接融资比例较低；保险产品有待丰富，保险资金使用效率较低；金融生态环境有待优化，洼地效应有待形成；征信体系不够完善，违信违约成本较低；信息披露渠道单一，投融资平台建设相对单调；金融高端人才匮乏，金融从业人员素质有待提高。周边城市金融竞争能力增强，加大了我市应对压力。

# 二、"十三五"发展目标任务

## （一）指导思想

深入贯彻山西省金融振兴推进大会和中共太原市委十届六次全会精神，

---

① 在惩治腐败、狠刹"四风"方面发挥表率作用；在把权力关进制度的笼子、形成长效机制方面发挥表率作用；在科学推进城镇化、着力改善民生方面发挥表率作用；在深化改革、扩大开放方面发挥表率作用；在推动"六大发展"、富民强省方面发挥表率作用；在净化政治生态、重塑山西形象方面发挥表率作用。

② 一批重大产业项目、一批重大基础设施项目、一批重大民生项目、一批重大不稳定因素化解、一批重大改革事项。

③ 廉洁发展、转型发展、创新发展、绿色发展、安全发展、统筹发展。

全面深化金融改革，以促进产业转型升级为重点，强化金融支持实体经济；以培育地方金融机构为重点，壮大金融机构实力；以建设太原金融聚集区为重点，提升金融服务和辐射能力；以"诚信太原"建设为重点，切实优化金融生态环境。加快建成体系健全、竞争有序、运行规范、监管科学，与实体经济发展相适应的现代金融服务体系，深入推动"六大发展"。

### （二）发展目标

到 2020 年，太原金融规模进一步扩大，金融机构进一步集聚，金融服务能力进一步增强，金融生态环境进一步优化，全市金融机构本外币各项存贷款余额比 2014 年增长 80%，分别达到 18000 亿元和 14000 亿元；全市实现金融增加值达到 500 亿元以上，占 GDP 比重达到 13% 左右；金融业从业人数达到 6 万人；银行业融资主渠道作用进一步发挥。多层次资本市场基本形成，主板、中小板、创业板和"新三板"企业家数分别达到 20 家、8 家、5 家、50 家。2020 年，将太原建成具有较强影响力的金融集聚区，显著增强金融服务我市实体经济的能力和辐射全省的能力。

### （三）重点任务

#### 1. 着力建设太原金融聚集区

规划建设太原财富中心。根据省委、省政府《关于促进山西金融振兴的意见》要求和中共太原市委十届六次全会精神，在适宜区域，规划建设太原金融财富中心，大力开展金融招商，吸引国内外金融企业入驻，聚集区域金融总部，推动金融市场建设，提高我市金融机构引进、设立的承载能力，集聚金融资源。开展财富管理行业发展研究，进 步明晰财富管理中心的发展定位和方向。探索制订覆盖银行、证券、保险、基金、期货、信托、保险和私募基金等行业的理财标准、监管准则、信息披露要求和风险处置规则，引导财富管理机构规范经营、优化公司治理、加强风险防范，实现产业的健康、可持续发展。

吸引创业投资机构、私募股权投资机构、私募证券投资机构和各大银行、私人银行部门等进驻太原市，鼓励银行、基金、券商、信托发展财富管理业务，形成一批业绩优异、具有较强影响力的专业财富管理机构，进一步强化财富管理类机构的集聚态势。利用太原市的区位优势，把握我省金融振兴的历史机遇，创造良好的软硬件环境，吸引全国及全球基金经理人进驻我市，在开展本地市场业务的同时，形成辐射效应。

将太原高新区建设成全省的科技金融结合示范区。引导和支持商业银行在高新区设立科技专营支行，设立政府引导性的科技专营担保公司，设立融资租赁、小额贷款、融资担保、保险等专营机构。创新科技企业融资模式，开展投资、贷款、保险联动的融资工作，放大科技企业信用，培养科技"小巨人"，推动科技与金融的结合。通过融资租赁、资产证券化、信托、保险资金直接投入等方式，扩大科技企业直接融资，引导创业和股权投资机构投资科技企业，支持符合条件的科技企业通过银行间债券市场发行企业信用债券。支持资产权属清晰、成长性好的科技企业进入资本市场，通过资本运作尽快做大做强。使高新区成为全省乃至全国的科技金融要素集合区、创业资本密集区和科技金融结合示范区，服务全市、辐射全省。

进一步发展太原股权托管交易中心。开展未上市企业股权集中托管，扩大股权交易市场的业务范围，规范股权交易、开发股权交易新品种，探索建立与山西股权交易中心、天津股交所、上海股权交易中心等区域性场外交易市场的转板机制，使之成为特色鲜明的地方场外交易市场。

大力发展金融要素市场。围绕能源、金融、环境、科技、农业、文化等重点领域，推动相关金融要素市场的建设和发展。加快全市金融服务平台、中小企业金融服务中心、私募股权基金管理中心建设，重点支持中国(太原)煤炭交易中心建设，推进知识产权、碳排放权、农村产权、集体林权、金融资产等交易平台在我市的建设，加速资产的资本化，使太原成为全省的金融集聚区。

2. 以培育金融机构为突破口，壮大金融机构实力

大力引进和培育商业银行、证券公司、保险公司等各类金融机构，鼓励、支持由民间资本发起设立民营银行、村镇银行、科技贷款公司、金融租赁公司、消费金融公司和再担保公司等新型金融业态。支持金融机构通过兼并重组优化金融市场，扩大资产规模。规范小额贷款公司、融资性担保公司的运营，引导小额贷款公司服务小微经济和"三农"经济。完成对太原市农村商业银行的改制工作，将其建设成为以服务"三农"经济为基础，具备较强创

新能力的地方商业银行。做大做强地方证券公司，鼓励证券机构创新证券产品，引导证券资金服务实体经济，搭建具有一定辐射能力的证券产品服务实体经济的交易平台。积极利用保险资金，加大对保险资金的使用比例，支持保险资金为城镇化建设服务；吸引金融机构在太原设立区域总部、职能总部和分支机构；建立金融招商的体制机制，吸引外资银行在我市设立分支机构。引导支持金融机构开展网上银行、网上保险、网上证券等互联网金融，支持互联网企业和金融机构的融合与嫁接，实现普惠金融；鼓励和支持融资租赁、汽车金融、住房金融、专业货币兑换、货币经纪、券商直投等新兴金融机构的创新和发展，把太原建设成为融资租赁的行业集聚地和创新基地。努力把太原市金融市场体系建设成为银行机构主导，多种金融业态补充，服务水平、创新能力一流的金融市场。

大力支持银行、证券、保险深化合作。搭建商业银行与证券公司、基金管理公司、期货公司、保险公司等各类金融机构的对话交流合作平台，研究推进金融业综合化经营的有效路径和策略。支持商业银行拓展证券及保险抵押融资途径，探索直接投资设立基金公司、保险公司，建立更深层次的交叉销售和代理合作关系，促进银行、证券、保险共同发展。

稳步推进保险资金运用，在符合法律法规、有效防范风险、满足资产配置需要的前提下，支持保险资金以债权或股权形式参与我市基础设施项目和保障性住房投资，支持保险机构投资者积极参与资本市场、货币市场、外汇市场等金融市场工具和产品的投资交易，稳步开放保险资金投资不动产和未上市公司股权。

3. 以金融要素市场建设为抓手，实现多层次市场体系

支持山西股权交易中心、太原市产权交易中心的发展，试点金融产品交易市场。规范股权交易，开发产权交易品种，推动未上市公司股权集中托管与交易。将太原产权交易市场建设成板块多、门槛低、效率高、规范有序、成效活跃、特色鲜明的场外交易市场，使之成为在全国有较大影响力的中小企业融资和产权交易中心。提升煤炭交易中心现货交易能力，将现货市场提升为金融市场，实现煤炭交易、物流体系、信息体系中的金融服务全覆盖。建立科技、文化专项产权交易市场。优化科技、文化产权价值评估机制，完善交易制度，培育科技孵化机构和文化经纪机构。建设区域性环境排放权交

易市场，将排污权、节能量、清洁发展机制项目、自愿减排项目引入交易市场。建设区域性金融产品交易市场，开展金融产品交易的试点工作，促进金融资产证券化。鼓励企业到全国中小企业股权转让市场挂牌交易，抓好相关政策的制定和落实。

大力培育本地金融机构，着力推进地方金融机构建设，鼓励发展多种所有制金融企业。抓好太原市农村商业银行的组建工作，在太原城区信用联社的基础上，加大开放力度，引入新的发起人和战略投资者，共同设立太原农村商业银行股份有限公司。同时充分发挥资源优势，做大规模，做强质量，逐步控股县、区农村商业银行。通过深化改革，转换机制，用3—5年时间把太原市农村商业银行建设成全省农合机构的标杆行。加快太原市海信资产管理有限公司股份制改造，完善其法人治理结构，向合格投资者开放股权，逐步整合各类金融牌照，将之建成金融控股公司。抓住国家金融改革的机遇，鼓励支持由民间资本发起设立的民营银行、消费金融公司、金融租赁公司等金融机构。加强对小额贷款公司、融资性担保公司"两类公司"的现场和非现场监管。着力解决"两类公司"融资难的问题，按照山西省金融办的要求，在太原试点小额再贷款公司，由山西投资集团作为主发起人，实行混合所有制，组建实收资本不少于6亿元的再贷款公司。对小额贷款公司、融资性担保公司在办理土地房产抵押及动产和其他权利抵押、质押等相关事务，参照银行业金融机构执行。力争使各县、区政策性担保机构实收资本达到5000万元以上，市级政策性担保机构资本金达到5亿元以上，显著增强政策性担保机构对中小企业的担保能力。积极稳妥地发展互联网金融、第三方支付、对等网络（P2P）、股权众筹等新型金融业态，建设具有银行牌照的互联网金融平台，增强我市金融的辐射带动作用。

加大对金融机构的引进力度。不断完善各项配套政策，引导金融产业集聚。及时掌握国内外金融机构的发展规划，以及监管部门的政策导向，引导金融机构在我市设立分支机构、区域总部、职能总部。以金融大数据产业发展为重点，引导金融机构在太原建设金融数据灾备中心，带动登记、托管、支付、结算、清算功能完备的后台服务中心在我市的建设，增强金融基础服务能力。加强与京、津、沪等金融发达地区的金融交流合作，引进金融企业、金融产品，创新金融工具，提升金融服务水平。

4. 加强社会征信体系建设，优化金融生态环境

加强社会信用体系建设，提高金融市场信用水平，营造良好的信用环境。全面推进信用体系的建设，整顿规范金融秩序。完善信用管理制度、办法，建立起包括信用信息的采集和提供、信用等级评定、信用监督等在内的完善的企业信用制度和个人信用制度，形成信用约束机制，培育和规范多元化的信用主体，发挥信用制度在规范市场行为、防范金融风险中的积极作用，打造诚实守信、公平有序的市场环境。积极推进信用担保体系建设，建立起包括政策性担保、多元化投资的商业担保以及再担保公司构成的信用担保体系，加强政策引导和扶持，增强担保功能，通过信用担保分散和化解银行信用风险。

加强政府与金融机构之间的信息沟通和信息联系，加快建立和整合跨部门、高效统一的金融信息平台，实现对区域内各类金融信息的全面掌控。健全政府主导、监管机构推动、部门联动、社会参与的金融生态建设长效机制，优化金融司法环境和行政服务环境，切实维护金融机构权益。

5. 提升金融服务实体经济能力，促进地方经济转型发展

大力发展能源金融，支持各类社会资本发起设立能源产业投资基金，鼓励金融机构根据能源企业特点，创新金融工具，为能源企业发展及新技术的开发、应用提供更好的融资服务。

大力改善中小微企业金融服务。引导各银行机构设立中小微企业专业支行，实行差异化监管，推行免评级的中小微企业授信机制，提高贷款审批和发放效率。优化信贷抵押登记制度。推动征信系统向中小微企业开放，在大力推动信用贷款的基础上，推广车辆、仓单、林权、应收账款、出口信用保险保单等抵押、质押贷款，促进融资便利化。

大力强化融资增信服务。更加重视市、县两级政策性融资担保机构建设，扩大资本金，健全政策性担保机构的风险补偿机制，推动建立合理的银行和担保公司共担风险、平等互利的合作模式。推广小额贷款保证保险，为中小微企业增信。

严格规范涉企贷款的收费行为，清理不必要的资金"通道"和"中介服务"环节。严禁增加收费和提高收费标准，切实降低中小微企业融资成本。

中小微企业中开展建立现代企业制度活动，推广投资、贷款、保险联动，

提高企业的融资能力。

创新涉农金融服务，支持"三农"发展。进一步强化金融机构服务"三农"的职责。统筹、发挥好中国农业发展银行和各类商业银行、农信社、小额贷款公司在支持"三农"经济发展中的协同作用，支持农村人居环境改善建设工程。强化商业金融对"三农"和县域小微企业的服务能力，扩大县域分支机构业务授权。建立农村产权交易市场，开展农村土地流转预期收益、农村土地承包经营权、农村住房财产权抵押、质押贷款，加大对特色农业、订单农业、专业合作社、农业龙头企业、种养大户的金融支持。创新农村金融产品，研究建立农业种养殖大户"助保贷"帮扶政策，对农户创业实行互保、担保、增信，对龙头农业企业实行资本市场融资帮扶。实施农村普惠金融工程，在我市率先实现集小额取现、跨行转账、便民缴费和消费为一体的农村金融服务站全覆盖，加快互联网和移动支付等各类支付方式在农村的应用，提升农村支付"村村通"水平。

大力发展文化金融，支持太原文化产业发展和特色文化名城建设。建立文化产品交易市场，加强各类金融机构创新适合文化产业特点的金融产品，大力开发针对文化产品的金融产品，发展文化产业投资基金，成立文化财富管理机构。

发挥财政资金的引导作用。按照政府引导、市场运作、多元投资、防范风险的原则，整合政策性扶持资金，通过政府出资引导建立各类专业化的产业基金、中小微企业发展基金、企业资金链应急周转保障资金等，通过市场运作发挥财政资金的引导、扶持作用，进一步带动更多的社会资本投向稳增长、调结构、惠民生的重点领域、中小微企业和科技创新企业。加强财政资金的整合和分配，有效增强财政资金的运作能力，深化与银行、证券、保险、信托等金融机构的合作，发挥财政资金增信作用，不断拓展合作领域。

# 三、几点对策建议

## （一）完善政策指导体系，打造金融洼地

解放思想，转变观念，增强现代金融在经济社会中的作用。以《关于加快

金融业发展的实施意见》（并发〔2013〕7 号）文件为指导，制定和落实促进金融业发展的实施细则。提高经济实体对金融的运用本领，提升政府经济工作部门对金融的掌控能力。制定和完善支持金融业发展的政策指导体系，鼓励银行、保险、证券、期货、信托、基金、资产管理等各类内外资金融机构的成立与引进。通过召开金融论坛、金融研讨会、金融峰会、金融创新产品展示会等，提升太原金融业的影响力，形成学术研究的金融中心。

### （二）加强组织领导

建立服务全市金融发展的协调机构。发挥政府、市场、金融机构、研究机构、社会团体的作用，对存在于我市金融市场中的问题和新出现的情况，在充分研究的基础上，积极引导，协调发展。加强同中国人民银行、中国银行业监督管理委员会、中国证券管理委员会、中国保险监督管理委员会等国家金融管理部门及其派出机构的协调沟通，争取支持，共同推进金融规划的落实与实施。

提升振兴金融的意识和能力，提高政府行政效率。加强政府部门各级领导掌握金融理论的意识，提高其对金融业发展意义的认知水平，使其更好地把握金融业发展的客观市场规律，强化金融业在国民经济发展中的核心地位以及对城市发展的基础支撑作用。组织开展对政府领导干部金融知识的培训，将金融培训列入年度培训计划，全市、县处级以上干部每年至少轮训一次。进一步强化政府金融服务部门的职能，增强服务意识，优化行政流程，提高经济和金融业信息的统计水平，加强与各类金融机构的信息沟通和交流，及时传递相关信息，全面提高服务水平。加大推介力度，大力宣传金融业发展优势。

### （三）积极推动金融改革

加快推进金融市场改革。转变政府服务思路和服务模式，建立以规范市场秩序、维护市场平稳发展、合理引导民间资本进入为目标的服务体系；进一步完善金融政策，充分利用综改试验区先行先试的有利机遇，研究制定在金融机构引进入驻、吸引人才、壮大本地金融机构、均衡发展金融要素市场等方面的政策措施；鼓励各研究机构、社会团体开展金融专项研究。

充分利用第三方机构，建立和完善社会信用体系，形成诚信守法、遵章守纪的社会氛围。依法逐步建立覆盖全市金融领域的金融大数据收集、分析、使用系统，完善金融大数据有关法律、法规；进一步发挥政府作用，建立政银企投融资对接平台；推动金融脱媒，转变融资模式，降低实体经济融资成本。

加大金融对民间资本的开放力度。向民间资本开放金融股权，支持民间资本参与我市农村商业银行、金融控股公司、村镇银行等金融机构的改制、设立、增资扩股，鼓励民间资本发起设立民营银行、融资租赁公司、融资担保公司、小额贷款公司、小额再贷款公司，以及建设互联网金融平台等金融新业态。鼓励民间资本通过政府和社会资本合作（PPP）等形式进入我市的基础设施、公务服务领域。积极发展我市的民间借贷登记服务，推动民间融资阳光化、规范化发展。

加强与国内外重要金融中心城市的交流合作，促进本市金融机构国际化经营。组织本地金融机构和相关研究部门，定期举办各类金融研讨会，学习发展金融的国际先进经验，优化金融业国际化氛围。加强与国内重要金融中心城市的沟通交流，相互学习促进，促进各城市金融业特色化、差异化发展，共同构建金融中心体系。支持鼓励有条件的金融机构走向国际，积极参与金融全球化进程，不断扩大我市金融资本和金融人才的国际影响力，提升金融业和城市发展的国际化水平。

加强金融人才队伍建设。采取引进与培训相结合的方式，提高金融工作队伍的整体素质，利用高等院校聚集的优势，制订金融人才培养计划。把金融机构的需求、人才培养的计划与高等院校对接，制定和完善有关金融人才引进政策，吸引高层次金融人才，把太原建设成金融人才的高地。选拔一批优秀金融人才充实到县区、园区，担任金融机构的领导干部，努力满足地方经济社会发展对金融人才的需求。鼓励金融业与其他产业之间的人才交流，积极创造条件加强金融人才合作。探索建立适合我市金融业发展需要的人才储备体系，定期组织赴国外举办海外人才的招聘活动，引进并储备一批熟悉国际经济金融形势的高端金融人才。探索建立政府、企业、高校三位一体的培训体系，利用高校培训资源优势推动金融企业广泛地开展人才培训活动。鼓励金融机构在太原设立全国性的人才培训基地，支持发展各种金融教育培训机构，大力推进金融人才培育工作。建立具有吸引力的人才引进机制，加大对各类金融人才的引进力度，完善金融人才的发展环境，改善住房环境、子女教育、医疗保障等方面的配套条件，促进金融人才集聚。

扩大对金融业发展的宣传力度。全面系统地对我市金融振兴进行总结宣传。加强金融专业信息网站建设，促进金融网络信息的连通共享，扩大网络影响力。加强与国家级媒体和世界知名财经信息平台的战略合作，着力推进面向全球的金融信息收集、发布平台建设，探索创建具有广泛影响力的平面财经媒体。继续提升各类金融论坛的水平和影响力，加大金融论坛资源的整合力度，充分发挥论坛在传播思想、聚集资源、扩大影响方面的重大作用，不断提高太原金融业在全省金融振兴发展决策中的影响力，为太原金融创新发展赢得更好的空间。

### （四）以金融发展为重点，推动创业创新

以金融发展为重点，增强经济内生动力，提高人民群众收入水平，改善收入分配结构。全面深入贯彻市委、市政府"双创"精神，按照"放宽政策、放开市场、放活主体"的总体思路，依靠市场机制和政策引领，加强金融领域公共信息资源共享，营造开放、普惠的金融创业创新环境。

进一步完善融资性担保机构体系建设。建立完善以政策性担保机构为引领、多种所有制共同发展的融资担保体系。设立担保扶持财政专项资金，注资政策性担保机构，广泛吸纳社会资本参与，进一步扩大覆盖范围。调动市、县两级政策性担保机构开展业务的积极性，防止财政资金沉淀。

### （五）建立金融评估体系

建立对各级各部门的金融考核体系，使金融发展同其他工作同谋划、同制定、同落实。建立和完善对太原市金融业的考评体系，促进金融机构改革服务理念、创新服务方式、改善服务环境。

大力发展金融中介服务机构。培育和支持会计与审计服务、法律服务、资产评估、资信评级、经纪公司等中介服务机构发展，建立与金融发展相适应的中介服务体系。建立发展金融服务平台，做好融资信息发布、金融产品推介、政策法律服务等工作。大力引进培育金融软件企业和金融服务外包产业。

### (六) 防范和化解金融风险

完善地方金融监管体制。认真贯彻国务院明确中央和地方金融监管职责划分意见，加快建设我市的金融监管体系，建立市级金融监管服务机构，健全金融综合统计和分析制度，加大现场和非现场监管的工作力度，防范金融风险。明确县区政府打击非法集资的责任主体，要严格落实"属地管理"和"属事管理"的原则，做好非法集资的排查处置工作。积极做好不良贷款、上市公司退市风险化解工作，依法打击逃废银行债务行为。加强与金融监管部门工作的协调，建立科学规范的金融风险应急处置预案。各级政府要严格按照国务院《关于加强地方政府性债务管理的意见》的要求，建立"借、用、还"相统一的地方政府性债务管理机制，有效发挥地方政府规范举债的积极作用，切实防范化解财政金融风险，促进国民经济持续健康发展。

执笔人：樊志刚，男，现任太原市人民政府金融工作办公室银行机构发展处负责人

# 2015年太原推进
# 一批重大民生项目报告

**内容摘要：** 2015年，太原市重点推进农村、教育、卫生、城市建设、环境综合整治、民政、文体、保障性住房及城中村改造等9个方面168项一批重大民生项目和事项，着力解决群众最紧迫、最现实、最直接的民生问题，较好地体现了让发展成果惠及人民，有力地促进了全市经济社会全面持续健康发展。

**关键词：** 民生项目　推进　报告

## 一、2015年太原推进一批重大民生项目的实施情况

2015年重大民生项目及事项共168项，包括农村、教育、卫生、城市建设、环境综合整治、民政、文体、保障性住房及城中村改造等9个方面，总投资2155亿元，2015年计划投资554亿元。其中：城中村改造投资410亿元，保障性住房建设投资67亿元，教育卫生等投资77亿元。截至2015年底，已开工项目和开展事项共155项，开工率92.3%；完成投资403.4亿元，为年计划的72.8%；完成年度计划的项目及事项110项，其中已完工和完成的83项；未完成年度计划的项目及事项58项，其中未开工的项目13项。

### （一）农村方面

项目及事项共 9 项，2015 年计划投资 1.03 亿元，已全部完成年度计划并完工，完成投资 5.98 亿元，为年计划的 580%。项目的实施和事项的开展将有助于改善太原市农村人居环境，有利于精准扶贫。

续建项目 1 项，为市农业技术服务中心改造检测室项目，实验室改扩建和设备安装工程已基本完成。

新建项目 5 项，分别为：太原市 2015 年农村饮水安全工程，28 处提水及饮水工程已全部完工；农村乡村生活垃圾中转站建设项目，10 座乡村垃圾中转站已建成并投入使用；农村改厕项目，已完成 5230 座农村厕所改造；全市美丽宜居示范村建设项目，除娄烦县、迎泽区外的 8 个县、市、区的 10 个美丽宜居示范村建设已完工；美丽乡村试点县建设项目，东黄水镇红沟村、东黄水镇马驼村、泥屯镇东青善村、黄寨镇北塔地村、黄寨镇上安村、侯村乡青龙镇村 6 个美丽乡村建设年目标任务均完成。

事项 3 项，分别为：资助贫困学生上学，应补尽补，目前已完成娄烦县 171 名、阳曲县 78 名贫困大学生的资助；新型职业农民培训工程，已完成 6500 人的培训任务；千村万人就业培训工程，1800 人的培训任务已完成，其中，娄烦县 1000 人，阳曲县 800 人。

### （二）教育方面

项目及事项共 23 项，2015 年计划投资 11.3 亿元。项目的建设和实施将有助于进一步整合教育资源，综合提升教学水平，继续改善教学条件，保障中小学校舍安全，推进优质学校新校区建设。目前已开工项目和开展事项共 19 项，开工率为 82.6%；完成投资 12.3 亿元，为年计划的 108.8%。完成年度计划的项目及事项 14 项，其中已完工和完成的 5 项；未完成年度计划的项目及事项 9 项，其中未开工的项目 4 项。

续建项目 9 项。7 项完成年度计划，分别为：太原市第六十七中学校原址扩建、太原成成中学（初中部）操场建设、太原市第五十二中学校新校建设二期操场建设 3 个项目已完工并投入使用；太原市第十一中学校原址扩建、太原市第二十七中学校原址扩建、太原明德学校新建综合楼 3 个项目已完成主体工程，正在进行装修和附属工程建设；太原幼师新校区建设项目部分工程完成，为总工程量的一半。2 项开工未完成年度计划，分别为：太原市第六十四中学校新校建设二期操场建设，目前操场混凝土基层已基本完成；太原财贸学校综合楼主体工程已完成，正在进行室外工程施工。

新建项目 11 项。5 项完成年度计划，分别为：太原市第五中学校、太原成成中学、太原外国语学校和太原第二外国语学校新校建设项目已按计划正式开工建设；太原市中小学校体育运动场地塑胶化改造项目已完工 162 个运动场。2 项开工未完成年度计划，分别为：太原育英中学原址扩建和太原市第五十三中学改扩建项目正在进行主体和基础施工，施工进度相对缓慢。4 项未开工，分别为：太原市第五实验中学校改扩建项目，因建设用地内有属于西山煤电集团官地矿的 33 号住宅楼，拆迁困难，影响前期手续办理进度，现正在办理施工手续；太原市第十二中学校新校建设项目位于杏花岭区晋东棚户区内，由于选址位于原享堂村石太安置房用地内，因补偿方案未达成一致而影响开工；太原市综合实践基地和汾东中学重新选址。

事项 3 项。2 项完成年度计划，为启动小学生放学后免费托管服务和为全市义务教育阶段学生投保综合保险。1 项开展未完成年度计划，为区属学校直饮水工程：草坪区和晋源区已经完成，小店区 12 月 22 日进行第四次招标，尚未确定施工单位，万柏林区进行 3 次招标后于 12 月 24 日开始施工。

### （三）卫生方面

项目及事项共 23 项，2015 年计划投资 10.82 亿元。已开工项目和开展事项共 21 项，开工率为 91.3%；完成投资 4.22 亿元，为年计划的39.0%。完成年度计划的项目及事项 12 项，其中已完工的 7 项；未完成年度计划的项目及事项 11 项，其中未开工的项目 2 项。这批项目的实施，将解决全市医疗卫生资源总量不足、质量不高、结构不合理、分布不均衡、预防控制水平低等问题，有助于缓解康复医疗、老年护理、妇女儿童疾病医疗资源严重短缺的状况。

续建项目 9 项。2 项完成年度计划，为太原市第二人民医院老年病综合楼和太原市妇幼保健院原址业务用房及住院楼，目前主体工程已完工，正在进行装修，明年上半年即可投入使用。6 项开工未完成年度计划，分别为：太原市中医医院迁建项目，因与施工场地内原卫生综合楼内的山西省食品药品监督管理局就补偿安置事宜未达成一致，导致无法拆除；晋源区人民医院医疗综合楼项目和太原市人民医院迁建项目一二期工程土地有交叉，二期工程部分土地需调整土地利用规划，致使征地未完成；太原市中心医院北院全科医生临床培养基地建设项目因设计方案不符合新执行的规范要求，需调整设计方案；太原市第四人民医院艾滋病诊治楼因地质情况复杂，专家多次论证地基处理方案，工期延迟；太原市第四人民医院感染性疾病住院大楼因负压病房设计复杂，待二次施工招标。未开工 1 项，为山西省结核病防治中心结核病疾病防治楼，因立项名称与土地证名称不符，土地、规划手续办理延迟而影响开工。

新建项目 3 项。2 项开工未完成年度计划，为太原市中心医院迁建项目和太原市公共卫生中心迁建项目，因拆迁工作进展缓慢，正在进行桩基施工。1 项未开工，为太原市妇幼保健院迁建项目，因污染土壤治理难度大，土地手续办理延迟。

事项 11 项。10 项完成年度计划，分别为医疗一卡通惠民项目、0—6岁儿童先心病筛查治疗救助工程、农村 65 岁以上老年人和养老院老年人免费接种流感疫苗、社区家庭医生签约服务项目、社区集中医学检验项目、艾滋病梅毒乙肝孕产妇母婴阻断项目、太原市卫生监督网格化监管信息系统、规范设置狂犬病暴露预防处置门诊、急救体系建设项目、新建小区配建社区卫生服务机构项目。1 项开工未完成年度计划，为村卫生室基础设施建设项目，该项目 503 个村卫生所中 455 所已经完工，剩余的 48所因采煤沉陷区整体搬迁方案未定，延期建设。

### （四）城市建设方面

项目共 48 项，全为新建项目，全年计划投资 23.91 亿元。已开工项目 47项，开工率为 97.9%；完成投资 25.37 亿元，为年计划的 106.1%。完成年度计划的项目 33 项，并全部完工；未完成年度计划的项目 15 项，其中未开工的项目 1 项。这些项目面向民生，贴近百姓，进一步满足了群众需求。

城市背街小巷 35 项。27 条完成年度计划，为长风南街改造、寇庄西路打通、许坦东街规二路改造、红沟东路改造、大东关街改造、下元南一条改造、下元南二条改造、气化西街改造、义井北街改造、万寿路改造、前北屯路改造、大井峪南街改造、兵工南马路改造、恒源路改造、吉祥路改造、西流街改造、兴华北巷改造、郝庄正街改造、永祚寺路改造、永祚西街改造、郝庄新正街改造、朝阳街南一巷改造、高新街改造、技术路改造、发展路改造、晋阳街南一巷改造和晋阳街南二巷改造。8 条开工未完成年度计划，为长风北街改造、敦化北路打通、东后小河巷改造工程受拆迁影响未完工；韶九巷改造工程剩余最后面层油未铺，电杆未拔除影响完工；古城东路、古城西路、古城南街、古城北街改造受明太原县城城墙修复影响，将与城墙修复同步完工。

城市小游园 7 项。3 项完成年度计划，晋源区新区体育公园、小店区嘉节游园和小店区龙城游园，除部分苗木需春季栽植，已基本完工。4 项开工未完成年度计划，正在建设中，分别为：万柏林区南寒公园和北寒公园工程，因前期手续办理用时较长，影响了进度；晋源区政府广场中心公园工程为调整项目，启动手续办理较晚；小店区圆照寺游园工程拆迁进度缓慢。

其他 6 项。3 项完成年度计划，分别为：2015 年新建住宅小区和合表用户改造"一户一表"工程，完成 129192 户改造；既有居住建筑供热计量及节能改造完成了 412 万平方米；北山森林防火通道工程已完成道路建设 59.71 千米，并全线通车。2 项开工未完成年度计划，分别为道路照明设施建设，年中项目单位对计划进行了调整，对和平南路西巷、千峰南路、旱西关街等 15 条道路照明设施进行建设改造；13 座人行天桥及 5 座配套电梯工程完成 12 座人行天桥。1 项未开工，为汾河美化三期南延建设工程，因投资主体、工程征地面积、全国青年运动会水上项目、总投资额超过 15% 等因素影响，重新报批延迟了项目开工。

### （五）城市环境综合整治方面

项目共 12 项，总投资 16.99 亿元。已全部开工，完成投资 20.61 亿元，为年计划的 121.3%，这些项目的实施为加快推进省城环境质量不断改善创造了有利条件。

完成年度计划的项目 9 项，分别为：太原市分散采暖锅炉拆除改造工程、太原市重点区域环境综合整治工程、太原市绿色生态矿山建设工程、太原市六城区及 3 个县、市、区土小型燃煤设施等面源污染整治工程、太原市淘汰黄标车及老旧车工程、太原市农田秸秆综合利用工程、太原市环境监测及监控能力提升工程、太原市农村环境污染综合整治工程和太原市电力、焦化、冶金、水泥等重污染行业提标改造工程。未完成年度计划的项目 3 项，分别为：太原市城中村和农村洁净煤置换工程，因详细摸底后最终确定的洁净煤推广的使用量比年初估算量少和全年市区城中村整体拆除推进较快减少了洁净煤置换量；太原市 30 个城边村气化改造工程因使用壁挂炉采暖成本高，村民不积极参与，燃气公司连续几年实施煤改气工程，亏损多、资金压力大，积极性也不高；汾河水库饮用水源地污染防治工程项目因投资大、位置敏感、工艺复杂，项目仍处于立项审批之中。

### （六）民政方面

项目及事项共 11 项，全年计划投资 5.9 亿元。已开工项目和开展事项共 9 项，开工率为 81.8%；完成投资 4.62 亿元，为年计划的 78.3%。完成年度计划的项目及事项 8 项，其中已完工的 6 项；未完成年度计划的项目及事项 3 项，其中未开工的项目 2 项。这些项目将改善太原市民政事业服务水平，有效提升硬件设备条件，加快民生兜底工程的建设。

续建项目 1 项，完成年度计划，为太原市牛驼寨公墓项目，骨灰堂及配套用房主体及外装已完成。

新建项目 3 项。1 项开工未完成年度计划，为太原市社会（儿童）福利院扩建项目，因项目选址变更影响了进度。2 项未开工，为太原市老年社会福利院和太原市光荣院，新建项目因征地工作尚未完成而影响了开工。

事项 7 项，已全部完成年度计划，分别为：在 516 个社区开展惠民项目服务；向全市有需求的老人发放爱心一键通手机 5 万部；新建老年餐桌 50 个；建立太原市养老机构老年人意外伤害保险制度；免除 7 类人员基本殡葬服务费，实行惠民殡葬政策；社区便民服务设施提档升级工程和六城区 52 座旱厕改造工程。

### （七）文体方面

项目及事项共 8 项，全年计划投资 3.25 亿元。已开工项目和开展事项共 5 项，为年计划的 62.5%；完成投资 0.78 亿元，为年计划的 24%。完成年度计划的项目及事项 3 项，未完成年度计划的项目及事项共 5 项，其中未开工的项目 3 项。

续建项目 3 项。1 项开工未完成年度计划，为太原市图书馆改扩建工程进行内外装、消防施工、机电安装、弱电施工，因招标流标等原因，未能按计划完工。2 项未开工，原因分别为：太原市汾河体育健身长廊因方案多次调整未能按计划实施；100 块篮球场（社区多功能活动场）因财审招标时间较晚等原因未开工。

新建项目 2 项。1 项开工未完成年度计划，为"智慧太原"新媒体公共智能服务终端项目，因资金困难，进展缓慢。1 项未开工，为太原市晋剧艺术研究院改造（丁果仙大剧院）。

事项 3 项，均完成年度计划，为组织开展 2015 年太原市"书香太原，品读经典"全民阅读系列活动，2015 年全市农村电影放映和农村寄宿制中小学校电影放映工作（全市 1013 个行政村，51 个放映队，放映电影 12156 场；全市农村寄宿制学校 56 所，放映电影 504 场），太原市广播电视直播卫星户户通工程建设项目（为全市 9120 户农户安置直播卫星设备）。

### （八）保障性住房及城中村改造方面

项目及事项共 16 项，全年计划投资 477.4 亿元。已全部开工和开展，完成投资 327.1 亿元，为年计划的 68.5%。完成年度计划的项目及事项 9 项，其中已全部完工项目和完成的事项 5 项；未完成年度计划的项目及事项 7 项。

项目 15 项。9 项完成年度计划，其中，全部完工的 1 项，为万柏林区采煤沉陷区治理项目。部分完工的 4 项，为 22 个企业及其他公（廉）租房续建项目、60 个企业及其他城市棚户区改造续建项目、13 个龙投公司城市棚户区改造新建项目、11 个经济适用房续建项目。完成年度投资的 4 项，为晋源区采煤沉陷区搬迁安置小区建设项目、2 个企业投资公（廉）租房新建项目、3

个政府投资公（廉）租房项目（七平房、九院、南固碾一期）和22个城市棚户区改造项目。6项开工未完成年度计划，原因分别为：古交市采煤沉陷区2014年和2015年治理项目、清徐县采煤沉陷区2015年整村搬迁安置、娄烦县采煤沉陷区治理4项目因土地选址等手续办理较慢，清徐县项目拆迁和土地补偿出现纠纷，影响了项目进度；杏花岭区采煤沉陷区治理项目土地落实较晚；54个城中村改造年度计划投资410亿元，完成243.1亿元，共拆除建筑面积1512万平方米，拆迁量完成88%，47个村基本完成整拆，46个村启动了5.9万套661万平方米回迁房建设。

事项1项，已开展工作，未完成年度计划，为公共租赁住房分配及解决逾期未安置居民事项，目前已解决2543户居民的逾期未安置问题，公共租赁住房分配根据市政府要求暂停实施。

### （九）其他方面

项目及事项共18项，全年计划投资3.15亿元。已开工项目和开展事项共17项，开工率为94.4%；完成投资2.45亿元，为年计划的77.8%。完成年度计划的项目及事项13项，其中已完工的11项；未完成年度计划的项目及事项5项，其中未开工的项目1项。

续建项目1项。完成年度计划，为太原市强戒所扩建项目，主楼已基本完工。

新建项目3项。1项完成年度计划，为太原市公安局信息化及装备建设，完成云计算软硬件基础环境、数据中心、云搜索、应用安全保障平台及五大网络的基础性融合；1项开工未完成年度计划，为村村通水泥（油）完善提质工程；1项未开工，为太原市残疾人托养中心。

事项14项，11项完成年度计划，分别为：2015年市政公用服务进社区活动、六城区具备条件的行政村通公交、太原市肉类蔬菜流通追溯体系建设试点、在全市药店设立平价经典老药专柜、提升公共自行车服务能力、加强"放心粮油"经销网络监督管理、强化10个"流动粮店"的管理、继续推进城市社区农产品直销网络建设、进一步提高法律援助服务水平、继续实施太原旅游"一卡通"惠民工程、继续实施文物景点门票优惠政策。3项开展未完成年度计划，分别为：公交智能化（公交场站、车辆视频监控系统）、出租汽车驾驶员 IC 卡管理系统及新建公园配套体育设施项目。

# 二、2016 年太原推进一批重大民生项目形势分析与展望

## （一）存在问题及原因分析

总体上看，在经济下行压力较大、面临诸多困难的情况下，民生领域重大项目进展比较顺利，许多项目和事项已经建成或完成，但仍有部分项目没有达到年初的目标要求和序时进度，究其原因，主要有以下几个方面：

1. 拆迁难度较大

虽然太原市近年来出台了许多政策措施，拆迁难的问题得到一定程度的缓解，但仍是影响项目开工的重要因素之一。这其中既有体制机制上的问题，也有单位之间的历史遗留问题及利益分配问题，造成拆迁涉及问题多，协调工作量大，因而导致许多项目难以按计划拆迁。

2. 手续办理缓慢

一是需要办理的各项手续多，涉及部门多，审批周期长。二是有些部门审批流程较长，程序设置复杂，影响项目审批。规划、土地等审批手续表现尤为明显。三是审批环节设置不合理，部门审批程序互相牵制，让项目单位无所适从。同时，审批工作不能从服务项目实际出发，审批机制呆板、不灵活，对非原则性审批问题要求过严。审批问题成为项目开工率低、施工进展慢的主要原因。

3. 财政资金拨付率较低

部分项目的资金拨付率低于投资完成率。一是部分项目进度不快、手续不全，影响财政资金拨付。二是县区配套资金落实滞后。三是为了保障财政资金的安全，按照目前财政资金管理制度，拨付项目建设资金的程序较多，且大部分都要履行集中采购程序，办理相关手续时间较长。

## （二）2016 年一批重大民生项目及事项的实施与推进

2016 年，太原市一批重大民生项目的推进和实施应以"坚持成果共享理

念、坚持民生和民心的统一、坚持雪中送炭"为指导，以"坚守底线、突出
重点、完善制度、引导舆论"为总体思路，以"尽力而为、量力而行"为基
本原则，重点抓好一批老百姓感受得到、要求强烈且针对性、实效性强的民
生项目，进一步推动全市经济社会协调发展，切实保障和改善民生。

2016 年，一批重大民生项目及事项建议安排 214 项，其中建设项目 164
项，包括续建项目 45 项，新建项目 119 项；事项 50 项，涉及农林水、教育、
卫生、城市建设、城市环境综合整治、民政、文体、保障性住房等 9 个方面。
总投资 780.7 亿元，2016 年计划投资 226.4 亿元。

1. 农林水方面

项目及事项 11 项，总投资 6.4 亿元，2016 年计划投资 6.4 亿元。

新建项目 6 项，为太原市生态工程学校运动场建设和晋源、阳曲、清徐、
娄烦、古交"创森"骨干工程。

事项 5 项，为太原市教育扶贫项目、易地扶贫搬迁、全市脱贫 2 万人、
全市美丽宜居示范村建设和水利扶贫（农村饮水安全工程）。

2. 教育方面

项目及事项 35 项，总投资 46.1 亿元，2016 年计划投资 14.8 亿元。

续建项目 14 项，为太原学院学生公寓建设、太原幼师新校区建设、
太原市第十一中学校新校建设、太原市第二十七中学校新校建设、太原市
育英中学新校建设、太原市财贸学校综合楼和操场建设、太原明德学校综
合楼建设、太原市第六十四中学校新校建设二期、太原市第五实验中学新
校建设、太原市第五十三中学校新校建设、太原市第五中学新校区建设、
太原成成中学新校区建设、太原市外国语新校区建设和太原市第二外国语
新校区建设。

新建项目 14 项，为太原学院图书馆和实训区建设项目、青少年综合实践
基地、太原市实验小学滨河校区维修和操场塑胶化、太原市第五十六中学校
实验楼、太原市第二十一中学校教学楼、太原市实验中学学生宿舍楼、育华
幼儿园整体改扩建、太原市育英中学星河湾校区建设、太原市卫生学校新校
区建设、太原市第五十八中学校整体改扩建、太原市第六十二中学校新校区
建设、太原市实验中学（民航校区）整体改扩建、大东关小学新校区建设和
汾东中学工程建设。

事项 7 项，为 2016 春—2016 秋全市公办小学小学生放学后免费托管服务、2015—2016 学年全市公办普通高中毕业班学生节假日辅导服务、太原市中小学校体育运动场地塑胶化项目、优秀文化艺术进校园双百工程、为全市义务教育阶段学生投保综合保险、全市义务教育阶段学生安全综合能力建设经费和青少年学生践行社会主义核心价值观校外社会实践育人共同体建设。

3. 卫生方面

项目及事项 23 项，总投资 55.6 亿元，2016 年计划投资 20.8 亿元。

续建项目 11 项，为太原市中心医院迁建项目、太原市人民医院(晋源区人民医院)迁建项目、太原市第二人民医院老年病综合楼、太原市第四人民医院感染性疾病住院大楼、太原市第四人民医院艾滋病诊治楼、太原市妇幼保健院迁建项目、太原市妇幼保健院原址保健业务用房和住院楼、太原市中医医院门诊楼和急诊楼建设项目、太原市公共卫生中心迁建项目、太原市中心医院北院全科医生临床培养基地建设项目和山西省结核病防治中心结核病疾病防治楼项目。

新建项目 1 项，为太原市第三人民医院迁建项目。

事项 11 项，为农村改厕项目、更新 10 辆黄标救护车及 22 辆救护车仪器设备、居民就医"一卡通"项目、农村 60 岁以上老年人免费健康体检项目、启动实施新农合大病医疗保险、建设群众满意基层医疗卫生服务机构项目、实施家庭医生签约服务项目、免费孕前优生健康检查、农村育龄妇女"两癌筛查"、继续实施新农合"先住院后付费"服务和卫生计生信息化惠民项目。

4. 城市建设方面

项目 75 项，总投资 58.8 亿元，2016 年计划投资 41.4 亿元。

续建项目 4 项，为万柏林区南寒和北寒公园项目、晋源新区中心公园项目、小店区圆照寺公园项目。

新建项目 65 项，为东仓巷、精营东边街、坝陵南街、鱼池街、精营南横街、小东门街、旧城街、康乐巷、虎峪河两岸抢险路、桃园三巷、北中环与解放路交叉口微循环等 56 条背街小巷改造工程，尖草坪区新村公园、尖草坪区小东流公园、万柏林区北排洪渠公园、晋源区庞家寨公园、晋源区西寨公园、六城区 30 个街头游园 6 项城市小游园、10 座行人过街设施建设、汾河美化治理三期景观工程和太榆退水渠改建扩建工程。

事项 6 项，为市政公用服务进社区、燃气居民用户自有设施升级、供水庭院管网及附属设施、合表用户"一户一表"工程、既有居住建筑供热计量及节能、垃圾中转站和厕所并加装除臭设施。

5. 城市环境综合整治方面

项目 16 项，总投资 35.7 亿元，2016 年计划投资 31.2 亿元。

续建项目 1 项，为太原市畜禽养殖污染综合治理。

新建项目 15 项，为太原市既有建筑供热工程，太原市城中村和农村洁净煤置换工程，市区保留热源厂提标工程，太原市重点区域环境综合整治工程，地表水出境断面水质改善工程，汾河水库饮用水源地污染防治工程，太原市六城区土小燃煤设施污染整治工程，太原市城区烧烤整治工程，太原市城区裸露地面综合治理，太原市淘汰黄标车老旧车工程，太原市农田秸秆综合利用工程，太原市农村环境污染综合整治工程，太原市环境监测和监控网络体系建设，市区环境敏感区环境综合整治和太原市焦化、冶金、水泥行业提标及重点行业挥发性有机化合物（VOC）治理。

6. 民政方面

项目及事项 18 项，总投资 33.3 亿元，2016 年计划投资 23.4 亿元。

续建项目 2 项，为太原市牛驼寨公墓项目、太原市社会（儿童）福利院扩建项目。

新建项目 6 项，为太原市老年社会福利院新建项目、太原市救助站新建项目、太原市军供站新建项目、太原市光荣院新建项目、太原市社会福利精神康宁医院迁建项目和太原市救灾物资储备中心建设项目。

事项 10 项，为太原市社区惠民项目，新建城市养老服务中心和日间照料中心，建立困难老人居家养老服务补贴制度，建立城市养老服务中心和日间照料中心补贴制度，新建农村老年日间照料中心，新建 10 所县、市、区老年福利院，建设农村民政社会救助协理员队伍，建立困难残疾人生活补贴制度，建立重度残疾人护理补贴制度和经济困难的高龄老人与失能老人补贴。

7. 文体方面

项目及事项 18 项，总投资 35.4 亿元，2016 年计划投资 11.5 亿元。

续建项目 6 项，为太原市图书馆改扩建工程、晋祠环境综合整治工程、太原市博物馆陈列布展、太山龙泉寺复建工程、天龙山景区建设工程和东山古墓发掘保护工作。

新建项目 5 项，为太原王家峰北齐徐显秀墓保护和展示项目、太山龙泉寺舍利塔建设项目、滨河体育中心改造工程、太原市体育训练中心新建工程、太原市网球中心新建工程。

事项 7 项，为"书香太原·全民阅读"系列活动、扩展国家公共文化示范项目——"文化精品惠民基层行"、建设非物质文化遗产传习所、100 块篮球场(社区多功能活动场) 建设、社区健身路径更新工程、"智慧太原"新媒体公共服务智能终端项目和报纸可变数码套印高速数字印刷。

8. 保障性住房方面

项目及事项 6 项，总投资 498.9 亿元，2016 年计划投资 71.6 亿元。

续建项目 2 项，为 2016 年保障性住房续建项目和 2016 年采煤沉陷区治理续建项目。

新建项目 3 项，为 2016 年保障性住房新建项目、2016 年采煤沉陷区治理新建项目、2016 年农村危房项目。

事项 1 项，为解决逾期未安置居民。

9. 其他方面

项目及事项 12 项，总投资 10.5 亿元，2016 年计划投资 5.3 亿元。

续建项目 5 项，为太原市公安局警务云建设项目二期工程、太原市强戒所建设项目、太原市村村通水泥（油）路完善提质工程、太原市农村公路安全生命防护工程和太原市食品药品综合监督检测中心建设工程。

新建项目 4 项，为城市公共交通智能化示范工程、迎新街首末站暨公共自行车维修基地和完善公共自行车服务体系、信号灯、隔离护栏建设。

事项 3 项，为太原市食品药品追溯系统平台、"流动粮店"建设和一元钱蔬菜惠民活动。

# 三、推进一批重大民生项目的对策建议

## (一) 加强领导，明确职责

明确各项目单位和主管部门工作职责，细化责任分工，通过层层分解落实，确保责任到人，工作到位。

## (二) 依法规范，加强监管

重大民生项目应严格履行基本建设审批程序，按照审批流程严格执行。特别是政府性投资项目，要规范审批，按程序决策；加大投资审核和资金使用监管，严格控制建设标准和工程造价，杜绝形象工程和政绩工程；应加强对政府投资项目财务制度管理和项目审计，强化全过程监管，确保政府投资发挥最大效益。

## (三) 拓宽渠道，加强融资

应加大融资力度，千方百计拓宽融资渠道并及时掌握国家和省的政策；同时，与上级部门充分对接，最大限度争取国家和省里支持，以缓解财政资金紧张状况，促进民生项目建设。

## (四) 加强督导，有序推进

应将重大民生项目建设纳入对各部门、各县 (市、区) 和开发区领导班子的目标考核，推进各项目标任务完成，并及时了解项目进度；应对每个项目运行实行整体调控、建立台账，掌握项目实时进度，发现存在的问题，及时加以解决，并督促项目单位做好各项前期工作，加快项目建设进度；应按照动态管理原则，结合项目实际情况，对前期工作进度不快、完成工作量较少或年内无法实施的项目实行调整，滚动推进、不断完善，确保项目顺利实施。

执笔人：李　芳，女，现为太原市发展和改革委员会固定资产投资处副主任科员

# 2015年太原推进
# 一批重大产业项目报告

**内容摘要：**产业发展是拉动太原市经济增长的主要动力，重大产业项目是产业发展的主要保障，太原市2015年通过实施一批规模较大、带动性强、影响力大的产业项目，促进了太原市产业结构调整，打造了太原市新的经济增长点，推动了全市经济健康、平稳、可持续发展。

**关键词：**推进　重大产业

## 一、2015年推进一批重大产业项目发展的基本情况

### （一）总体情况

2015年3月31日，太原市政府办公厅以并政办发〔2015〕16号文正式下达太原市2015年第一批市级重大产业项目计划。重大产业项目共79项，分第一产业、第二产业、第三产业三部分，总投资1829亿元，2015年计划投资404亿元。按投资规模分，30亿元以上项目26项，10亿—30亿元项目25项，5亿—10亿元项目15项，5亿元以下项目13项。按建设性质分，续建项目41项，总投资1187亿元，2015年计划投资250亿元。新建项目33项，总投资532亿元，2015年计划投资116亿元。技改项目5项，总投资105亿元，2015年计划投资38亿元。

经过一年来的工作与实践，重大产业项目调整为 83 项，分第一产业、第二产业、第三产业三部分，总投资 1716.9 亿元，2015 年计划投资 386.9 亿元。按投资规模分，30 亿元及以上项目 23 项，总投资 1144.7 亿元，2015 年计划投资 207 亿元，完成投资 165.7 亿元；10 亿—30 亿元项目 24 项，总投资 406.3 亿元，2015 年计划投资 116.1 亿元，完成投资 75.2 亿元；5 亿—10 亿元项目 17 项，总投资 115.8 亿元，2015 年计划投资 41.7 亿元，完成投资 24.8 亿元；5 亿元以下项目 19 项，总投资 50.1 亿元，2015 年计划投资 22.1 亿元，完成投资 20.5 亿元。按建设性质分，续建项目 47 项，总投资 1079.9 亿元，2015 年计划投资 243.0 亿元，完成投资 197.2 亿元。新建项目 31 项，总投资 522.9 亿元，2015 年计划投资 105.7 亿元，完成投资 54.2 亿元。技改项目 5 项，总投资 114.1 亿元，2015 年计划投资 38.1 亿元，完成投资 35 亿元。

截至 12 月底，83 项重大产业项目已开工 79 项，开工率为 95.2%，完成投资 286.3 亿元，为计划投资的 74%。

**（二）第一产业基本情况**

2015 年，太原市围绕农产品加工龙头、物流配送等重点企业，积极扩规模、树品牌、拓市场，突出主导产业，提升项目科技含量，加快发展现代农业。

2015 年拟建设的第一产业项目共 6 项，总投资 19.8 亿元，2015 年计划投资 11.8 亿元。其中续建项目 4 项，总投资 12.3 亿元，2015 年计划投资 6 亿元。项目为九牛现代农业循环产业园二期（总投资 6.9 亿元，建设规模为奶牛存栏 1.5 万头，建设面积 29 万平方米）、山西康培现代农业科技产业园农业种植项目（总投资 3.7 亿元，建设规模为连栋温室 7.9 万平方米及国家 e 蔬菜云计算中心）、山西桦桂农业科技有限公司 10 万只规模养羊场项目（总投资 1.2 亿元，建设规模为年出栏羊 10 万只，圈舍 6 万平方米）、永丰禽业蛋鸡扩建项目（总投资 0.5 亿元，建设规模为年存栏蛋鸡 35 万只）。

新建项目 2 项，总投资 6.8 亿元，2015 年计划投资 5.8 亿元。项目为设施蔬菜建设项目（总投资 4.3 亿元，建设规模为建成设施蔬菜约 333.3 万平方米）、宝迪 10 万头种猪标准化养殖场项目（总投资 2.5 亿元，建设规模为饲养规模达10万头种猪)。

截至 2015 年底,第一产业完成项目 6 项,总投资 19.1 亿元。2015 年计划投资 10.8 亿元,已全部开工,完成投资 7.11 亿元,为计划投资的 65.8%。

### (三) 第二产业基本情况

2015 年拟建设的第二产业项目共 36 项,总投资约 789 亿元,2015 年计划投资 210 亿元。其中续建项目 10 项,总投资 354 亿元,2015 年计划投资 88 亿元;新建项目 21 项,总投资 326 亿元,2015 年计划投资 84 亿元;技术改造项目 5 项,总投资 109 亿元,2015 年计划投资 38 亿元。

1. 装备制造业

共 10 项,总投资 208.4 亿元,2015 年计划投资 52 亿元。

续建项目 3 项,总投资 104.5 亿元,2015 年计划投资 16.5 亿元。项目为完善整车“四大工艺”及柴油发动机项目(总投资 68.1 亿元,建设规模为建设重型柴油发动机及整车项目,形成年产不低于 8 万辆重型载货汽车的生产能力,总建筑面积 77603 平方米)、宇星客车重组更名搬迁改造项目(新能源客车项目)(总投资 14.3 亿元,建设规模为年生产 5000 辆纯电动、充电式混合动力和普通型混合动力等新能源汽车产业)、新建轨道交通及高端装备制造基地项目(总投资 22.1 亿元,建设规模为年产摇枕、侧架 15000 个,出口转向架 2000 个,车钩 15000 套,半精加工车轴 10 万根,钩尾框、上心盘锻件 10000 个,焚烧设备总成 3 套)。

新建项目 7 项,总投资 103.9 亿元,2015 年计划投资 36 亿元。项目为现代煤化工装备制造基地项目(总投资 30 亿元,建设规模为占地约 66.7 万平方米,联合国内外化工装备制造优势企业和原材料、配件供应企业,形成大中小企业紧密配合、专业分工、配套协作,产品覆盖非标压力容器、空分设备、压缩机、泵、阀、智能控制系统、化工环保设备、化工设备备品备件等煤化工装备全产业链的产业集群)、数控机床项目(总投资 17 亿元,建设规模为重组太原第一机床厂,将高档数控机床〔CNC〕业务、光伏逆变器等新能源业务置入改制后的企业)、装备制造研发基地及专业公司整体搬迁项目(总投资 15.2 亿元,建设规模为建设一条化工设备制造生产线、一条重钢结构生产线、一个轻钢结构制作生产线车间、一座研发大楼和试验检测大楼等,并将所属专业公司迁至新址）、山西煤机整体搬迁建设项目（总投资 14.1 亿元，建设规模为占地约 32.3 万平方米，新建联合厂房、机加工等车间、皮带机制造基地和非煤产业制造基地共八大生产厂房，建筑面积 20.3 万平方米）、燃气设备制造项目（总投资 10.6 亿元，建设规模为年产安全型燃气计量表系列产品 60 万台〔套〕、一体化集成灶具系列产品 4 万台〔套〕、节能型燃气采暖器系列产品 0.4 万台〔套〕、特种燃气输配设备、液化天然气〔LNG〕及 CNG 等产品 0.1 万台〔套〕，总建筑面积 142505 平方米。）、激光数字显示产业园项目（总投资 10 亿元，建设规模为建设数字激光投影仪规模化生产线，形成激光照明、激光识别、微缩胶片激光曝光机微机电系统〔MEMS〕光电传感器生产能力）、智能装备及工业机器人项目（总投资 7 亿元，建设规模为占地 10 万平方米，建筑面积 14.5 万平方米，年产物流仓储成套设备 50 座、智能停车系统 100 座、工业自动化智能物流装备 100 套、自动运输机器人 1000 台）。

2. 信息技术

共 6 项，总投资 99 亿元，2015 年计划投资 37 亿元。

续建项目 3 项，总投资 60.5 亿元，2015 年计划投资 25 亿元。项目为新建物联网技术应用硬件产品项目（总投资 30 亿元，建设规模为总建筑面积约为 591432 平方米，其中地上部分 470621 平方米，地下部分 120811 平方米）、新建物联网技术应用软件产品项目（总投资 17.6 亿元，建设规模为总建筑面积约为 507164 平方米，其中地上部分 391722 平方米，地下部分 1154424 平方米）、新建中天信安防科技产业园项目（总投资 12.9 亿元，建设规模为年产星光级摄像机系列 12 万台，基于 SVAC/H.264 的摄像机 40 万台，硬件化平台 xVR 系列 8 万台，行业安防解决方案 0.95 万套）。

新建项目 3 项，总投资 38.5 亿元，2015 年计划投资 12 亿元。项目为太原云计算数据中心建设项目（总投资 23.5 亿元，建设规模为项目将建设通信机房、调度中心、研发中心、交流展示中心、培训中心及附属配套设施，建筑面积 76000 平方米）、GPS 北斗二代芯片项目（总投资 6 亿元，建设规模为年产车载嵌入式智能通信导航多媒体终端系统，规模达 200 万套，基带芯片 2000 万枚，建筑面积 85300 平方米）、新型显示成套装备研发与产业化项目（总投资 9 亿元，建设规模为主要生产液晶显示器生产设备、液晶模组生产设备、背光源生产设备、触摸屏生产设备和偏光片生产设备等五大类平板显示设备，项目建成后具备年产 1000 台〔套〕平板显示设备的生产能力）。

3. 新型材料

共 1 项，续建项目，阳煤集团太原化工新材料园区项目，总投资 143 亿元，2015 年计划投资 25 亿元。建设规模为年产 20 万吨己内酰胺、14 万吨己二酸、20 万吨粗苯加氢精制以及园区配套工程和公用工程。

4. 节能环保

共 5 项，总投资 111.5 亿元，2015 年计划投资 18.7 亿元。续建项目 1 项，东山 2×F 级燃气热电联产工程，总投资 30 亿元，2015 年计划投资 12 亿元建设。建设规模为建设 2 台 F 级燃气发电供热机组，装机容量约 86 万千瓦，供热面积 1500 万平方米。新建项目 4 项，总投资 81.5 亿元，2015 年计划投资 6.7 亿元，项目为华润古交循环产业园区项目（总投资 49 亿元，建设规模为主要建设干熄焦、2×350 兆瓦低热值煤发电、新型建材、LNG、瓦斯发电等项目）、太原市生活垃圾焚烧发电厂 BOT（建设—经营—转让）项目（总投资 7.5 亿元，建设规模为设计接收能力 1800 吨/日，设计焚烧处理能力 1440 吨/日，大型垃圾压缩转运站转运规模 800 吨/日）、环保产业项目（总投资 8.9 亿元，建设规模为烟气除尘设备 15 台/年、脱硫设备 13 台/年、刮泥机 40 台/年、厌氧反应器 55 台/年、生活污水处理设备 90 台/年、气浮装置 50 台/年、真空带式压滤机 100 台/年、格栅除渣机 120 台/年、二氧化氯发生器 100 台/年）、城市垃圾无害化处理设备制造项目（总投资 16.1 亿元，建设规模为占地约 20 万平方米，城市垃圾无害化处理设备制造）。

5. 绿色食品

共 2 项，总投资 22.9 亿元，2015 年计划投资 9.4 亿元。续建项目 1 项，宝迪食品产业一体化项目，总投资 15.9 亿元，建设规模为建筑面积 191563 平方米，建设年屠宰生猪 200 万头、5000 万羽家禽和年生产 10 万吨猪血蛋白、5 万吨高档低温肉食品加工能力。新建项目 1 项，山西青玉集团阳曲食品加工基地项目，总投资 7 亿元，建设规模为占地约 13.3 万平方米，一期年产油脂产品 70728 吨，二期年产蛋产品 50000 吨、豆制品 8000 吨、豆饮料 10000 吨。

6. 新能源

共 4 项，总投资 68.9 亿元，2015 年计划投资 17 亿元。均为新建项目。项目为娄烦天池店 5 万千瓦光伏发电项目（总投资 30 亿元，建设规模为建设总装机容量 300 兆瓦光伏并网电站，占地约 200 万平方米。一期工程总装机容量 50 兆瓦，投资 5 亿元；二期工程 100 兆瓦，投资 10 亿元；三期 150 兆瓦，投资 15 亿元。一期工程已取得省发展和改革委员会 5 万千瓦发电工程路条，正在办理前期手续）、汉能太原不锈钢产业园区分布式光伏发电项目（总投资 5 亿元，建设规模为建设 50 兆瓦屋顶分布式光伏电站项目，项目建设预计占用屋顶面积约 30 万平方米）、山西省古交煤层气田邢家社区煤层气开发项目（总投资 28.5 亿元，建设规模为施工煤层气垂直井 1190 口，建设集气阀组 30 个、集气增压站 1 座〔占地约 4.7 万平方米〕，敷设采气、集气管道 776 千米）、山西华阳燃气有限公司 4 亿标准立方米/年焦炉煤气制合成天然气项目（总投资 5.4 亿元，建设规模为建设内焦炉气预处理、净化压缩、甲烷化、干燥分离、加臭外送生产装置，以及配套辅助及公用工程设施等。生产规模为处理焦炉煤气 4 亿标准立方米/年，合成天然气约 2 亿标准立方米/年）。

7. 其他

共 3 项，总投资 25.9 亿元，2015 年计划投资 12 亿元。均为新建项目。项目为山西昆明烟草有限责任公司"十二五"易地搬迁改造项目（总投资 15.9 亿元，建设规模为一类烟 5 万箱/年，二类烟 7 万箱/年，三类烟 20 万箱/年，四类烟 8 万箱/年）、年产 50000 套家具生产基地建设项目（总投资 5 亿元，建设规模为总建筑面积 66667 平方米，并购置安装生产设备、除尘设备等）、建设铁路装备涂装及涂料生产项目（总投资 5 亿元，建设规模为用地 10 万平方米，生产环保无污染绿色水性防腐涂料，年生产能力达 2.8 万吨）。

8. 技改项目

共 5 项，总投资 109.1 亿元，2015 年计划投资 38 亿元。项目为古交电厂三期 2×60 万千瓦低热值煤热电项目（总投资 49.7 亿元，建设规模为建设 2×60 万千瓦超临界直接空冷抽凝式汽轮发电机组，配套国产超临界高效煤粉炉）、大唐太原第二热电厂七期 2×330 兆瓦机组扩建工程（总投资 30 亿元，建设规模为 2×330 兆瓦机组扩建工程）、电站锅炉用镍基耐热合金、2×300 兆瓦机组环保超低排放改造等 30 个技改项目（总投资 19 亿元，建设规模为电站锅炉用镍基耐热合金、2×300 兆瓦机组环保超低排放改造等项目）、水下采油树及水下作业机器人研发及产业化项目（总投资 5.2 亿元，建设规模为新建采油树生产厂房、水下试验水池，购置机加工、热处理、装配、检验检测等生产设备。水下采油树 20 套/年，水下作业机器人系统 5 套/年）、食品加工技改项目（总投资 5.2 亿元，建设规模为新增建筑面积 4 万平方米，形成年产 10 万吨食品的加工能力）。

截至 2015 年底，调整后，第二产业项目 40 项，总投资 846.4 亿元，2015 年计划投资 201.1 亿元。截至 12 月底，已开工 36 项，开工率 90%，完成投资 140.3 亿元，为年计划的 69.8%。华能东山燃气热电联产、二电厂七期扩建项目、太重水下采油树等 6 个项目已完工投产或部分投产。江铃重汽完善整车及新建发动机、阳煤化工新材料园区、罗克佳华新建物联网技术应用硬件、软件产品、古交电厂三期 2×66 万千瓦低热值煤热电、山西昆烟易地搬迁改造等 30 个项目进展顺利。未开工项目 4 项，华润集团古交循环产业园区项目正在进行前期准备，循环产业园区中 LNG 项目、干熄焦项目、瓦斯发电项目已完成可研编制；大族集团数控机床项目机床厂的《重组改制预案》和《职工安置预案》已上报市国有资产监督管理委员会，待批复；太原风华信息公司新型显示成套装备项目控规调整已完成，等待土地招拍挂；晋发新能源公司娄烦天池店 5 万千瓦光伏发电项目正在与省发改委对接，争取列入省光伏发电名单。

### （四）第三产业基本情况

2015 年拟建设第三产业重大项目共 37 项，总投资约 1020.32 亿元，2015 年计划投资 182 亿元。其中，续建项目 28 项，总投资约 820 亿元，2015 年计划投资约 157 亿元；新建项目 9 项，总投资 200 亿元，2015 年计划投资 25 亿元。

#### 1. 现代物流业

共 5 项，总投资 109.23 亿元，2015 年计划投资 35.9 亿元。续建项目 4 项，总投资 104.33 亿元，2015 年计划投资 31 亿元，项目为太原润恒农副产品（冷链）物流产业园（总投资 58 亿元，建设规模为总建筑面积约 110 万平方米, 年交易额预计可达到约 300 亿元)、丈子头农产品物流园项目 (总投资 21 亿元, 建设规模为总建筑面积 43 万平方米, 主要建设交易大棚、低温冷藏库、配送中心等及配套的设施)、山西汇大物流仓储配送中心 (总投资 13.28 亿元, 建设规模为占地 10 万平方米, 总建筑面积 38 万平方米, 包括办公区、展示区、综合区、数字仓储物流区、酒店式高档公寓和配套设施)、太原不锈钢 (钢铁) 交易中心 (总投资 12.05 亿元, 建设规模为总建筑面积48 万平方米, 分为六大功能区, 建设加工区、仓储区和交易区等设施)。新建项目 1 项, 山西晋药集团物流产业园建设项目 (一期) (建设规模为占地 16 万平方米, 总建筑面积 18 万平方米), 是集药品批发销售、零售连锁、医药流通、电子商务为一体的现代医药物流园区, 总投资 4.9 亿元, 2015 年计划投资 4.9 亿元。

2. 科技及信息技术

共 2 项, 总投资 19.93 亿元, 2015 年计划投资 5 亿元, 均为续建项目。项目为军威科技创新商务小区项目 (总投资 10 亿元, 建设规模为总建筑面积 15.7 万平方米, 建设科研楼、会展中心、培训中心及相关配套设施)、山西云锦盛科技园项目 (总投资 9.93 亿元, 建设规模为总用地面积 2.82 万平方米, 总建筑面积 1.57 万平方米, 包括以新能源储能及管理等技术为核心的相关产业科技研发等项目)。

3. 电子商务

共 1 项, 山西美特好电子商务中心项目 (建设规模为占地 4.8 万平方米, 总建筑面积 15 万平方米), 总投资 4.5 亿元, 2015 年计划投资 2.8 亿元, 为新建项目。

4. 金融类

共 2 项, 总投资 52 亿元, 2015 年计划投资 10 亿元, 均为续建项目。项目为山西国际金融中心项目 (总投资 38 亿元, 建设规模为总用地面积为 5.15 万平方米, 总建筑面积约为 33 万平方米, 其中地上部分约 22 万平方米, 地下部分约 11 万平方米)、信达国际金融中心 (总投资 14 亿元, 建设规模为总建筑面积 14 万平方米, 建设 5A 级金融服务总部和写字楼等)。

5. 商务服务业

共 4 项, 总投资 156.43 亿元, 2015 年计划投资 16 亿元。续建项目 3 项,总投资 116.43 亿元，2015 年计划投资 14 亿元，项目为太原万商国际商贸城项目（总投资 70 亿元，建设规模为市场用地 33.3 万—50 万平方米，配套仓储用地 20 万—33.3 万平方米）、正坤国际汽车城项目（总投资 41.23 亿元，建设规模为总建筑面积 97.8 万平方米，建成后安全检测车辆 8 万辆/年、4S 店汽车销售 6 万辆/年、二手车交易 3 万辆/年、汽车文化宣传 12 万人次/年）、北京华联太原胜利购物市场建设项目（总投资 5.2 亿元，建设规模为总建筑面积 8.3 万平方米）。新建项目 1 项，太原国际汽车综合服务产业园（一期）（建设规模为汽车品牌店、配套商业、休闲服务业项目），总投资 40 亿元，2015 年计划投资 2 亿元。

6. 文化旅游

共 9 项，总投资 79.23 亿元，2015 年计划投资 15 亿元。其中，续建项目 5 项，总投资 13.03 亿元，2015 年计划投资 4.1 亿元，项目为小山沟城郊森林公园一期项目（总投资 3.1 亿元，建设规模为面积约 530.7 万平方米，包括滑世界、野三沟、台骀山 3 个景区）、青龙古镇续建项目（总投资 3 亿元，建设规模为项目建设占地 2 平方千米，主景区占地 200 万平方米）、晋祠景区建设工程（总投资 2.19 亿元，建设规模为 12030 平方米）、晋源区乡村农耕文化保护工程（总投资 4 亿元，建设规模为占地 1 平方千米）、太山龙泉寺复建工程（总投资 0.74 亿元，建设规模为 6531 平方米）。新建项目 4 项，总投资 66.2 亿元，2015 年计划投资 10.84 亿元，项目为太原华侨城西山文化科技体验园项目（总投资 30 亿元，建设规模为占地约 849.7 万平方米，其中山地约 639.1 万平方米，平地约 210.7 万平方米，分三期实施。一期以国际化、现代化的文化科技都市旅游为主题；二期以历史寻根及生态旅游为主题；三期以养生、会务为主题）、太原国际文化旅游度假小镇项目（一期）（总投资 20 亿元，建设规模为以悦榕庄为代表的国际品牌酒店集群，以奥特莱斯、小人国为代表的体验性主题商业文化产业集群，以天湖观澜为代表的高端住宅集群，以特色花卉、体验式农业生态园为代表的绿色特色景观集群）、太化工业遗址公园（总投资 15 亿元，建设规模为占地 60 万平方米，总建筑面积 35 万平方米，对现有工业建筑进行改造或新建成艺术博物馆、工业博物馆、艺术家工作室、创意工作室、雕塑工坊、创意酒店、图书馆、画廊、剧院和餐饮、特色商业、特色娱乐休闲场所等）、太原市博物馆陈列布展工程（总投资 1.2

亿元，建设规模为 6.4 万平方米）。

7. 城市综合体

共 14 项，总投资 599 亿元，2015 年计划投资 97.5 亿元。续建项目 12 项，总投资 515 亿元，2015 年计划投资 92.5 亿元，项目为太原华润中心项目（万象城）项目（总投资 120 亿元，建设规模为占地约 16.7 万平方米，总建筑面积 120 万平方米，包括万象城、写字楼等）、太原绿地中央广场（总投资 50 亿元，建设规模为写字楼及商业中心，建筑面积 41.72 万平方米）、中海寰宇天下项目（总投资 50 亿元，建设规模为总建筑面积为 673304 平方米，是集办公、商业、公寓式住宿为一体的城市综合体）、太原茂业天地项目（总投资 50 亿元，建设规模为总建筑面积 65 万平方米，建设购物中心、写字楼和酒店等设施）、太原国海广场（二期）（总投资 40 亿元，建设规模为占地 2 万平方米，总建筑面积 40 万平方米，包括酒店、商务开发和商业等设施）、万达商业综合体（总投资 37 亿元，建设规模为总建筑面积 37 万平方米，其中 5A 级写字楼 12 万平方米，百货购物中心及餐饮娱乐设施 25 万平方米）、公元时代城（总投资 35 亿元，建设规模为总建筑面积 55.4 万平方米城市综合体）、山西汾酒文化商务中心项目（总投资 35 亿元，建设规模为总建筑面积为 54.8 万平方米，建设内容包括双子座写字楼和五星级酒店）、山西太原滨西商务中心（总投资 35 亿元，建设规模为占地约 19.8 万平方米，总建筑面积 82 万平方米，是集家居建材、商务办公、博览、金融、餐饮、住宿、休闲、文化于一体的大型商贸中心）、太原华宇百花谷商业中心项目（总投资 25 亿元，建设规模为总建筑面积 33 万平方米，集购物、餐饮、休闲娱乐、办公、会务、住宿等功能于一体）、迎泽世纪城（总投资 21 亿元，建设规模为总建筑面积 30 万平方米商业综合体，建设购物中心、公寓和写字楼等）、太原阳光城国际广场项目（总投资 17 亿元，建设规模为总建筑面积 20 万平方米，建设高档写字楼、公寓楼、星级酒店等）。新建项目 2 项，总投资 84 亿元，2015 年计划投资 5 亿元，项目为太原远大购物广场（总投资 50 亿元，建设规模为占地约 17.3 万平方米，总建筑面积 62 万平方米，建设远大购物中心、五星级酒店及公寓、5A 级写字楼和商业街）、兰花阳光生活广场（总投资 34 亿元，建设规模为总建筑面积 44 万平方米，建设超市、购物中心、酒店、公寓和写字楼）。

截至 2015 年底，调整后，第三产业项目 37 项，总投资 851.4 亿元，2015 年计划投资 175 亿元，已全部开工，完成投资 138.9 亿元，为计划投资的 79.4%。山西汇大物流仓储配送中心项目、小山沟城郊森林公园一期项目、太山龙泉寺复建工程、太原茂业天地项目和万达商业综合体 5 个项目年内实现竣工。太原华润中心（万象城）项目、山西云锦盛科技产业园、山西国际金融中心、滨西商务中心（家居建材城）二期项目、太原绿地中央广场项目等 29 个项目进展基本顺利。太原国海广场（二期）项目、太原远大购物广场和兰花阳光生活广场 3 个项目正在完善前期手续。

## 二、2016 年太原推进一批重大产业项目发展的分析与展望

2015 年，太原市坚持把产业、基础设施、民生领域重大项目作为扩大投资、促进经济社会发展的重要抓手，总体上看，在经济下行压力较大、面临诸多困难的情况下，项目进展比较顺利，部分项目已经建成或完成年度计划，但还有部分项目没有达到年初的目标要求，仍存在着一些问题。从项目角度来看主要问题有以下几个。

1. 拆迁难度仍然较大

太原市近年以来出台了许多政策措施，虽然使拆迁难的问题得到一定程度的缓解，但其仍是影响项目开工和推进的重要因素之一。由于拆迁涉及的问题多，协调工作量大，既有机制上的问题，也有单位之间的历史遗留问题、利益分配问题，一个点影响一个面，导致许多项目难以按计划拆迁。

2. 手续办理有待加快

一些项目在手续办理过程中受各种因素制约，时间较长，无形中拉长了项目建设周期，延缓了项目的落地和推进。主要原因：一是需要办理的各项手续多，涉及部门多，审批周期长；二是有些部门审批流程较长，程序设置复杂，影响项目审批，规划、土地等审批手续表现较为明显；三是审批环节设置不合理，部门审批程序互为牵制，让项目单位无所适从；四是审批工作不能从服务项目实际出发，审批机制呆板、不灵活，对非原则性审批问题要求过严。

3. 部分建设单位自身问题影响项目建设

经济形势严峻、需求不足、企业融资困难，导致投资规模缩小甚至项目停滞，影响了项目的施工进度或不能按期开工。一些原计划新开工项目未能有效开工，没有形成实质投资，开而不建的情况普遍存在，形成的投资量有限。

从全市产业项目建设来看，主要问题：一是近年来太原市经济下行压力加大，尤其是工业经济整体低迷，煤炭、钢铁、水泥等传统工业产品均出现价格回落和销售不畅的情况，企业经营步履维艰，部分企业处于停工状态，缺乏扩大再生产投资的意愿和能力，投资需求明显不足，严重影响太原市产业项目的上马和产业投资的增长；二是太原市现实的市场环境对民营经济仍然存有一定偏见，融资难和落地难的问题在民营资本投资建设的项目上表现得较为突出。

2016 年，全市将突出重大产业项目对促进太原市经济结构调整、产业转型升级的重大作用，通过实施一批规模较大、带动性强、影响力大、大市场前景看好、符合国家产业政策的产业项目，推动全市经济健康、平稳、可持续发展。

2016 年，全年初步安排产业项目 90 项，分为第一产业、第二产业和第三产业 3 部分，总投资 1587.4 亿元，2016 年计划投资 325.5 亿元。其中：续建项目 54 项，总投资 1186 亿元，2016 年计划投资 197.1 亿元；新建项目 33 项，总投资 387.6 亿元，2016 年计划投资 126.2 亿元；备选项目 3 项，总投资 13.8 亿元，2016 年计划投资 2.2 亿元。

（1）第一产业。2016 年拟建设的第一产业项目共 4 项，总投资 6.9 亿元，2016 年计划投资 2.86 亿元。其中续建项目 2 项，为宝迪 10 万头种猪标准化养殖场项目和集义蔬菜产业示范基地建设项目。新建项目 2 项，为金家岗设施蔬菜循环经济建设项目和九润现代都市农业园。

（2）第二产业。2016 年拟建设的第二产业项目共 46 项，总投资 915.1 亿元，2016 年计划投资 220.1 亿元。

续建项目 24 项，为完善整车"四大工艺"及柴油发动机项目、新能源客车项目、风电整机及关键零部件智能化工厂建设项目、装备制造研发基地及专业公司整体搬迁项目、新建轨道交通及高端装备制造基地项目、燃气设备制造项目、能源汽车产业基地项目、智能装备及工业机器人项目、新建永磁电机项目、新建物联网技术应用硬件产品项目、新建物联网技术应用软件产品项目、太原云计算数据中心建设项目、安防科技产业园项目、GPS 北斗二代芯片项目、阳煤集团太原化工新材料园区项目、环保产业项目、山西省古交煤层气田邢家社区煤层气开发项目、阁上风电场工程项目、液化天然气储备调峰中心项目、山西华阳燃气有限公司 2.7 亿标准立方米/年焦炉煤气制合成天然气项目、太原酒厂搬迁改造项目、古交电厂三期 2×66 万千瓦低热值煤热电项目、山西昆明烟草有限责任公司"十二五"易地搬迁改造项目、山西省中小企业创业示范基地建设项目。

新建项目 22 项，为新能源汽车项目、新能源汽车配套产业园项目、数控机床项目、太阳能电瓶车项目、山西北斗导航数据中心项目、云数据中心项目(一期工程)、富士康太原 IDPBG 手机维修项目、中电智云太原数据机房建设项目、新型显示成套装备研发与产业化项目、民用洁净焦和洁净煤项目、娄烦天池店 5 万千瓦光伏发电项目、天池店 50 兆瓦光伏发电项目、杨兴风电场项目、中电投古交岔口 48 兆瓦风力发电项目、日生产 500 吨液体乳加工厂、华润古交循环产业园区项目、整体搬迁项目、众创产业园项目、中小企业工业园标准厂房项目、太原工业新区小微企业产业园项目、和平老工业区科技创新园二期工程、太原西山生态产业区创建国家新能源示范园区新能源项目。

（3）第三产业。2016 年拟建设的第三产业项目共 40 项，总投资 665.4 亿元，2016 年计划投资 102.5 亿元。

续建项目 28 项，为太原华润中心项目、太原绿地中央广场项目、中海寰宇天下项目、信达国际金融中心项目、太原润恒现代农副产品（冷链）物流产业园项目、山西太原滨西商务中心项目、山西汾酒文化商务中心项目、太原华宇百花谷商业中心项目、科技创新城综合服务平台项目、新建正坤国际汽车城项目、山西国际金融中心项目、军威新能源创新商务小区项目、山西云锦盛科技园项目、"中国知网"数字出版与数字图书馆项目、青龙古镇续建项目、山西万事兴家居广场建设项目、印刷包装物流基地项目、丈子头农产品物流园项目、北京华联太原胜利购物市场建设项目、山西晋药集团物流产业园建设项目（一期）、太原国海广场项目、太原市东城现代装饰城项目、太原阳光城国际广场项目、晋源区乡村农耕文化保护工程项目、鸿升时代金融广场项目、晋农之窗农业博览园项目、太原市盛玖市政工程建设有限公司办公大楼及研发中心项目、现代冷链仓储物流建设项目。

新建项目9项，为山西君德医疗器械现代仓储中心项目、东山生态庄园旅游及养老敬老产业建设项目、太原市人和美老年公寓项目、山西穗华物流园项目、军威科技创新商务小区项目、山西广电信息网络平台产业项目、"云梦坞"文化产业园建设项目、华润山西康兴源山西现代医药物流项目、国药集团山西有限公司新建物流中心项目。

备选项目3项，为山西伽峰通信科技有限公司云数据中心项目（一期）、汾酒集团现代物流中心项目、阳曲县物流园区建设项目。

## 三、推动太原一批重大产业项目发展的对策建议

### 1. 加强政务服务意识

受经济下行等因素的影响，目前市场观望氛围浓厚，再加上需求不足，严重影响全市投资的增长。为此，一是尽快出台积极政策，推动项目顺利实施；二是产业牵头部门要充分发扬雷厉风行紧抓快板的工作作风，强化责任担当，全力抓好落实，要细化分工，明确职责，加强对项目的指导协调和服务推进，要深入项目第一线，准确掌握项目存在的问题，及时帮助解决，各职能部门要在依法合规的前提下，建立项目审批工作跟踪落实制度，帮助完善各项审批条件，主动上门服务；三是各县、市、区要严格按照"六位一体"部署，组建强有力的保障队伍，组织好项目涉及的征拆和配合工作，加快完善配套设施，为项目推进创造条件，确保项目早日落地。

### 2. 提高行政审批效率

一方面要优化行政审批流程，在依法合规的前提下，按照"并联审批、规范报批、缩短时限、公开透明"的要求，整合审批事项，加快审批进度，提高审批效率。另一方面，要强化相关职能部门的责任意识和服务意识，创新工作方法，弱化事前管理，强化事中监管和事后奖惩。

3. 加快基础配套设施建设

严格按照"六位一体"部署，着力推进包括城市道路、供水、供气、供热、防洪排涝、污水处理、市容环卫、公交场站、电网配套和开发区扩大区"七通一平"等的一批重大基础设施项目建设，加快已开工项目建设进度，对已签约项目要逐个跟进，加快完善配套设施，确保早日落地。

4. 促进民间投资

尽管太原市已出台促进民营经济发展、鼓励民间资本扩大投资的政策，但近年来受各种因素影响，民营经济和民营资本的挤出现象仍然很普遍。相对其他投资而言，民间投资决策机制相对健全，迎合市场需求度高，目的明确，投资效益较高，为此要营造良好的政策环境，创造有利于民间资本的机遇，正确看待民间资本的地位和作用，放宽市场准入，充分发挥市场对资源的基础配置作用，创造公平的市场环境，针对民营企业融资难、用地难的问题采取切实的措施提高服务意识和服务水平，积极推动民间资本参与产业建设，融入现代产业体系，实现太原市投资主体多元化的格局。

5. 加强督导，有序推进

要将重大项目建设纳入对各部门、各县（市、区）和开发区领导班子的目标考核，推进各项目标任务完成。要及时了解项目进度，对每个项目运行实行整体调控、建立台账，掌握项目实时进度，发现存在的问题，针对解决，督促项目单位做好各项前期工作，加快项目建设进度。动态管理滚动推进，结合项目实际情况，对前期工作进度不快、完成投资量较少或年内无法实施的项目实行调整，确保项目数量不减、投资不降，保证项目良性、健康、有序推进。

执笔人：赵春生，男，现任太原市发展和改革委员会固定资产投资处处长

# 2015 年太原推进
# 重大基础设施项目报告

**内容摘要：** 2015 年，太原市积极推进一批重大基础设施项目建设，完善了城市功能，提升了城市品质。2016 年将继续推进项目立项实施和建设，从而为全市经济健康发展奠定基础。

**关键词：** 重大基础设施　项目　报告

2015 年，为适应经济发展新常态，太原市以"五个一批"作为推动"六大发展"的基本载体和总抓手，强力推进了一批重大基础设施项目，进一步完善了城市功能，提升了城市品质。

## 一、2015 年推进重大基础设施项目建设基本情况

2015 年，太原市进一步加大基础设施建设力度，在城市道桥及城市供水、供气、供热、污水处理、垃圾处理、园林绿化、公交场站、电力设施、轨道交通等方面立项 136 个，总投资约 587.64 亿元，年度计划投资 174.23 亿元。全年开工 127 项，占到项目总数的 93.38%，完成投资 211.64 亿元。

### （一）城市道桥项目

全年安排新建改建主、次干道 31 项，背街小巷改造 32 条，建设总里程

113.23 千米，工程总投资 110 亿元。截至年底，31 项主次干道，完工 12 项计 44.72 千米、在建 19 项计 46.80 千米；32 条背街小巷计 21.70 千米，年内全部完工。当年总计完工里程 66.42 千米，完成投资 79.32 亿元。

### （二）城市配套项目

包括供水、供气、供热、污水处理、防洪排涝、垃圾处理六大类 36 项工程，总投资 356 亿元。

城市供热，主要实施有太古长输供热管线、太交长输供热管线、华能东山热电联产、大温差供热、老旧管网改造等，完成投资 50.47 亿元。新建管网 100 千米，改造管网 160 千米，实现供热扩网 3104 万平方米。

城市供水，主要实施有市给水管网扩建、西山城市供水、南部区域核心区供水、老旧管网改造、呼延水厂二期工程、呼延水厂源水预处理与深度处理等工程，完成投资 2.5 亿元。新建管网 130 千米，改造老旧供水管网 102 千米，实现市区内新增公共供水面积 50.5 平方千米。

城市供气，结合道路的新建改建完成投资 3.64 亿元，新建管网 177 千米，改造一次管网 10.6 千米，二次管网 165 千米。

防洪排涝，实施了建设路南段区域排水工程、郑村沟及一号渠系工程、大黑水河流域治理工程、嘉节雨水泵站建设工程以及城南退水渠、南沙河、玉门河雨污分流、奥体中心泵站、东山排水系统完善等工程，完成投资 2.45 亿元。年内完成了 17 个排水分区 6.1 万座检查井和 2121 千米雨污水管线普查。

污水处理，实施有晋阳污水处理厂建设（一期规模 32 万吨/日）、外管网建设（全长 32 千米）及中途泵站建设（规模 36 万吨/日）等工程，完成投资 15.67 亿元。项目服务范围覆盖了整个河西地区（该厂建成后将取消原有的河西北中部厂、南堰厂），采用全地下建设，项目配套建设污水干管 31.5 千米、中途提升泵站 36 万吨/日一座、晋阳厂至清徐工业园再生水回供管线及配套泵站，"十二五"期末实现回供清徐工业园约 10 万吨/日，远期到 2020 年约为 20 万吨/日。该厂的建成实现了河西地区污水的全回收处理。

垃圾处理，主要实施有生活垃圾焚烧发电（规模 1800 吨/日）、生活垃圾焚烧发电搬迁扩容（规模 3000 吨/日）、餐厨垃圾处理（处理规模 500 吨/日）等工程，完成投资 1.88 亿元。项目的实施，使全市生活垃圾无害化处理率提高到 100% 的水平，另外，生活垃圾长距离、大吨位、密闭化运输，融雪剂融化池的建设，提高了应对大雪、暴雪天气的能力，可实现两小时内快速消除市区主干道积雪。

### （三）城市园林景观

2015 年计划建设市级公园 6 项，总投资 70.73 亿元。截至 2015 年底，和平公园、晋阳街公园、晋阳湖公园 3 项开工建设，按计划推进；太原植物园、和谐公园、王村缓洪池公园 3 项进行前期工作，计划 2016 年开工建设。道路配套绿化与道路建设同步跟进、同步完工。完成投资 14 亿元。年内太原市顺利通过了"国家园林城市"复查工作，"国家生态园林城市"建设工作全面展开，和平公园、晋阳街公园基本建成，胜利东街游园、汇通游园等 46 个游园建设完成，建成区绿化覆盖率、绿化率、人均公园绿地面积，分别由 2014 年的 40.5%、35.6% 和 11.26 平方米提升到 41%、36.07% 和 11.56 平方米。

### （四）城市公交场站

计划实施 2 项，总投资 1.47 亿元。截至年底，103 路电车财经大学停保场项目开工建设；公交技术保障基地项目在申批编制控规和项目可研等前期手续，2016 年计划开工建设。完成投资 0.1 亿元。项目的实施，可增加公交场站面积约 7.3 万平方米。公交技术保障基地、103 路电车财大停保场建成后至少可以开通 5 条以上公交线路，有效缓解城南地区 50 万居民出行难的问题，同时可为公交车辆提供日常维护保养。

### （五）城市电网配套

安排有 3 个方面共 25 个项目，总投资约 49.44 亿元。主要包括：服务城中村改造等重大民生类 11 项，服务开发区扩区等重大产业类 12 项，服务重大基础设施类 2 项。一年来，进展较为顺利，完成投资 20.61 亿元。项目的实施，有效缓解了我市发展用电紧张等问题。

### （六）轨道交通

2 号线一期工程，在充分论证、科学完善路网规划的基础上，积极协调推进前期工作，完成了 2 号线土建施工、监理、工程测量等系列招投标工作，并于 2015 年 12 月份全面展开 2 号线一期工程土建施工，轨道交通项目进入了全面实施阶段，开启了我市立体交通新时代。

### （七）其他项目

一是狠抓城市道路架空线缆入地专项整治，解决道路线缆的"蜘蛛网"现象。全年已开 256 条道路（118 千米）的管道敷设和试通维修工作，到年底，41 条道路（49 千米）已全部完成线缆治理入地。二是加快公共停车场（库）工程建设。出台了《太原市 2015 年公共停车场（库）建设的实施意见》，按照企事业单位参与建设、公园绿地下建设、高架桥下空间建设停车场等要求，全面推进停车场建设，2015 年共新增停车位 8100 个。三是既有建筑节能改造。现已超额完成既有居住建筑节能改造工程。合理安排项目实施，深入现场检查督办，强力推进工程建设，先后启动了劲松公寓等改造项目，完成既有居住建筑节能改造 412 万平方米。

## 二、2016 年推进重大基础设施项目建设的分析与展望

2016 年，太原市初步安排城市道桥、公共配套、园林景观、公交场站、电力设施、轨道交通和铁路建设八大类 136 项工程，总投资约 930 亿元，2016 年计划投资 312 亿元。

### （一）城市道桥

安排 53 项，建设里程 200 余千米，总投资193.41 亿元，本年计划投资131.69 亿元。其中，续建 12 项 50 千米，主要包括东峰路、太行路南延、环湖东路以及南内环西街快速化、迎泽大街下穿等改造和建设。新建 41 项 150 千米，主要包括滨河西路南延、卧虎山路、五一路、太茅路、环湖西路、摄乐桥、柴村桥东西立交等改造和建设。

### （二）城市配套设施

安排有城市供热、供水、供气、防洪排涝、污水处理、垃圾处理、地

下综合管廊 7 个方面 34 项工程，总投资约 363.65 亿元，本年计划投资 81.03 亿元。

供热工程 7 项，总投资 183.14 亿元，本年计划投资 27.48 亿元，主要包括太古长输供热、南部长输供热、大温差联网扩容改造、华能东山热电联产收尾、市区供热管网体系建设和老旧供热管网改造、高新区南部区域集中供热项目。太古供热隧道已于 3 月 23 日全线贯通；南部热电联产清洁能源供热工程已完成新敷设管线 20 千米，正在进行冷态试运行；市区老旧管网改造已随道路修建同步展开；大温差集中供热联网扩容改造的手续已办理完毕，正在优化方案，即将展开改造；华能东山热电联产供热及二次管网改造项目加紧前期准备，6 月份开工建设。2016 年将新增热电联产集中供热能力 5000 万平方米，全部供热项目将在供暖季完工投运。

供水工程 5 项，总投资 38.08 亿元，本年计划投资 1.8 亿元，包括市区给水管网扩建、东西山供水、老旧及落后管材管网改造、呼延水厂二期工程等。市区给水管网扩建、东西山供水、老旧及落后管材管网改造 3 项工程已经展开；呼延水厂二期和原水预处理与深度处理 2 项工程分别正在紧张地施工和设备采购安装中；庭院供水管网和附属设施的改造进行了方案细化，5 月初即开始实施。通过项目的实施，2016 年将增供水管网 110 千米，改造老旧网 35 千米，完成东峰路、王家坟等 4 座东部加压站，开工长风西街、民航路 2 座城市西部、南部加压站，有效改善老旧小区居民用水和东西山高地供水状况，扩大城市公共供水覆盖范围。

供气工程 1 项，本年计划投资 1 亿元，完善一网多源工程，年内完成古交煤层气、清徐梗阳焦炉煤气转换天然气入网，形成燃气的五源供给，增强城市供气保障能力；新建改造供气管网工程，已随道路的开工建设同步展开，全年将新增供气管线 100 千米，改造既有旧管线 50 千米；燃气居民用户自有设施升级改造工程，利用 3 年时间实施完成 98 万户，2016 年改造约 38 万户，这项工程将对保护燃气用户和居民安全发挥重要作用。

防洪排涝工程 10 项，总投资 52.68 亿元，本年计划投资 25.53 亿元，包括建设路南段区域排水系统及郑村沟和一号渠系建设、嘉节雨水泵站 2 项工程正在建设；大黑水河流域治理招投工作已结束，近期开工建设；城南退水渠南沙河玉门河排水雨污分流、北涧河、太榆退水渠、西中环虎峪河、南沙河东段治理，晋阳街暗渠及许坦旧排洪渠迁改工程，抓紧前期准备和动迁，于后半年开工建设。

污水处理工程 2 项，总投资 42.77 亿元，本年计划投资 6.7 亿元，项目分别为晋阳污水处理厂、汾东污水处理厂的建设。其中，晋阳污水处理厂 3 月 31 日已建成通水，正在调试，6 月底试运行；汾东污水处理厂项目的立项手续、配套主干管设计方案编制已完成，7 月份启动征拆和"三通一平"工作。同时妥善处理南堰污水处理厂关闭后的相关遗留问题，超前做好河西北中部污水处理厂提前退出的协调工作。

垃圾处理工程 8 项，总投资 35.38 亿元，本年计划投资 13.2 亿元。包括：餐厨废弃物处理工程已开工建设；垃圾焚烧发电 BOT 项目的征地和厂区"三通一平"已完成，厂房等主体工程计划已开工建设；示范基地垃圾焚烧发电及配套建设项目展开招标工作；南部和迎泽垃圾转运站、侯村垃圾填埋场改造、机械清洁队停车场及融雪剂溶化池等工程正在加紧前期准备，后半年开工建设。

地下综合管廊工程 1 项，2016 年将随古城大街、经二路、经三路、纬三路、实验路 5 条路的建设，同步建设综合管廊，总长约 10.13 千米，总投资约 10.6 亿元。实现供热、供水、再生水、供电、通信和燃气管线入廊。目前前期手续正在抓紧办理中，同时展开了 PPP 投资人招标工作，5 月份开工建设。这是我市综合管廊建设的起步工程，一定要设计好、建设好、运营好，形成示范，为申报国家试点城市助力，力争得到国家和省里的资金支持。

### （三）城市园林景观

安排 12 项，建设规模 733 公顷，总投资约 83.03 亿元，本年计划投资 17.35 亿元。主要包括：和平公园、晋阳街公园将于 6 月底全面建成，7 月 1 日正式对市民开放；晋阳湖公园按计划推进；太原植物园、和谐公园、王村公园、迎泽公园、动物园、太山龙泉寺景区的手续已办完毕，于 5 月份开工建设；东篱公园、新沟、阳兴大道郊野公园改造加紧前期工作，6 月开工建设。

### （四）城市公交场站

安排 5 项，总投资约 3.81 亿元，本年计划投资 0.48 亿元，项目包括 103 路财大停保场、公交技术保障基地、长风东西大街公交停保场等。2016 年上半年，103 路财大停保场的综合楼主体工程已完工，正在进行附属设施配套建设；公交技术保障基地的立项手续已办理完毕（因项目位于晋阳古城遗址保护控制区内），正在进行施工前文物勘探；长风东西大街停保场、公共智能化项目进行前期准备，计划在后半年开工建设。

### （五）开发区扩区"七通一平"

综合打包按区划为 4 项，总投资约 33.07 亿元，本年计划投资 18.31 亿元。其中，经济区投资 6.42 亿元、不锈钢园区 1.62 亿元、高新区 5.19 亿元、民营区 5.08 亿元。各区主要以道路建设为载体，同步配套水、气、热、电等基础设施，目前已完成道路 10.56 千米，水、气、热管网铺设约 43 千米，电力管沟 9.3 千米，供热站 7 座等，其他道路等按计划推进中。

### （六）城市电力配套

安排 26 项，总投资约 32.39 亿元，本年计划投资19.17 亿元。项目包括龙城 50 万伏变电站 22 万伏输出工程、汾东 22 万伏输变电及 11 万伏输出工程、东社 11 万伏变电站扩建工程、铜厂 22 万伏变电站 1 万伏输出工程、电动汽车充电站工程、电动公交车换电站工程等。2016 年上半年，汾东 22 万伏输变电及 11 万伏输出、铜厂 22 万伏变电站 1 万伏输出、东社 11 万伏变电站扩建、电动汽车充电站等 15 项工程开工建设；龙城 50 万伏变电站 22 万伏输出、电动公交车换电站、许东 11 万伏变电站第二电源等 12 项工程做前期准备，在 5 月、6 月陆续开工建设。

### （七）轨道交通和铁路工程

安排 2 项，总投资 223.33 亿元，本年计划投资 42.97 亿元。

轨道交通 2 号线一期工程，南起人民南路站，北至西涧河站，全长 23.38 千米，均为地下线。沿线设车站 23 座，建车辆段 1 座、主变电站 2

座、2 号线与 1—5 号线共用控制中心 1 座。同步建设 1 号线大南门站。工程总投资 185.15 亿元，2016 年投资 42.57 亿元。目前，23 座站已进场作业，经过前一段紧张施工，管线改迁和树木移植基本完成，随后将进行交通导改，进入站点主体施工阶段。同期展开了 1 号线一期和 3 号线的前期工作，力争 3 号线于 2016 年底开工建设，2017 年启动 1 号线建设。

铁路枢纽西南环线工程。工程总投资 38.18 亿元。主要对铁路沿线 53.64 千米以及改线段进行征地、拆迁和三电迁改工作。自 2010 年启动以来，已累计完成投资 20.35 亿元。2016 年投资 0.4 亿元，市高铁公司正在对沿线剩余征拆和三电迁改进行扫尾建设，2016 年已完成投资 0.2 亿元。

### （八）专项工作

安排 2 项，一是空中线缆专项整治。2016 年要按照道路新建改造同步入地和实施专项工程措施整治入地相结合的方式，启动285 条道路架空线缆入地改造工作，同时对 2015 年已完成地下线缆管沟工程的 256 条道路加快线缆剪切入地工作，力争 2017 年底实现城市主干道和商业核心街区无架空线缆。二是公共停车位建设，2016 年的目标是新增公共停车位 2 万个。针对目标任务，现已完成了《太原市停车设施专项规划》的编制、停车配建标准修订和停车场选址工作，落实了 2 万个停车位的规划选址。

# 三、推动太原重大基础设施项目发展的对策建议

一要进一步加快手续办理和项目开工。各审批部门要进一步优化审批流程，紧抓快办，完备项目手续，为项目融资和开工建设创造条件，搞好服务。

二要进一步解决好影响工程进度的突出因素。针对拆迁工作是首要影响工程进度的现实情况，各区应加强组织、加强力量、加强工作，采取综合措施，确保工程的顺利进行。

三要进一步做好建设资金筹集工作。抢抓国家对城市基础设施投资新政策，积极与国家开发银行山西省分行合作，采取政府购买服务方式，全面收集整理城建项目，完备申贷条件，分批对接，力争获取国家开发银行

长周期、低利息、不计政府债务的规模化施贷支持，为城市建设提供资金保障。

四要进一步做好工程调度和指挥工作。各项目单位要坚持工程调度会议制度，及时协调解决施工过程中的问题；要加强现场规范管理和安全质量监管，做到保质文明安全施工；要按照工期要求，倒排时间进度，实现每个阶段环节紧密衔接，确保每个项目按期完成，确保 2016 年的目标圆满实现。

执笔人：王海生，男，现任太原住房和城乡建设委员会计划投资处处长

# 2015年太原推进
# 一批重大不稳定因素化解报告

**内容摘要：** 随着经济社会的发展和改革的不断深入，太原正处于改革关键期和社会矛盾凸显期，在这个发展过程中面临的困难多，不可回避的矛盾多，需要解决的问题也多。市委、市政府高度重视信访稳定工作，将重大不稳定因素化解纳入全市"五个一批"重点工作中扎实推动，并取得积极成效。太原市信访联席会议各成员单位、各级各部门，按照市委提出的化解一批重大不稳定因素"做减法不做加法"的工作目标和"五条原则"，始终坚持依法依规、统筹平衡、因案施策、包案化解、依法化解，综合运用法律、政策、经济、行政等手段和教育、协商、调解、疏导等办法，化解一批重大不稳定因素工作成效显著，全市信访量逐月下降，信访形势明显好转。

**关键词：** 不稳定因素化解 化解举措 化解成效

2015年是太原全面完成"十二五"规划的收官之年，也是全面深化改革的关键之年。太原在进入发展关键时期、改革攻坚期的同时，也处在了矛盾凸显期，面临的矛盾更加复杂，老问题与新问题交织，不同领域矛盾相互叠加。面对困难，太原市委、市政府把推进一批重大不稳定因素化解作为促进社会稳定发展的重要抓手，纳入到全市"五个一批"重点工作中扎实推进，以"做减法不做加法"为目标，坚持"全面清理、逐项研究、分类分项、两责到位、依法依规、统筹兼顾、标本兼治、突出重点、滚动推进、动态调整"

5 条原则，在解决矛盾过程中推动改革发展。在太原市信访联席会议办公室、各县（市、区）、各级各部门的共同努力下，全市一批重大不稳定因素化解工作成效显著，信访形势明显好转，为经济发展营造了和谐稳定的社会环境。

# 一、化解重大不稳定因素的基本情况

2015 年，全市共排查交办重大不稳定因素 925 件，已化解 794 件，总化解率为 85.8%；未化解 131 件，占 14.2%，与 1 月初交办的基数 574 件相比，减少 443 件，基本实现了"做减法不做加法"的工作目标。其中未化解的具体情况如下：

## （一）城乡建设类问题

涉及 49 件，占 37.4%。一是国有土地在建房问题。主要是反映因土地、规划、消防验收、质监等审验不合格无法办理房产证问题；反映物业管理监管不严，水、电无法接入问题；反映因手续不全停工，交房无期问题。二是拆迁、回迁安置问题。主要是反映因缺乏资金，过渡费不能按时发放或无能力回迁问题；反映规划调整、开发商未出方案不能建设或规划未通过等原因无法建设问题；反映开发商几经变动、开发主体消失问题；反映因多年逾期不能回迁安置，随着市场变化补偿应提高问题。三是物业管理、工程款纠纷等方面问题。主要是反映小区物业管理公司收费不合理、服务不到位；反映物业公司不执行业主委员会决定；反映工程完工后，拖欠工程款等问题。四是小产权房问题，主要是反映已入住的小产权房业主供暖、物业管理和房产证办理问题；未入住的小产权房因未开工建设、正在建设或无能力建设停工的，业主要求退款或开工建设问题。

## （二）非法集资类问题

涉及 31 件，占 23.7%。此类问题涉及社会面广、人数多、金额大，中老年人多，化解周期长，且每月 15 日定期在省、市党政机关门前聚集。其中：反映政府在处理非法集资流程上职责不明确和财产处置渠道不畅通、处置不及时；反映职能部门对以企业为幌子欺诈群众的投资担保公司监管不力；反映党政机关干部参与集资，误导群众受损失，责任追究不到位问题；反映公安部门办案工作力量不足问题。

### （三）劳动社保类问题

涉及 35 件，占 26.7%。主要是反映企业改制后就业、生活困难等遗留问题；反映企业经营陷入困境引发的生活待遇、五险一金等问题；反映不符合政策的市属企业职工和省企、央企职工要求参照相关政策执行，以及对公益性岗位安置不满问题；反映企业拖欠职工工资和建设单位拖欠农民工工资问题。

### （四）农村、农业及村干部问题

涉及 3 件，占 2.3%。主要是反映农村财务、村务、公务不公开、占地补偿款、集体收益利益分配不公以及农村独生子女户和外来户待遇不统一与不平衡问题；反映村干部贪污腐化、违法违纪问题。

### （五）国土资源、政法、民政等其他类问题

涉及 13 件，占 9.9%。主要是反映采煤沉陷区移民安置、房屋裂缝、财产损坏要求补偿赔偿问题、重大工程占地问题、村级组织违法出让土地问题；反映合同纠纷、经济纠纷导入司法程序的问题；两参人员反映待遇问题及退伍军人安置到央企、省企后企业不接收等其他问题。

# 二、工作措施

### （一）领导重视，形成合力

重大不稳定因素化解工作是市委"五个一批"重点工作之一。2015 年初，省委常委、市委书记吴政隆同志就此项工作提出"做减法不做加法"的工作目标和"五条原则"的具体指示。2015 年，市领导对重大不稳定因素化解工作共召开专题会议 16 次、做出相关批示 69 件次（不完全统计），有力地推动了化解工作。各县（市、区）、开发区和市直各部门均可按照市委要求，层层抓

好落实，形成工作合力。

### （二）包案化解，调度推动

太原市将重大不稳定因素化解工作与"以群众举报乡村干部腐败为切入点集中解决群众信访诉求问题"专项治理工作结合起来，按照市委常委、副市长和法院院长、检察院检察长的各自分工，主动包处联系和分包分管县（市、区）、市直部门重点信访案件，深入所包县（市、区）实地了解工作进展情况，逐案分析研判，提出指导性意见，积极推动化解。各责任单位对认领的重大不稳定因素案件，层层落实领导包案，做到"三级五包"，即一名县级领导、一名乡科级责任单位主要领导、一名承办人，包调查、包接待、包化解、包结案、包稳控。

### （三）因案施策，落实责任

各责任单位逐级传导压力，层层落实责任，确保工作实效。对诉求合理的重大不稳定因素，综合运用法律、政策、经济、行政等手段和教育、协商、调解、疏导等办法，60 日内化解；对诉求合理一时难以化解的重大不稳定因素，先拿出化解方案、列出时间进度，因案施策，多措并举，积极化解；对特殊疑难的重大不稳定因素要设立解决特殊疑难问题专项资金，必要时可采取公开听证、复查复核等方式力争化解；对诉求无理的重大不稳定因素的重点组织者、挑头人，加强思想教育疏导，逐一落实"四包一"稳控措施，确保将其稳控在当地；对重大不稳定因素涉及的生活困难者要帮扶救助到位；对责任主体多元的"三跨三分离"重大不稳定因素，采取协商会办、群众评议、社会参与等多种方式予以化解；对涉法涉诉的重大不稳定因素，严格实行诉访分离，导入司法程序，运用法治思维和法治方式，依法化解。在化解过程中，始终坚持依法依规，统筹平衡，充分考虑问题的关联性，不能因小失大、不能顾此失彼，不能为了解决个性问题而引发共性问题。

### （四）督查考核，依法问责

一方面，由省、市相关部门组成联合督导组，采取定期督查、专项督查、带案督查等方式深入责任单位，对重大不稳定因素化解工作进行督导，特别是对化解及案件卷宗报送落后的县（市、区）、市直部门，进行多轮重点督导。另一方面，各县（市、区）也分别成立了专项督导组，对所属街乡、区直部门专项治理工作开展情况进行专项督导，在层层传达省、市督导工作意见的同时，肯定成绩、选树典型、针对问题、分析症结，有序指导、拓宽思路、查找问题、限期整改，确保重大不稳定因素案件化解工作取得实效。同时，加大问责力度，严格执行省委出台的《党员领导干部信访工作责任追究办法》，让不负责任者承担责任，让推卸责任者受到责任追究。特别是对应排查而未及时排查、应化解而未积极化解、应稳控而未稳控到位的，各责任单位主要领导要书面向市联席会议报告原因；引发事态升级的，要综合运用通报批评、督促检查、约谈、责任追究等工作手段，严厉问责，以责任落实推动问题解决。

# 三、存在问题

## （一）部分单位化解不平衡

各责任单位针对重点人员均制定了"四包一"稳控责任制，但部分单位仅仅停留在表面，责任落实不到位，教育疏导不到位，化解措施不到位，协调配合不到位，导致重点人员恶意非访。部分单位主要领导的重视程度还不够，只挂帅不出征，忙于应付，责任不落实，导致化解工作停滞不前。个别单位推诿扯皮，特别是"三跨案件"或责任主体多元的案件，既不化解又不分析研判，导致化解久拖不决。

## （二）部分案件推动不力

一是城乡建设类案件仍然占较大比例。主要问题集中在小产权房、房屋产权证办理、拆迁安置、非法销售等问题，往往责任主体多元，需县（市、区）及市级部门共同协调解决，化解难度大。二是劳动社保类问题诉求集中。主要表现为反映企业改制后就业、生活困难等遗留问题；反映企业经营陷入困境引发的生活待遇、五险一金等问题；不符合政策的市属企业职工和省企、央企职工要求参照相关政策执行，以及对公益性岗位安置不满问题；企业拖欠职工工资和建设单位拖欠农民工工资问题。三是非法集资类案件化解零进度。由于案件处置周期长、涉案人数众多且分布较广、案情比较复杂、涉案资金数额较大，导致人员稳控和案件化解难度都非常大。

### （三）部分单位工作方法简单，缺乏创新

部分责任单位在案件化解上，方法简单，形式单一，特别是在整合资源、因案施策上缺乏创新意识，因循守旧，导致专项治理案件化解工作滞后，案件化解推进缓慢。针对疑难信访案件，特别是重点信访老户，工作不积极主动，思想上存在畏难情绪，主观上认为难以化解，大多数单位主要领导不能按方案要求主动约见上访人，工作不深入，导致案件久拖不决，无法化解。

### （四）部分县（区）依法处置工作不到位

各县（市、区）普遍存在重点上访老户、涉众群体缠访、闹访等恶意上访行为，甚至个别上访人择机在重大活动和敏感节点期间非访，漫天要价，以非访要挟当地政府达到其诉求，给基层工作带来极大的压力和困难。公安部门虽然加大了对恶意非访人员的依法处置力度，但个别恶意非访行为依然难以完全遏止。

## 四、进一步化解重大不稳定因素的目标与建议

### （一）进一步化解重大不稳定因素的目标

2016年，太原市将继续按照市委提出的"做减法不做加法"的总要求，将化解重大不稳定因素工作作为各级信访部门的主要职责和责任单位的重要任务，坚持问题导向，坚持法定途径优先，坚持"五条原则"。进一步明确工作目标，具体而言：①在化解工作上，诉求合理的重大不稳定因素案件化解率达85%以上，对诉求无理或无政策依据的重大不稳定因素案件，要依法、依规做出基本结论和定性；②在矛排工作上，各级各部门对本地区、

本部门存在的重大不稳定因素要做到"应排尽排、全覆盖、无疏漏",漏排率控制在1%之内;③在稳控工作上,对重大不稳定因素中的重点挑头人员要逐一落实"四包一"稳控措施,确保稳控率达100%,通过加大化解工作力度最大限度地将重点人员吸附在当地,对行为违法的要依法进行处理,确保完成进京非正常上访指标任务,为夺取全面建成小康社会的新胜利提供坚强保障。

### (二)进一步化解重大不稳定因素的建议

1. 对工作重点应逐项排查交办落实

市、县两级要将重点地区、重点群体、重点企业、重点行业、重点人员作为排查重点,各部门每月要对本地区、本部门、本系统存在的重大不稳定因素进行全面排查,做到"全覆盖、无疏漏",形成常态化排查机制。实行"月排查、月通报、月交办、月研判、季调度、年考核"制度,每月对新排查出的重大不稳定因素进行梳理汇总、甄别交办,要按照属事属地管理原则,区分化解和稳控责任,重在化解责任,关键在"事要解决"。人和事权都在县(市、区)的,化解和稳控责任均由县(市、区)负责;人在县(市、区)、事权在市直部门的,化解责任由部门负责,稳控责任由县(市、区)负责,切实将责任厘清,落地生根。

2. 合理确定各级权责,分工合作推进化解工作

市、县两级领导要实行"一岗双责"责任制,层层包案,落实化解、稳控和依法处置3项责任。对属于各县(市、区)开发区和市直单位职能范围内化解的案件,各责任单位要增强紧迫感,下力气、下功夫按期化解;对责任单位职能范围内难以推动化解的案件,以及责任主体多元、涉及多个职能部门的案件,要分类分项梳理,并按照分包分管范围,提交市领导指定牵头单位化解或专题研究化解;各责任单位对经县(市、区)政府常务会或县(市、区)委常委会及单位党组会研究仍不能解决的案件,要主动上报分包分管市领导研究解决;分包分管市领导仍不能解决的,要提交市政府常务会或市委常委会研究解决。对需要上报省和中央明确政策意见或协调处理的案件,由市政府职能部门或市政府书面逐级上报,跟踪落实。

3. 科学划分案件类别，提出针对性化解举措

重大不稳定因素化解工作既要依法依规，又要尊重历史；要统筹兼顾，注意关联性，不能顾此失彼。一是对诉求合理但化解周期长的案件，要列出时间表、制订化解方案，有序推动化解，同时要建立与群众的定期沟通通报制度。二是对诉求部分合理的，对其合理部分要按期解决到位，对其无理部分要解释到位。三是对诉求有一定道理但无政策依据的、诉求过高的，要耐心做好政策解释和思想教育疏导工作，引导信访人提出合理的信访诉求，促使其回到理性解决问题的轨道上来。四是对诉求无理的，在做好教育疏导和警示的同时，对缠访闹访、违法上访行为要依法进行处置。五是对涉法涉诉类信访事项，要严格按照法定途径优先原则，导入司法程序，依法分类处理。六是对涉纪类案件，要移交纪检部门，由纪检部门按规定、按程序调查处理。

4. 成立工作组对重点领域的突出问题进行专项治理

重大不稳定因素化解既要教育疏导、扬汤止沸"治标"，还要釜底抽薪、解决问题"治本"，更要突出重点，将人多的、矛盾激烈的、可能发生极端行为的作为重点，做到心中有数。对城乡建设类问题、非法集资类问题、劳动社保类问题、农村农业类问题和其他类重点领域突出问题，要成立专项治理工作组，由分管副市长任组长，相关职能部门参加，市、县两级政府统一时间、统一步骤、统一行动，进行专项治理，逐案研究，创新方法，探索规律，完善政策，有效推动化解。


执笔人：栗继东，男，现任太原市委政策研究室副主任

　　　　贾肖乐，男，现任太原市委政策研究室城市研究处科员

　　　　许世军，男，现任太原市委政策研究室改革办科员

# 2015 年太原推进
# 一批重大改革事项报告

**内容摘要：** 习近平总书记在全面深化改革领导小组第八次会议上提出"2015 年是全面深化改革的关键之年，气可鼓而不可泄"，要"再接再厉、趁热打铁、乘势而上"。2015 年，面对着政治、经济、生态、民生、稳定等立体性困扰，太原市深入学习习近平总书记系列重要讲话精神，全面贯彻党中央、国务院和省委、省政府的决策部署，将全面深化改革纳入全市"五个一批"重点工作中，创新突破、狠抓落实，年初确定的 73 项改革事项中，完成改革年度目标的 69 项，改革年度任务完成率达 94.5%。推动出台了一批有力度、有分量的改革成果，改革呈现出全面发力、多点突破、蹄疾步稳、纵深推进的良好态势。报告反映了 2015 年太原改革进展，分析典型，总结经验，剖析改革推进过程中存在的困难和问题，并相应地提出了改进的建议和对策，已期促进太原市改革持续深入推进，让广大人民群众共享改革发展成果。

**关键词：** 重大改革事项　改革举措　改革成效　落实推进　共享

2015 年，是全面深化改革的关键之年，也是太原改革取得丰硕成果的一年。面对着政治、经济、生态、民生、稳定等立体性困扰，太原市深入学习习近平总书记系列重要讲话精神，全面贯彻党中央、国务院和省委、省政府的决策部署，按照"四个全面"战略布局，认真落实省委"五句话"总要求，主动适应经济发展新常态，坚持把改革作为推动发展的根本动力，立足太原实际探索创新，将全面深化改革纳入全市"五个一批"（一批重大产业项目、一批重大基础设施项目、一批重大民生项目、一批重大改革事项、一批重大不稳定因素化解）重点工作中，推动出台了一大批有力度、有分量的改革成果，改革呈现出全面发力、多点突破、蹄疾步稳、纵深推进的良好态势。

# 一、重大改革事项的形成过程及主要内容

## （一）形成过程

2015 年 1 月 12 日，省委常委、市委书记吴政隆在全市经济工作会议上提出了"全面深化改革，扩大开放，突出创新驱动，强化风险防范，保障改善民生，围绕'六个表率'要求，着力抓好'五个一批'，全力推进'六大发展'，促进全市经济持续健康发展和社会和谐稳定"的总体要求，对全市改革工作进行了部署，吹响了大力实施"五个一批"重点工作的号角。

市委全面深化改革领导小组以推进一批重大改革项目及事项为抓手全面深化改革，7 个专项小组经过广泛调研、认真研究，分别提出了本领域一批重大改革事项，市委改革办根据中央和省委改革工作部署，结合实际，汇总形成一批重大改革项目及事项和改革工作要点审议稿。经市委全面深化改革领导小组会议研究通过后，4 月 8 日，以正式文件下发了《关于做好太原市2015 年一批重大改革项目及事项的通知》（并改办发〔2015〕1 号），并陆续出台了《中共太原市委全面深化改革领导小组 2015 年工作要点》（并办发〔2015〕11 号）和《专项小组 2015 年工作计划》。

## （二）主要内容

在 2015 年太原市确定的一批重大改革事项中，提出了经济生态、民主法制、文化、社会、纪检、党的建设、行政城建等七大领域 45 条工作要点，确定了 73 项重点改革任务和事项，其中，落实承接中央、省委的改革任务 54项，探索性、创新性改革举措 19 项。

1. 经济生态文明体制改革专项小组

共 9 项，落实承接的 5 项，探索创新的 4 项。主要从国有企业、厂办大集体、农村土地承包、煤炭焦炭公路运销体制、开发区拓展发展空间、东西山生态保护修复、排污权有偿使用和交易机制、防范金融风险提升金融服务等方面提出了改革任务。

2. 民主法制领域改革专项小组

共 9 项，落实承接的 4 项，探索创新的 5 项。主要从坚持宪法宣誓、加强立法工作领导、健全人大主导立法机制、规范政府行政权力、加强政府重大事项决策监督、加强财政预算监督、建立重大决策事项征求人民群众意见机制、人大代表政协委员联系群众机制、公民旁听制度等方面推进改革。

3. 文化体制改革专项组

共 9 项，全部为落实承接的事项。主要从建立健全国有文化资产管理体制、传统媒体和新媒体融合发展、健全互联网管理体制和工作机制、文化事业单位建立法人治理结构、政府购买公共文化服务、支持文化企业发展、非物质文化遗产保护传承机制、对外文化贸易、推进文化金融合作支持小微文化企业发展等方面明确改革要求。

4. 社会体制改革专项小组

共 22 项，落实承接的 20 项，探索创新的 2 项。主要从推进法治太原建设、社会信用体制、食品生产经营药品生产流通领域信用体系、医疗卫生信用体系、公安便民服务在线标准化、社会救助、基层社会治理、信访体制机制、创新扶贫开发、健全食品药品安全监管、立体化社会治安防控、完善应急处置预案、户籍管理、教育体制、公立医院、就业创业、社会保障、国有企业负责人薪酬制度、农民工工资支付、司法体制、反恐防暴、公共交通安保等方面推进改革。

5. 党的建设制度改革专项小组

共 9 项，落实承接的 6 项，探索创新的 3 项。主要从严格党的政治纪律和严肃党内政治生活、市管干部动议酝酿任免议事规则、领导班子领导干部定期分析研判、加强干部日常监督、"三个一批"组合拳、党内规范性文件清理、社区"三有一化"建设工作机制、干部人事档案职数管理信息化、综合考核过程管理等方面提出了改革任务。

6. 纪律检查体制改革专项组

共 5 项，全部为落实承接事项。主要从强化"两个责任"落实、完善纪检监察派驻工作、落实"两个为主"、加强对权力运行的制约监督、推动市县两级纪委"三转"等方面深化改革。

7. 行政体制和城乡建设管理体制改革专项小组

共 10 项，落实承接的 5 项，探索创新的 5 项。主要从行政审批制度、综合审批服务流程、"三证合一"工商登记、行政事业性收费项目目录公开、公务用车制度、电子政务建设、投资审批全流程记录、市场监管单位和税务单位联网信息共享、中介机构市场化机制、"五证联办"等方面推进改革。

此外，根据上级要求又滚动推进了 5 项改革任务，主要从经济技术开发区相对集中行政许可试点、公共文化服务体系建设协调机制、推进文化和相关产业融合、培育践行社会主义核心价值观、推进新型智库建设完善哲学社会科学课题研究协调机制等方面推进改革。

# 二、重大改革事项的保障措施、完成情况及主要成效

2015 年，太原市委、市政府进一步加强对一批重大改革事项的推进力度，强化组织领导、健全工作机制、完善保障体系，既抓总体设计，又抓统筹协调，既抓整体推进，又抓督促落实，改革各项工作高效运转，一批重大改革事项进展顺利，经济生态、民主法制、文化、社会、纪检、党的建设、行政城建等各个领域改革年度任务基本完成，取得了明显成效。

## （一）保障措施

1. 加强对改革工作的领导

全面深化改革的总目标是完善和发展中国特色社会主义制度，推进国家治理体系和治理能力现代化。加强和改善党的领导，是全面深化改革取得成功的根本保证。太原市委充分认识加强对改革工作领导的重要性，调整形成了以省委常委、市委书记吴政隆任组长的太原市委全面深化改革领导小组，充分发挥党委总揽全局、协调各方的领导核心作用，负责全市改革的总体设

计、统筹协调、整体推进和督促落实。吴政隆书记提出抓好"五个一批"重点工作的要求，把"一批重大改革事项"作为推动"六大发展"的抓手和载体，先后 20 多次对全市改革工作做出重要指示和批示，要求各级各部门要在一些改革重点领域和关键环节上敢于啃硬骨头、率先取得突破，在改革上发挥省会城市应有的作用。吴政隆书记多次主持召开改革领导小组会议，深入学习贯彻中央全面深化改革领导小组会议、省委全面深化改革领导小组会议精神，听取各专项小组的工作汇报，审议通过了《关于在深化国有企业改革中坚持党的领导加强党的建设的实施意见》《关于深化市属国有企业负责人薪酬制度改革的实施方案》《关于太原经济技术开发区相对集中行政许可权改革试点方案》等多个重大改革举措，并深入分析了工作中存在的问题，部署了全市全面深化改革工作，在市委常委会、全市经济工作会、全市"三个突破"推进会等重要会议上对改革工作进行部署，特别是在市委十届七次全会上对全市深化改革提出了新的要求，指明了改革推进方向，有力地促进了全市各项改革工作。

2. 完善改革工作机制

2015 年，太原市委进一步细化了改革机构设置，市委全面深化改革领导小组下设了办公室和 7 个专项小组，办公室主任、各专项小组组长都由市委常委、市领导担任，负责落实领导小组部署的各项任务；10 县（市、区）、4 个开发区全部成立了改革办，一批重大改革事项牵头部门明确了责任人。为客观评价各县（市、区）、开发区（园区）和市直有关单位年度改革工作的成效，发挥考核"指挥棒""风向标"作用，扎实推动全市全面深化改革工作，市委全面深化改革领导小组审议通过了《太原市全面深化改革工作年度考核办法（试行）》，明确了考核内容、考核对象、考核方法、考核结果运用和工作要求。为确保一批重大改革事项落到实处，市委考核办印发了《太原市 2015 年度县（市）、城区、开发区（园区）、市直单位目标任务考核指标》，在市重点工作指标中（100 分）一批重大改革项目占到 10 分。为建立市委改革办与专项小组的工作联系机制，形成有序推动改革工作的合力，更好地服务改革领导小组和专项小组，市委全面深化改革领导小组办公室会议审议通过了《市委改革办与专项小组联络员工作联系办法》，对如何确定联络员、工作职责、联系事项、报送文件信息程序、会议制度等进行了明确。目前，全市上下形成了领导小组、改革办、专项小组、牵头部门、参与单位"上下协调、左右联动"的工作架构和运行机制，为全面深化改革提供了强有力的保障。

3. 强化改革，督查落实

太原市始终把落实领导责任、督促检查、狠抓落实作为推进改革各项工作的关键。进一步健全领导改革的责任机制，在强化党委负总责的前提下明确责任分工，确定各项改革任务的责任主体、工作部门，在加强总体谋划、整体推进前提下细化目标任务，以项目化方式对改革任务进行分解、组合，强化跟踪落实，确保各项改革有布置、有督促、有检查。建立了《2015年太原市重大改革项目及事项台账》，明确了全年改革任务的成果形式、完成时限、责任人，形成了改革的"路线图""时间表"，以项目化方式确定改革任务落实到位。一年来，市委改革办、市委督查室、市委考核办组成工作组，共同对改革任务牵头部门进行不间断日常督查与季度、年中、年终集中督查，确保了各项改革任务有布置、有督查、有考核，真正使中央、省委、市委确定的改革任务落地生根。同时，搭建信息交流平台，准确掌握改革动态，积极宣传中央、省委、市委的决策部署以及全市改革推进情况、经验做法，2015年共编发《太原改革信息》17期，在全市营造了上下一心抓改革的良好氛围。

（二）完成情况

2015年以来，全市上下严格按照中央、省委、市委对改革各项工作的部署，紧紧围绕全市改革发展大局，各专项小组、改革任务承担部门、各县（市、区）积极推进年初确定的73项重大改革任务，截至2015年底，已完成改革年度目标任务的69项，顺延到次年的改革任务2项，因条件不成熟需退出的、不属于改革范畴需剔除的2项，改革年度任务完成率达94.52%。

1. 完成年度目标的改革事项（69项）

完成年度目标任务的69项改革事项中，经市委常委会议、市委全面深化改革领导小组会议、市政府常务会议等市级会议研究，制定并出台了相关文件，改革举措已经进入落地实施阶段的为48项，涵盖有扩展开发区空间、理顺管理体制，健全人大主导立法工作机制，推动文化事业单位建立法人治理结构，食品生产经营、药品生产流通领域推进信用体系建设等重点改革举措；已经完成改革事项前期调研、文件起草，正按照相关程序报批的改革事项 15 项，这些改革事项涉及需要省级有关部门审批或授权，因市一级各项任务已全部完成，已经开始试行，主要包含市属国有企业股权多元化改革，完善煤炭焦炭公路销售体制，完善东、西两山生态保护修复机制，深化行政审批制度等改革事项；属于长期推进的改革任务，已经完成年度目标任务的 6 项，包括推进农村土地制度改革、推进厂办大集体改革、推进传统媒体与新兴媒体融合发展等改革事项。

2. 需顺延的改革事项（2 项）

因省级相关文件未出台，需等待相关政策制定下发后，再结合太原市实际进行推进，主要包含制定《关于严格党的政治纪律、严肃党内政治生活的意见》、深化社会保障制度改革两项改革任务，太原市已开展了"严格党内政治生活问题研究""提高市县党委常委班子民主生活会质量问题研究"，下发《关于开展太原市机关事业单位工作人员养老保险制度改革范围认定工作的通知》，对养老保险制度改革范围进行了认定，这 2 项改革事项已基本完成前期准备。

3. 条件不成熟需退出的、不属于改革范畴需剔除的事项（2 项）

在改革推进过程中，存在一些改革条件不成熟无法实施或不属于改革范畴需要剔除的事项，主要有 2 项。一是推进信访体制机制建设，鉴于市政务大厅搬迁时间的不确定性，建立市级联合接访中心的条件尚不成熟，此项改革任务经专项小组研究报市委全面深化改革领导小组审定确定退出；二是加快发展对外文化贸易，按照市委深改组会议和市委改革办主任会议精神，此项任务属于具体工作不属于改革范畴。

4. 其他改革事项（5 项）

这 5 项追加的重大改革事项未纳入 73 项年度要点，但上级有要求且正在实施。太原经济技术开发区相对集中的行政许可改革试点工作已启动，并成立了工作领导组，对现有行政审批事权进行了梳理确认。健全由文化部门牵头的公共文化服务体系建设协调机制方面，已制定市《公共文化服务体系建设协调组议事规则》《公共文化服务体系建设协调组成员单位职责任务分工》等细则。深入推进文化和相关产业融合方面，四大产业投资集团组建方案已由市文物局、市旅游局、市体育局、市贸促会等主管部门完成起草工作。在制定新型智库建设指导意见，完善哲学社会科学课题研究协调机制方面，已出台《太原新型智库建设指导意见》，等待省里相关文件出台后再进一步完善此方面的实施意见。

### （三）总体成效

1. 经济和生态文明体制改革多点突破

出台了《太原市市属国有企业财务等重大信息公开办法（试行）》及实施细则，并于 7 月 1 日正式实施，面向社会公开企业财务、生产经营情况和大额度支出等重大信息内容，以改革促公开，以公开促发展。制定出台了《太原市全面深化国资国企改革的若干意见》，进一步完善国资监管体制、推动国有资本合理流动优化配置、完善现代企业制度，扎实推进市属国有企业股权多元化改革，增强国有企业活力。积极推进农村土地制度改革，已完成前期准备、清查摸底工作，共清查地块29.2万份，解决纠纷矛盾206起，有效解决了农村集体土地权属纠纷，化解了农村社会矛盾，依法确认了农民土地权利，强化了农民特别是全社会的土地物权意识，切实维护了农民权益。农村土地承包经营权流转工作进展顺利，预计新增土地流转面积 1000 公顷，太原市土地流转的速度、质量和农业发展的规模、效益等在全省均处于领先水平。继续完善东、西两山生态保护修复机制，通过完善政策，理顺机构，西山生态建设有序推进，签约的 13 家企业累计完成投资 70 多亿元，绿化4666.7 公顷以上。编制《太原市开发区空间拓展布局规划》，制定《关于进一步理顺开发区体制机制的若干意见》，完成 4 个开发区扩区和设立西山生态产业区的可行性研究、相关论证、上报等工作，4 个开发区拓展后规划管理范围由过去的 24.74 平方千米增加到 203.17 平方千米。2015 年 12 月 22 日，省政府已批复民营区扩区方案。出台了《太原市排污费征收标准调整方案》，将主要污染物因子的排污费征收标准调整为原标准的 3 倍，并进行阶梯式分级收费，充分发挥价格杠杆作用，积极引导和激励排污企业加快污染治理。加快推进金融业发展，组建了资本金达 6 亿元的山西省小额再贷款股份公司，开展直贷和再贷业务，支持中小微企业发展；组建了展通融资担保公司，创新开展"租赁贷"业务。

2. 民主法制领域改革协调推进

制定出台了《太原市实施宪法宣誓办法》，在 2015 年历次人大常委会会议上，凡涉及人事任命事项，均组织了被任命人员向宪法宣誓。进一步加强市委对立法工作的领导，《太原市养老机构条例（草案修改稿）》《太原市城市地下管网条例（草案修改稿）》及集中修改的 20 部地方性法规，在人大常委会会议审议通过前，均上报市委常委会审查。加大对财政预算的监督，修改《太原市人民代表大会关于国民经济和社会发展计划及预算决算审查批准监督规定》，进一步扩大代表参与审查预算的范围，实行人代会期间专题审查财政预算和以代表团为单位审查部门预算。建立了市人大常委会、市政协常委会会议公民旁听制度，在 2015 年 6 月 30 日召开的市政协常委会上首次邀请了公民代表参加旁听，保障了公民的知情权、参与权、监督权，扩大了公民有序进行政治参与的渠道，有助于公民对人大作用、决策了解，激发公民关心国家和地区大事、为社会主义现代化建设出谋划策的主人翁意识，有助于改进人大的工作，更好地做到对人民负责。

3. 文化体制改革开拓前行

进一步推动传统媒体与新兴媒体融合发展，推出了《太原日报》新闻客户端并改版升级，每日更新新闻 200 余条，注册用户达 5.6 万余个；太原有线网络公司获得互联网服务提供商（ISP）牌照，可在太原市范围内开展因特网接入，迈出了太原广播电视全 IP 化的第一步。推动文化事业单位建立法人治理结构，在市图书馆开展组建理事会试点工作。2015 年 12 月 9 日召开了市图书馆理事会成立大会，进一步激发了文化事业单位的活力。出台了《关于做好向社会力量购买公共文化服务工作的落实意见》《关于做好向社会力量购买公共文化服务第三方评估的改革指导意见》，设立政府购买公共文化服务清单，建立财政分级负担体制和第三方评估机制。按照中央"两个规定"精神，继续推进国有经营性文化事业单位转企改制，落实转制文化企业的财政支持和税收优惠政策，促进文化企业发展壮大，进一步繁荣太原市文化事业。

4. 社会体制改革标本兼治

印发了《中共太原市委关于贯彻落实党的十八届四中全会精神加快推进法治太原建设的实施意见》和《贯彻实施〈中共太原市委关于贯彻落实党的十八届四中全会精神加快推进法治太原建设的实施意见〉重要举措分工方

案》，明确了全市法治建设的基本原则、目标要求、任务分工和实践路径。出台了《加强干部驻村工作和开展结对帮扶工作的意见》《太原市精准扶贫实施意见》，制定了《太原市精准扶贫规划》等一系列政策措施，开展市级领导驻村帮扶贫困村工作，组建市委农村工作队，为贫困村派驻第一书记，率先开展党员干部结对帮扶贫困户工作，实施企业产业扶贫、劳动力就业培训、异地移民搬迁、教育扶贫和金融扶贫五大扶贫富民工程，形成了政府、市场、社会协同推进的扶贫格局，全年共有10个贫困村1.67万贫困人口实现脱贫，完成年任务的128%。制定出台了《太原市"打黑除恶"专项斗争推进年活动实施方案》《关于服务保障城中村改造进一步加大"打黑除恶"工作力度的意见》《关于在全市城中村推广平安建设警务站，强化"两实"信息采集的实施方案》等文件，围绕部督、部转、省转的涉黑涉恶线索办理、城中村治安集中整治、"天网"治安监控体系建设和加强群防群控社会化力量4个方面推进，创新立体化治安防控体系建设。46件部督、部转、省转涉黑涉恶核查线索全部办结，建成的55个平安警务室已投入使用。深化教育体制改革，坚持统一时间、统一流程、统一方式，公开招生计划、公开报名程序、公开录取名单，改革学前教育招生工作；进行全市性小学均衡编班工作；实行公办初中"多校划片"电脑派位入学；所有普通高中招生一律实行招生计划公开、考生网上自主填报志愿、网上统一录取，有效化解公办园入园难、义务教育阶段择校热和高中教育阶段跨区域招生等难题。加快公立医院改革，在破除以药补医机制、落实政府投入责任、理顺医疗服务价格、深化支付方式改革、县域一体化管理等方面进行全方位改革。建立太原市救助申请家庭经济状况信息核对管理系统，实现了民政与财政、公安、人社、房管、工商、公积金、残联、客运办、运管局9个部门20类数据的信息核对，有效遏制了救助对象认定过程中的不正之风，为实现社会救助制度的公开、公平、公正提供了强有力的技术支撑，全年共接受信息核对委托13万户次26万人次，出具核对报告11万份。推进司法体制改革试点工作，抓住尖草坪区作为全省司法体制改革试点的契机，按照"横向大部制，纵向扁平化"，分别制定了法院、检察院两院的司法体制改革试点工作实施方案，着力解决基层法院、检察院两院办案力量不足、工作效率不高、业务工作发展不平衡等问题。深化市属国有企业负责人薪酬制度改革，《太原市属国有企业负责人薪酬分配制度改革实施方案》经 2015 年 11 月 24 日市委全面深化改革领导小组会议审议通过，在调整不合理的偏高过高收入、健全激励约束机制、坚持分类分级管理、加强对职务消费管理等方面进行改革，推动形成薪酬水平适当、结构合理、管理规范、监督有效的收入分配格局。

5. 党的建设制度改革力度加大

制定了《关于推进市管干部"三个一批"工作的实施方案》，甄别一批不廉洁的干部、退出一批不作为的干部、掌握一批好干部，严肃整治"为官不廉、为官不为"等相关工作有序推进。出台《太原市推进领导干部能上能下实施办法（试行)》，全面贯彻落实党中央全面从严治党要求，严明政治纪律和政治规矩，选好用好干部，营建弊革风清的政治生态。开展党内规范性文件清理工作，已基本完成 1978 年 1 月至2014 年 10 月市委党内规范性文件清理工作，并提出了清理意见。推进干部人事档案、职数管理信息化，对 1280 卷市管干部档案 32 万份材料进行了扫描、高清处理、创建目录，对全市 1.6 万名干部职数基本情况进行了录入管理，建立了职数管理电子台账。印发《关于加强基层服务型党组织建设的实施意见》，进一步完善社区工作人员选配、教育、管理机制，建立待遇经费增长相关制度，逐步改善社区办公场所条件，大力推进城市基层党建区域化建设。制定了《关于在深化国有企业改革中坚持党的领导加强党的建设的实施意见》，坚持党的建设与国有企业改革同步谋划，在建立科学规范、操作性强的国有企业负责人的交流机制和建立精简高效的企业领导班子等方面提出了改革举措，切实加强对国有企业党建工作的领导和指导。

6. 纪律检查体制改革立行立改

落实"两个责任"，明确了 53 项市委"主体责任清单"、50 项市纪律检查委员会"监督责任清单"，构建起了可操作、可考核、叫监督的责任落实体系。10 个县（市、区）委、4 个开发区党工委、96 个市直部门和单位，106 个乡（镇、街办）结合实际，认真制定了"两个责任"清单，形成上下贯通、层层负责、逐级落实的完整链条。坚持"一案双查"，落实"一岗双责"。因落实主体责任不力问责 81 人，落实监督责任不力问责18 人，既追究主体责任、监督责任，又严肃追究领导责任。改革完善纪检派驻工作，对派驻机构人员、编制和驻在单位人员、编制、党员数等情况进行了全面摸底，已形成派驻机构"全覆盖"方案。积极落实"两个为主"，建立健全下级纪检委向上级纪检委报告工作制度，完善落实日常性工作定期报告、专题报告、重要情况即时报告等制度，实行每月工作报告例会制度；认真落实"线索处置和案件查办以上级纪委为主"要求，出台《太原市纪委监察局关于问题线索处置的实施办法》《问题线索处置谈话模式及流程》《函询类问题线索处置流程》《审理工作规程》等制度，及时组织召开线索处置集体研判会议，严格按照拟立案、初步核实、谈话函询、暂存、了结和转阅处方式规范问题线索处置；完成市级 3 个《提名考察办法》，经市委常委会讨论通过，已于 2015 年 12 月 24 日以并办发〔2015〕34 号文件印发。"3 个《提名考察办法》"坚持党管干部的原则，紧扣提名和考察环节做出具体规定，明确了县（市、区）纪检委书记、副书记和市纪检委派驻纪检组组长、副组长以及市管企业纪检委书记、副书记的提名条件、干部来源、提名考察程序。2 名县区纪检委副书记和 6 名派驻纪检组副组长（监察室主任）的人选均事先征求了市纪检委意见，然后按程序办理。加强对权力运行的制约监督，出台了《关于党政主要领导不直接分管部分工作的若干规定（试行）》，明确党政主要领导不直接分管干部人事工作、财务工作、工程建设项目、行政审批、物资采购等 5 项工作，切实解决发生在群众身边的腐败问题。共查处违反中央八项规定精神问题的 120 起、处理违纪违规人员 194 人，共查处发生在群众身边的腐败案件 536 件、给予党纪政纪处分的 570 人，通报 4 批 25 人。持续深化"三转"，进一步聚焦主责主业。市纪检委继续牵头或参与的议事协调机构精简至 5 个，10 县（市、区）全部精简到位，106 个乡镇（街办）全部配齐纪检（工）委书记且不再兼职分管其他工作。按照省纪检委和市委要求，遵循"五个统一"，即机构设置、比例要求、人员编制、职能职责、报批程序相统一的思路，指导各县(市、区) 纪检委加快推进内设机构调整，截至 2015 年 12 月底，全市 10 县(市、区) 纪检委已全部完成内设机构调整工作。调整后，全市 10 县（市、区）纪检委机关中纪检监察室的机构数占全部机构数的 47.9%，编制数占全部编制数的33.7%，分别比调整前增长 360%、280%；纪检监察室和其他监督执纪部门的机构数占全部机构数的 89.6%，编制数占全部编制数的 64.2%，分别比调整前增长11.7%、23.1%。

7. 行政体制和城乡建设管理体制改革成效明显

按照"简政放权、科学确权、规范用权、严格控权"的思路，深化行政审批制度改革，推行权力清单制度，优化行政审批流程，规范行政审批行为。完成市级行政权力清单，编制了权力运行流程图，由上报初期的 6033 项精简到 2766 项，总精简比例达 54%，并对权力清单事项进行统一编码。逐一厘清与行政职权相对应的责任事项、责任事项依据等，完成市级 43 个部门的责任清单。按照中央、省的统一部署，加快推进两单合并，并于 2016 年 1 月公布了《太原市市级权责清单》。建立投资项目审批流程记录机制，实现一个编号公示和查询项目全部审批手续办理，打造公开透明、高效便捷的审批服务平台环境。制定了《太原市实行企业"三证合一"登记制度实施方案》，2015 年 9 月 29 日颁发了全省首张"三证合一、一照一码"新版营业执照。以推进政务服务向基层延伸，构建完善市、县、乡、村 4 级服务体系，以实现扁平化管理为目标，进一步简化民生服务类审批项目和流程。

### （四）重点指标成效

始终坚持目标导向和问题导向，强化责任，狠抓落实，省委考核太原市"深化改革"5 项指标全部完成，成效显著。特别是，困扰太原市 20 多年的开发区空间狭小问题取得突破性进展，开发区管理体制、运行机制进一步理顺；行政审批制度改革持续深化，全市建立了统一的政务中心，构建起市、县（市、区）、乡镇（街办）、村（社区）4 级服务体系，实现了政务服务"一张网"一体化运行，审批服务进一步标准化、精细化、规范化；不断创新扶贫工作机制，全年实现 10 个贫困村、1.67 万贫困人口脱贫，完成省考核任务的 128%；通过建立排污权有偿使用和交易制度，充分发挥市场调节作用，省城环境质量稳步提升；推进"平安省城"建设，开展"打黑除恶"、城中村专项整治活动，建立立体化社会防控体系，群众的安全感和满意度进一步提升。

1. 引导开发区拓展发展空间，理顺管理体制和运行机制

坚持整体规划、成片开发、协同推进，努力使开发区成为全市改革开放的排头兵、率先发展的"加速器"。一是科学编制规划。制定《开发区产业发展指导意见》《开发区空间拓展布局规划》《开发区规划导则》，编制完成《土地利用总体规划实施评估报告》，为开发区拓展发展空间奠定了基础。二是理顺责权关系。制定了《关于进一步理顺开发区体制机制的实施意见》，出

台了《关于开发区规划管理的指导意见》，委托开发区管理部分行政区域，授予其经济职能、社会职能，有效提升了开发区的自主性。明确了开发区与属地县区职责，按照"存量归原、增量共享"的原则，合理确定税收分配比例，改革指标考核体系，有力地推进了产城融合发展。三是加快扩区申报。规划、商务、国土等部门密切配合，完善申报资料，扩区可行性研究、论证、上报等程序已全部完成。省政府已批复民营区扩区方案。4个开发区拓展后规划管理范围由过去的24.74平方千米增加到203.17平方千米。

2. 深化行政审批制度改革

认真落实省委"六权治本"要求，减少行政审批，提高办事效率。一是制定权责清单。梳理完成与43个部门2764项行政职权相对应的19435项责任事项，编制形成《太原市市级行政权责清单》，进行统一编码，并全部向社会公开。二是建立投资项目审批流程记录机制。投资项目全流程记录管理系统完成试运行，实现了通过编号查询全部审批手续办理情况，打造了公开透明、高效便捷的审批服务平台。三是完善权力运行流程图。对法定程序明确的，全部编制权力运行流程图；未明确的，按照便民、高效原则，明晰各个环节流程，确保程序清晰、依据准确、格式规范，让群众看得懂、能参与、可监督。

3. 创新扶贫开发体制机制

不断创新社会扶贫参与方式，落实行业部门扶贫责任，形成政府、市场、社会扶贫大格局。一是加强政策支持。出台太原市《精准扶贫实施意见》《加强干部驻村工作和开展结对帮扶工作的意见》《精准扶贫地图》等文件，进一步增强扶贫工作的针对性和实效性。二是完善帮扶机制。开展市级领导驻村帮扶，组建市委农村工作队，派驻第一书记，党员干部结对帮扶工作，设立干部驻村帮扶资金700万元，以奖代补资金450万元，实现精准到户、落实到人。三是实施产业、移民、培训、教育、金融五大扶贫工程。推进"百企千村"产业扶贫，完成投资27.81亿元，实施44个项目，重点培育娄烦县马铃薯种植和阳曲县养羊产业发展；完成5288人移民搬迁年度任务；对1800人开展对口就业培训；对考取二本B类以上的249名贫困学生每人补助5000元，实现应补尽补；加大金融扶持，累计发放扶贫贷款4500万元。通过不懈努力，全市超额完成了省委、省政府下达的年度脱贫任务。

### 4. 建立排污权有偿使用和交易制度

充分发挥价格杠杆作用，积极引导和激励企业加快污染治理，最大限度减少污染物排放。一是科学制定征收标准。制定《排污费征收标准调整方案》，将主要污染物因子排污费提高3倍征收，进一步严格征收标准。二是积极推行排污权有偿使用和交易。要求新增排污量项目必须通过交易获得排污权。2015 年，华腾燃气、中化二建科技园、亚宝药业 3 个项目通过省内统一平台实现交易排污权。三是实行阶梯分级收费。通过提高排污付费额度，以经济杠杆倒逼企业转型，同时对排污绩效高于行业平均水平的低排污单位，降低征收额度，形成价格杠杆。比如，电厂二氧化硫达到超低排放限值后，只按收费标准的 33% 计缴排污费，实现了经济与生态效益的双赢。

### 5. 创新立体化社会治安防控体系

进一步创新体制机制，健全点线面结合、人防物防技防结合、打防管控结合、网上网下结合的立体化社会治安防控体系。一是开展"打黑除恶"专项行动。出台《"打黑除恶"专项斗争推进年活动实施方案》，打掉黑恶势力犯罪团伙 25 个，破获刑事案件 251 起，抓获犯罪嫌疑人 229 人。46 件部督、部转、省转涉黑涉恶核查线索全部办结。二是大力整治城中村乱象。开展城中村综合整治，查破治安案件 4483 起，整治城中村"九小场所"4304 家，打掉 15 个黑恶势力犯罪团伙，为城中村改造扫清了障碍。三是深入推进"天网"工程。深入落实《"天网"治安工程视频监控系统建设三年规划》，投入 7.95 亿元，分别完成建设一类、二类、三类视频监控 7000 个、5926 个和 155503 个，治安防控科技化水平得到有效提升。四是加强群防群控社会化力量。新建平安警务室 55 个，组建 1 万余人的专职巡逻队伍、4.1 万人的平安志愿者队伍，实现乡镇（街办）全覆盖，进一步增强了基层社会治安防控力量。

# 三、推进重大改革事项的经验做法

太原市作为省会城市，在政策、区位、资金、人才等方面的优势相对明显，但面临的问题、矛盾、困扰也较为突出，在全面深化改革工作方面以增加人民福祉为根本，紧密结合太原实际，率先大胆探索和实践，确保一批重大改革事项顺利推进，努力走在全省前列。

### （一）坚持统筹兼顾，强化重点突破

改革是一项系统性工程，要运用好"弹钢琴"的工作方法。坚持统筹兼顾，从全局上谋划、整体上推进、更高层次上协调，确保各项改革举措相互衔接、彼此支撑、良性互动；强化重点突破，以点带面，在解决重点问题上下功夫、出实招，引领全面改革逐步走向深化。太原市将城中村改造作为重大民生工程、发展工程和战略工程，作为全市全局工作的重要突破口，作为重塑"三个形象"的着力点和试金石，举全市之力推动城中村改造，2015年，40个村已基本完成整村拆除，完成总拆迁量的81.3%，启动建设回迁安置房5.1万套564万平方米。省委领导要求全省学习太原市城中村改造所体现的积极作为、攻坚克难、依法办事、为民谋利的精神，《人民日报》、新华社等中央媒体，《山西日报》、山西电视台等省属媒体进行了深入报道，给予了充分肯定。

### （二）坚持试点带动，凸显省会特色

改革需要有顶层设计指路，也需要试点实践来探路。一方面，始终把准全市改革的全局性、关联性、协同性问题；另一方面，始终坚持先行先试，大胆探索，积累可复制、可推广的成功经验和做法。同时，紧紧与太原市现实情况和发展阶段相结合，凸显省会特色，针对群众关心和社会热点，精准发力，推进改革顺利进行。比如，太原市积极开展小微企业创业创新示范基地建设，在省委、省政府及有关部门的大力支持下，国家5部门将太原市确定为小微企业创业创新基地示范城市，3年安排9亿元，省配套支持1亿元，促进"大众创业、万众创新"。2015年，全市新增各类市场主体1.6万户，增长了18.8%；民营经济增加值完成了1571.53亿元，增长了10.26%。

### （三）坚持依靠群众，成果惠及群众

改革的最终目的是维护和发展人民群众的根本利益。太原市始终坚持从群众利益出发谋划和推进改革，把改革事业与群众路线相结合、与"三严三实"相结合，坚持雪中送炭，着力办好一批民生实事，用改革促进发展，用发展回报广大群众。比如，太原市积极推行小学生放学后免费托管服务，12

万个家庭受益；完成背街小巷综合改造 30 条，新建小游园 46 个、人行天桥 10 座、地下通道 5 条、停车位 8160 个，改造公厕 52 座，新增公交运营线路 20 条，30 条道路的架空线缆实现入地；解决了 2.28 万农村人口的饮水不安全问题，让发展成果更多地惠及人民群众。

# 四、存在的问题和建议

2015 年，全市改革工作取得了一些成绩，但距离中央、省委的要求和人民群众的期盼还有较大差距。2016 年是"十三五"开局之年，各项改革任务、制度建设要向全面建成小康社会这个目标聚焦、向构建发展新体制聚焦，突出问题导向，突出精准发力，突出完善制度，突出督察落实，把具有标志性、引领性的重点改革任务抓在手上，主动出击，扭住关键，严明责任，狠抓落实，确保各项改革取得预期成效。

## （一）进一步增强改革的意识

在改革推进过程中，仍然存在一些部门、地方对改革认识不足，缺乏进取精神和主动作为意识，习惯于在既定思维下工作，习惯于等待上级部门安排，存在"等、靠、要"的思想。特别是面对难度较大的改革攻坚时，有拖一拖、看一看的观望心态，存在"推一推动一动、不推不动"的问题。因此，要进一步加大改革思想的宣传力度，灌输改革思维，让改革成为全体干部的共识，用改革的理念去推进工作。同时，进一步完善深化改革的考核奖惩办法，进一步激发、调动部门、地方改革的积极性和主动性。

## （二）不断提升改革推进能力

一些部门和地方仍然存在改革创新能力欠缺的问题，存在改革工作不周密、操作不规范的现象。缺乏担当精神，不敢打破制约发展的旧有格局，不愿在体制机制突破上做更多的研究与实践，在破解难题上办法举措不多、创新性不足，导致改革实质性突破和可复制推广的经验不多。为此，要进一步加大对地方改革工作的指导和帮助，对承担改革任务或推进改革工作的领导及工作人员开展针对性政策理论和业务培训，提升改革创新能力，增强改革的实效性。

### （三）不断完善改革协调机制

改革是一项系统性工程，需要上下级之间、左右平行单位之间、改革任务推进前后顺序之间进行紧密衔接。但在实际推进过程中，特别是涉及多领域的综合性改革中，相互统筹协调不够，存在整体效果不佳的现象。要进一步细化相关改革方案，明确职责分工，特别是在条管系统与地方块块中进行细化，以确保改革顺利推进。要充分发挥市委改革办作用，做好全市改革工作的协调推动，及时组织领导小组、专项小组、联络员等各层级会议，加强沟通协作、交流配合，完善领导小组、牵头单位、参与部门"上下协调、左右联动"的运行机制。要主动承接上级各项改革任务，立足太原实际，科学编制改革要点及各专项小组工作实施计划，逐条逐项分解任务，压实责任；细化改革工作台账，强化过程管控；准确掌握改革动态，加大信息编发力度；不断完善工作机制，提高工作效率，提升服务改革的能力和水平。

### （四）突出强化督查考核落实

要紧紧围绕全面建成小康社会目标，坚持问题导向，针对制约经济社会发展的体制机制性障碍，组织协调各专项小组、各部门开展专题调研，寻求重点突破，精准发力，以点带面，滚动推进，加快改革成功做法的复制推广，向改革要动力，以改革增活力。要强化对全市各项改革工作的阶段性评估，及时跟踪研判，不断完善改革落实方案，发现问题及时列出清单、明确责任、挂账整改，使改革接地气、有实效。充分发挥考核"风向标""指挥棒"作用，突出部门和地方两个责任主体，以责促行、以责问效，提高履责效能，确保各项改革任务落地生效，把改革的含金量充分展示出来，让人民群众有更多获得感。

执笔人：栗继东，男，现任中共太原市委政策研究室副主任

　　　　许世军，男，现任中共太原市委政策研究室城市研究处科员

　　　　贾肖乐，男，现任中共太原市委政策研究室城市研究处科员

# 2015 年全面改善省城环境质量报告

**内容摘要：**"十二五"期间，特别是 2015 年，全市环保工作坚持问题导向，全面实施控制燃煤、关停污染企业、提标改造工业企业、治理污水、防治尾气、抑制扬尘、整治面源、处置垃圾、禁烧秸秆、绿化生态十大举措，太原市区环境质量持续改善，污染天数逐年减少，良好天数逐年增加，综合污染指数逐年下降，水环境质量有所改善，园林绿化成绩显著，生态环境有所改善。但环境空气质量中，6 项主要污染物年均浓度，仍有 PM10、PM2.5和 $SO_2$ 等 3 项超过国家二级标准，市区环境空气质量在全国 74 个重点城市中处于下游水平，地表水污染仍然较为严重，城市黑臭水体问题依然突出，改善环境质量的任务仍很艰巨。

**关键词：** 环境质量　改善

---

# 一、取得较大成绩

## （一）环境空气质量持续改善

1. 优良天数逐年增加，污染天数逐年减少

太原市区环境空气质量与 2013 年比较，二级及以上天数，2014 年增加 35 天，2015 年增加 33 天；二级及以上良好天气率，2014 年提高9.6 个

百分点,2015 年提高 9 个百分点。一级和二级优良天数均是逐年增加,所占比重呈逐年上升态势;三级至六级污染天数均逐年减少,所占比重呈逐年下降态势。(见表1)

表 1 2015 年太原市区环境空气质量改善情况

| 项目 | 天数 | | | 比重(%) | | |
|---|---|---|---|---|---|---|
| | 2013 年 | 2014 年 | 2015 年 | 2013 年 | 2014 年 | 2015 年 |
| 日历天数 | 365 | 365 | 365 | 100.0 | 100.0 | 100.0 |
| 优良天数 | 162 | 197 | 230 | 44.4 | 54.0 | 63.0 |
| 一级(优) | 13 | 17 | 29 | 3.6 | 4.7 | 7.9 |
| 二级(良好) | 149 | 180 | 201 | 40.8 | 49.3 | 55.1 |
| 污染天数 | 203 | 168 | 135 | 55.6 | 46.0 | 37.0 |
| 三级(轻度) | 112 | 108 | 105 | 30.7 | 29.6 | 28.8 |
| 四级(中度) | 53 | 32 | 18 | 14.5 | 8.7 | 4.9 |
| 五级(重度) | 30 | 27 | 11 | 8.2 | 7.4 | 3.0 |
| 六级(严重) | 8 | 1 | 1 | 2.2 | 0.3 | 0.3 |

数据来源:太原市环境保护局。

2. 采暖期和非采暖期空气质量同步改善

2015 年与 2014 年相比,在采暖期(1—3 月,11—12 月),二级及以上良好天数增加 12 天,良好天气率提高 7.9 个百分点。在非采暖期(4—10 月),二级及以上良好天数增加 21 天,良好天气率提高 9.8 个百分点。(见表2)

表 2　2015 年太原市区采暖期和非采暖期环境空气质量改善情况

| 项目 | 天数 | | 比重(%) | |
|---|---|---|---|---|
| | 2014 年 | 2015 年 | 2014 年 | 2015 年 |
| 采暖期 | 151 | 151 | 100.0 | 100.0 |
| 优良天数 | 56 | 68 | 37.1 | 45.0 |
| 一级 | 4 | 7 | 2.6 | 4.6 |
| 二级 | 52 | 61 | 34.5 | 40.4 |
| 污染天数 | 95 | 83 | 62.9 | 55.0 |
| 三级 | 52 | 57 | 34.4 | 37.7 |
| 四级 | 23 | 14 | 15.2 | 9.3 |
| 五级 | 19 | 11 | 12.6 | 7.3 |
| 六级 | 1 | 1 | 0.7 | 0.7 |
| 非采暖期 | 214 | 214 | 100.0 | 100.0 |
| 优良天数 | 141 | 162 | 65.9 | 75.7 |
| 一级 | 13 | 22 | 6.1 | 10.3 |
| 二级 | 128 | 140 | 59.8 | 65.4 |
| 污染天数 | 73 | 52 | 34.1 | 24.3 |
| 三级 | 56 | 48 | 26.2 | 22.4 |
| 四级 | 9 | 4 | 4.2 | 1.9 |
| 五级 | 8 | 0 | 3.7 | 0 |
| 六级 | 0 | 0 | 0 | 0 |

数据来源:太原市环境保护局。

3. 六城区空气质量大多数有所改善

2015 年与 2014 年比较,二级及以上良好天气率,万柏林区由 56.2%上升到 71.2%,提高 15.0 个百分点,所居位次出第二位跃居首位;尖草坪区由 68.8%下降到 68.2%,下降 0.6 个百分点,所居位次由第一位退居第二位;小店区由 48.5%上升到 63.8%,提高 15.3 个百分点,所居位次由第五位上升至第三位;迎泽区由 51.8%上升到 60.5%,提高 8.7 个百分点,所居位次保持在第四位；杏花岭区由 45.8%上升到 60.5%，提高 14.7 个百分点，所居位次由第六位升至并列第四位；晋源区由 53.4%上升到 58.6%，提高 5.2 个百分点，所居位次由第三位退居末位。（见表 3）

表 3　2015 年六城区环境空气质量改善情况

单位：天

| 项目 | 万柏区 | | 尖草坪区 | | 小店区 | | 迎泽区 | | 杏花岭区 | | 晋源区 | |
|---|---|---|---|---|---|---|---|---|---|---|---|---|
| | 2014年 | 2015年 | 2014年 | 2015年 | 2014年 | 2015年 | 2014年 | 2015年 | 2014年 | 2015年 | 2014年 | 2015年 |
| 日历天数 | 365 | 365 | 365 | 365 | 365 | 365 | 365 | 365 | 365 | 365 | 365 | 365 |
| 优良天数 | 205 | 260 | 251 | 249 | 177 | 233 | 189 | 221 | 167 | 221 | 195 | 214 |
| 一级 | 19 | 36 | 32 | 34 | 10 | 31 | 20 | 38 | 13 | 36 | 22 | 21 |
| 二级 | 186 | 224 | 219 | 215 | 167 | 202 | 169 | 183 | 154 | 185 | 173 | 193 |
| 污染天数 | 160 | 105 | 114 | 116 | 188 | 131 | 176 | 136 | 198 | 143 | 170 | 151 |
| 三级 | 115 | 76 | 78 | 85 | 121 | 98 | 115 | 100 | 133 | 111 | 108 | 109 |
| 四级 | 23 | 18 | 20 | 25 | 34 | 23 | 34 | 26 | 36 | 22 | 29 | 26 |
| 五级 | 22 | 10 | 16 | 6 | 31 | 10 | 26 | 10 | 29 | 10 | 30 | 15 |
| 六级 | 0 | 1 | 0 | 0 | 2 | 0 | 1 | 0 | 0 | 0 | 3 | 1 |
| 良好率(%) | 56.2 | 71.2 | 68.8 | 68.2 | 48.5 | 63.8 | 51.8 | 60.5 | 45.8 | 60.5 | 53.4 | 58.6 |
| 所居位次 | 2 | 1 | 1 | 2 | 5 | 3 | 4 | 4 | 6 | 4 | 3 | 6 |

数据来源：太原市环境保护局。

4. 空气综合污染指数逐年下降

太原市区环境空气综合污染指数，由 2013 年的 8.73 下降到 2014 年的 7.73，再下降到 2015 年的 7.13。2015 年与 2013 年（执行空气质量新标准的第一年）比较，市区环境空气中 6 项主要污染物年均浓度值，可吸入颗粒物 PM10 下降 27.4%，细颗粒物 PM2.5 下降 23.5%，CO 下降 8.8%，$SO_2$ 下降 11.3%，$NO_2$ 下降 11.6%，$O_3$ 下降 10.8%。（见表 4）

表 4　近 3 年来太原市区大气 6 项主要污染物年均浓度值

单位：毫米/立方米

| 指标名称 | 2013 年 | 2014 年 | 2015 年 | 2015 年比 2013 年 | |
| --- | --- | --- | --- | --- | --- |
| | | | | 减少数 | 减少占比(%) |
| 可吸入颗粒物（PM10） | 157 | 138 | 114 | −43 | −27.4 |
| 细颗粒物（PM2.5） | 81 | 72 | 62 | −19 | −23.5 |
| 一氧化碳（CO） | 3.4 | 3.2 | 3.1 | −0.3 | −8.8 |
| 二氧化硫（$SO_2$） | 80 | 73 | 71 | −9 | −11.3 |
| 二氧化氮（$NO_2$） | 43 | 36 | 38 | −5 | −11.6 |
| 臭氧（$O_3$） | 148 | 125 | 132 | −16 | −10.8 |

### （二）水环境质量有所改善

市区水环境功能区水质达标率由 2010 年的 50.0%，提高到 2011 年的 62.5%，再提高到 2012 年的 75.0%，一直保持到 2015 年；集中式引用水源地水质达标率，"十二五"时期一直保持 100% 的水平。汾河太原段上游段，汾河水库出口和上兰断面，汾河水库始终保持在Ⅲ类良好状态，晋阳湖水质 2014 年为劣Ⅴ类重度污染，2015 年改善为Ⅳ类轻度污染。

# 二、采取主要举措

"十二五"时期，省城太原环境质量能够取得全面改善的较好成绩，主要采取了以下几个方面的措施。

### （一）抓结构调整，促转型发展

"十二五"时期，太原着力发展第三产业，第三产业增速快于第一、第二产业，第三产结构趋向优化；着力发展高技术行业，改造提升传统行业，关停搬迁污染企业，淘汰落后产能，工业经济结构转向优化。随着产业结构向"绿色"转型发展，城市生态环境和环境质量也得到改善。

1. 着力发展第三产业，三产结构趋向优化

2015 年末，全市第三产业从业人员达 132.66 万人，比 2010 年末的 94.86 万人，增加 37.80 万人，增长了 39.8%，年均递增 6.9%，比同期第一产业和第二产业从业人员 0.7% 和 2.7% 的年均增速分别快 6.2 个和 4.2 个百分点；第三产业从业人员占全市从业人员的比重，由 2010 年末的 53.9% 提高到 57.6%；对全市从业人员增量的贡献率高达 81.0%，为扩大劳动力就业和社会稳定做出了很大贡献。

2015 年，太原第三产业增加值达 1677.77 亿元，比 2010 年增加 710.34 亿元，按可比价格计算，比 2010 年增长了 73.4%，年均递增 9.3%，比同期第一和第二产业增加值 3.3% 和 8.5% 的年均增速分别快 6.0 个和 0.8 个百分点；比同期全国和全省第三产业增加值 8.4% 和 8.8% 的年均增速快 0.9 个和 0.5 个百分点。"十二五"期间，太原第三产业对 GDP 增量的贡献率高达 74.5%，对 GDP 增长的贡献率高达 72.4%。

2015 年与 2010 年比较，太原三产经济结构由 1.6:44.1:54.3 演变为 1.5:40.0:58.5，第一产业和第二产业所占比重分别下降 0.1 个和 4.1 个百分点，第三产业的比重上升 4.2 个百分点。2015 年，太原第三产业增加值占 GDP 的比重，比全国和全省 50.5% 和 53.0% 的平均水平分别高出 8.0 个和 5.5 个百分点，在全国省会城市中所居位次，由 2010 年的第七位前移到第六位，在中部 6 个省会城市中居首位，在周边 5 个省会城市中仅低于呼和浩特居第二位。

2. 着力发展高技术产业，改造提升传统行业

"十二五"时期，太原狠抓工业经济结构调整，着力发展高技术行业，改造提升传统行业，同时关停搬迁重污染企业，淘汰落后产能，取得显著成绩。

2015 年，在全市规模以上工业中，计算机、通信和其他电子制造业、仪器仪表制造业和医药制造业等高技术行业增加值达 202.87 亿元，比 2010 年增加 171.87 亿元，按可比价格计算比 2010 年年均递增 41.7%，比"十一五"时期 18.0% 的年均增速加快 23.7 个百分点，比同期全市规模以上工业增加值8.3%年均增速高出 33.4 个百分点；对全市规模以上工业增加值增量贡献率高达 752.8%，对全市规模以上增加值增长的贡献率高达 103.6%。

"十二五"时期，太原改造提升传统行业也取得明显成效，以钢铁行业为例，太钢集团有限公司经过技术改造，从炼铁、炼钢到轧钢，实现了电脑控制全封闭生产，增加粗钢和钢材产量的同时，也提高了品种质量，为全市钢铁行业的发展做出了贡献。2015 年与 2010 年比较，全市粗钢产量增长了 26.9%，其中，不锈钢和合金钢产量分别增长了 47.9% 和 51.9%，均快于同期粗钢产量的平均增速，所占比重均有所提高；钢材产量增长了 20.3%，其中，不锈钢材和合金钢材产量分别增长了 47.0% 和 48.4%，均快于同期钢材产量的平均增速，所占比重也均有所提高。（见表 5）

表 5　"十二五"时期太原粗钢和钢材产量增长情况

| 产品名称 | 产量（万吨） | | 构成（%） | | 2015 年年度 2010 年的 增长率（%） |
|---|---|---|---|---|---|
| | 2010 年 | 2015 年 | 2010 年 | 2015 年 | |
| 粗钢 | 849.9 | 1078.6 | 100.0 | 100.0 | 26.9 |
| 不锈钢 | 271.6 | 401.8 | 32.0 | 37.3 | 47.9 |
| 合金钢 | 77.2 | 117.3 | 9.1 | 10.9 | 51.9 |
| 钢材 | 846.7 | 1018.5 | 100.0 | 100.0 | 20.3 |
| 不锈钢材 | 247.7 | 364.0 | 29.3 | 35.7 | 47.0 |
| 合金钢材 | 66.8 | 99.1 | 7.9 | 9.7 | 48.4 |

数据来源：太原市统计局、国家统计局太原调查队，《太原统计提要》，2010 年、2015 年。

与此同时，关停搬迁污染企业，淘汰落后产能也取得了积极进展。据不完全统计，"十二五"时期，太原关停或搬迁了太原化学工业集团、太原煤气化（集团）有限公司、太化集团有限公司、晋阳洗煤厂、东山电厂等 326 家污染企业。其中，关停的焦煤、化工、冶金、建材、造纸等污染行业的规模以上工业企业多达 50 个。2015 年与 2010 年比较，全市洗煤减产 337 万吨，下降了 10.7%；焦炭减产 239 万吨，下降了 18.8%；水泥减产 105 万吨，下降了 18.0%；金属镁减产 4.4 万吨，下降了 81.5%；机制纸及纸版减产 7.3 万吨，下降了 73.7%。在全市规模以上工业增加值中，高能耗重污染行业工业增加值所占比重由 74.6% 降到 40.9%，大幅下降了 33.7 个百分点，对省城环境质量改善功不可没。

### （二）节约能耗，减少污染物排放

2015 年与 2010 年比较，全市万元地区生产总值能耗减少 0.27 吨，标准煤降低了 19.3%，节约标准煤 720 万吨。二氧化硫排放量减少 3.28 万吨，下降了 22.8%。化学需氧量排放量减少 0.73 万吨，下降了 26.3%。氮氧化物排放量减少 3.64 万吨，下降了 24.6%。氨氮排放量减少 0.16 万吨，下降了 28.6%。烟尘排放量减少 1.81 万吨，下降了 27.0%。粉尘排放量减少 0.36 万吨，下降了 19.7%。万元地区生产总值 6 项污染物排放量减少 11.3 千克，下降了 49.1%。（见表 6）

表 6  "十二五"时期太原节能减排情况

| 指标名称 | 单位 | 2010 年 | 2014 年 | 2015 年 | 2015 年比 2010 年 | |
| --- | --- | --- | --- | --- | --- | --- |
| | | | | | 减少数 | 下降（%） |
| 万元地区生产总值能耗 | 吨标煤 | 1.40 | 1.20 | 1.13 | 0.27 | 19.3 |
| 6 项污染物排放总量 | 万吨 | 41.05 | 34.15 | 31.07 | 9.98 | 24.3 |
| 二氧化硫排放量 | 万吨 | 14.38 | 11.93 | 11.10 | 3.28 | 22.8 |
| 化学需氧量排放量 | 万吨 | 2.78 | 2.25 | 2.05 | 0.73 | 26.3 |
| 氮氧化物排放量 | 万吨 | 14.79 | 12.84 | 11.15 | 3.64 | 24.6 |
| 氨氮排放量 | 万吨 | 0.56 | 0.43 | 0.40 | 0.16 | 28.6 |
| 烟尘排放量 | 万吨 | 6.71 | 5.17 | 4.90 | 1.81 | 27.0 |
| 粉尘排放量 | 万吨 | 1.83 | 1.53 | 1.47 | 0.36 | 19.7 |
| 万元 GDP 6 项污染物排放量 | 千克 | 23.0 | 14.0 | 11.7 | 11.3 | 49.1 |

注：万元 GDP 能耗及 6 项污染物排放量系按可比价 GDP 计算。

数据来源：太原市统计局、国家统计局太原调查队，《太原统计提要》，2010 年、2014 年、2015 年。

### （三）控制燃煤，气化太原

"十二五"时期，太原加大控制燃煤力度，抓紧改造燃煤锅炉，调整优化能耗结构，扩大集中供热网络，取得了显著成效。

据不完全统计，"十二五"期间，市区拆除或煤改气的燃煤锅炉 2470台，取缔小燃煤锅炉 3.92 万台，拔掉黑烟囱 3.92 万根，减少了 437 万吨燃煤。

2015 年与 2010 年比较，城市供气管道长度增加 788 千米，增长 28.0%，其中，天然气管道增加 2869 千米，增长 14.5 倍；人工煤气管道减少 2106 千米，下降了 83.9%。天然气用气量增加 1.91 亿立方米，增长了 75.6%；人工煤气用气量减少 2.68 亿立方米，下降了 51.4%。天然气用气人数增加 163.5万人，增长 1.2 倍；人工煤气用气人数减少 74.1 万人，下降了 69.3%。城市煤气普及率由 98.6% 提高到 99.9%。（见表 7）

表 7　"十二五"时期太原燃气普及率提高情况

| 指标名称 | 单位 | 2010 年 | 2014 年 | 2015 年 | 2015 年比 2010 年 | |
|---|---|---|---|---|---|---|
| | | | | | 增加数 | 增长（%） |
| 城市供气管道长度 | 千米 | 2811 | 3588 | 3599 | 788 | 28.0 |
| 人工煤气管道长度 | 千米 | 2510 | 404 | 404 | −2106 | −83.9 |
| 液化石油气管道长度 | 千米 | 116 | 130 | 141 | 25 | 21.6 |
| 天然气管道长度 | 千米 | 185 | 3054 | 3054 | 2869 | 1550.8 |
| 城市销售气量 | | | | | | |
| 人工煤气 | 万立方米 | 52171 | 25351 | 25351 | −26820 | −51.4 |
| 液化石油气 | 吨 | 32708 | 30280 | 30264 | −2444 | −7.5 |
| 天然气 | 万立方米 | 32320 | 46173 | 51417 | 19097 | 59.1 |
| 城市用气人数 | 万人 | | | | | |
| 人工煤气 | 万人 | 107 | 30.3 | 32.9 | −74.1 | −69.3 |
| 天然气 | 万人 | 138.0 | 299.0 | 301.5 | 163.5 | 118.5 |
| 城市燃气普及率 | % | 98.6 | 99.5 | 99.9 | — | — |

数据来源：太原市统计局、国家统计局太原调查队，《太原统计提要》，2010 年、2015 年。

"十二五"时期,太原城市集中供热能力增长 2.1 倍,供热总量增长 1.8 倍,供热管道长度增长 2.6 倍,供热扩网面积增长 1.6 倍,其中住宅供热扩网面积增长 4.1 倍,集中供热率大幅提高。(见表 8)

表 8 "十二五"时期太原城市集中供热扩网情况

| 指标名称 | 单位 | 2010 年 | 2014 年 | 2015 年 | 2015 年比 2010 年 | |
| --- | --- | --- | --- | --- | --- | --- |
| | | | | | 增加数 | 增长(%) |
| 城市集中供热能力 | 兆瓦 | 3993 | 6581 | 12334 | 8341 | 208.9 |
| 供热总量 | 万焦 | 2359 | 5687 | 6625 | 4266 | 180.8 |
| 供热管道长度 | 千米 | 881 | 1957 | 3207 | 2326 | 264.0 |
| 供热面积 | 万平方米 | 8317 | 12616 | 21217 | 12900 | 155.1 |
| 其中:住宅 | 万平方米 | 3580 | 10406 | 18404 | 14824 | 414.1 |

数据来源:太原市统计局、国家统计局太原调查队,《太原统计提要》,2010 年、2014 年、2015 年。

### (四)治理污水,处置垃圾

"十二五"时期,太原城市污水日处理能力增加 63.8 万立方米,增长了 3.1 倍;城市排水管道长度增加 812 千米,增长了 53.8%;城市污水集中处理量增加 7578 万立方米,增长了 40.1%;城市污水集中处理率,由 2010 年的 83.7%提高到 2015 年的 86.0%。

2015 年,太原城市生活垃圾站 84 座,比 2010 年增加 19 座,增长了 29.2%;道路清扫保洁面积 5331 万平方米,比 2010 年增加 1477 万平方米,增长了 38.3%。其中,机械化清扫面积 3858 万平方米,比 2010 年增加 1195 万平方米,增长了 44.9%;机械化清扫率由 69.1%提高到 72.4%,使市区清扫垃圾产生的扬尘有所减少。城市生活垃圾日处理能力 4757 吨,比 2010 年增加 1757 吨,增长了 58.5%;全年生活垃圾处理量 181 万吨,比 2010 年增加 71 万吨,增长了 64.5%;生活垃圾无害化处理率,由 2010 年的 94.8%提高到 2015 年的 100%。(见表 9)

表 9  "十二五"时期太原城市治理污水和处置垃圾情况

| 指标名称 | 单位 | 2010 年 | 2014 年 | 2015 年 | 2015 年比 2010 年 | |
|---|---|---|---|---|---|---|
| | | | | | 增长数 | 增长(%) |
| 城市污水日处理能力 | 万平方米 | 20.5 | 78.3 | 84.3 | 63.8 | 311.2 |
| 城市排水管道长度 | 千米 | 1509 | 2162 | 2321 | 812 | 53.8 |
| 城市污水集中处理量 | 万平方米 | 18916 | 24431 | 26494 | 7578 | 40.1 |
| 城市污水集中处理率 | % | 83.7 | 85.9 | 86.0 | — | — |
| 道路清扫保洁面积 | 万平方米 | 3854 | 5331 | 5331 | 1477 | 38.3 |
| 机械清扫 | 万平方米 | 2663 | 3125 | 3858 | 1195 | 44.9 |
| 道路清扫机械化率 | % | 69.1 | 58.6 | 72.4 | — | — |
| 城市生活垃圾清运站 | 座 | 65 | 84 | 84 | 19 | 29.2 |
| 城市生活垃圾日处理能力 | 吨 | 3000 | 3152 | 4757 | 1757 | 58.6 |
| 生活垃圾处理量 | 万吨 | 110 | 182 | 181 | 71 | 64.5 |
| 生活垃圾无害化处理率 | % | 94.8 | 100.0 | 100.0 | — | — |

数据来源：太原市统计局、国家统计局太原调查队，《太原统计提要》，2010 年、2015 年。

### （五）防治尾气，禁烧秸秆

"十二五"时期，太原加大防治尾气和焚烧秸秆力度，大力推广综合利用秸秆技术，有效遏制了环境空气严重污染问题。2013—2015 年 3 年间，全市淘汰老旧机动车和黄标车 10.7 万辆，2015 年综合利用秸秆面积达 53950 公顷，占全市谷物种植面积的 84.7%。

### （六）植树造林，绿化生态

"十二五"时期，太原巩固发展"国家园林"城市成果，以城郊森林公园建设为重点，加大东、西两山生态建设力度，实施完成滨河东、西两路，阳兴大道，建设路，南沙河路等主干道 30 多项景观绿化工程，农村植树造林成绩显著，城乡生态环境发生可喜变化。

2015 年与 2010 年比较，太原城市公园面积增加 1127 公顷，增长了 46.4%；城市绿化覆盖面积增加 4842 公顷，增长了 46.8%；城市绿地面积增加 4231 公顷，增长了 45.3%；城市人均公共绿地面积增加 1.96 平方米，增长了 20.4%；建成区绿化覆盖率由 36.8% 提高到 41.0%；建成区绿地率由 32.0% 提高到 36.1%。"十二五"时期，农村造林面积共达 98.41 万公顷，零星植树共达 5600 万株。全市森林覆盖率，由 2010 年的 16.0% 提高到 2015 年的 23.0%。清徐县、阳曲县获"省级园林县城"称号，清徐县孟封镇和东高白村，分别被确定为"国家级生态乡镇"和"国家级生态村"。（见表 10）

表 10 "十二五"时期太原绿化生态进展情况

| 指标名称 | 单位 | 2010 年 | 2014 年 | 2015 年 | 2015 年比 2010 年 | |
|---|---|---|---|---|---|---|
| | | | | | 增长数 | 增长(%) |
| 城市公园面积 | 公顷 | 2431 | 3464 | 3558 | 1127 | 46.4 |
| 城市绿化覆盖面积 | 公顷 | 10336 | 14773 | 15178 | 4842 | 46.8 |
| 城市绿地面积 | 公顷 | 9344 | 12804 | 13575 | 4231 | 45.3 |
| 城市人均公共绿地面积 | 平方米 | 9.60 | 11.28 | 11.56 | 1.96 | 20.4 |
| 建成区绿化覆盖率 | % | 36.8 | 40.5 | 41.0 | 4.2 | — |
| 建成区绿地率 | % | 32.0 | 35.6 | 36.1 | 4.1 | — |
| 森林覆盖率 | % | 16.00 | 22.07 | 23.00 | 7.0 | — |

数据来源：太原市统计局、国家统计局太原调查队，《太原统计提要》，2010—2015 年。

# 三、存在的主要问题

## (一) 大气环境质量方面的问题

1. 从指标上看，大气质量不容乐观

市区环境空气质量全年在全国 74 个重点城市排名处在倒数第十三名，2015 年 5 月、6 月连续两个月进入倒数前十位；空气质量中的 $SO_2$、PM10、PM2.5 污染仍然严重，其中，$SO_2$ 污染尤为突出，浓度均值位居 74 个重点城市倒数一到三位，2015 年 SO₂ 浓度均值是全国平均水平 2.78 倍，是京津冀平均水平的 1.8 倍，是北京市的 5.27 倍；PM10 浓度均值是全国平均水平的 1.2 倍，PM2.5 浓度均值是全国平均水平的 1.1 倍。

2. 从污染源上看，以燃煤、扬尘、机动车、工业污染为主

根据污染源解析研究初步结果，全年 PM2.5 主要来源：燃煤占33%、扬尘占 31%、机动车占 16%、工业生产占 12%，其他源占 8%。PM10 的主要来源：扬尘占 38%、燃煤占 31%、机动车占 14%、工业生产占 10%，其他源占 7%。通过上述来源分析结果，燃煤、扬尘、机动车、工业污染是形成太原市 PM2.5 和 PM10 的主要原因，这 4 项污染因素分别占市区 PM2.5 的 92% 和 PM10 的 93%。

3. 从污染现状看，大气质量改善依然压力巨大

一是冬季燃煤污染问题依然突出。目前仅建成区范围内仍有分散采暖锅炉 533 台，供热面积 2500 万平方米左右，冬季燃煤量在 110 万吨左右，其中，20 吨及以下锅炉 504 台，供热面积 1500 万平方米左右；建成区以外仍有分散采暖锅炉 233 台，供热面积约 500 万平方米，冬季燃煤 22 万吨；建成区范围内许多死角（如平房、简易建筑、部分单位和宿舍的传达室等）既无热源管网，又无燃气管网，燃煤采暖和做饭污染仍未解决；市区范围内仍有燃烧原煤采暖的城中村 81 个，每年冬季原煤散烧 60 万吨；紧邻市区清徐县、阳曲县有 311 个村约 14.7 万户使用小锅炉（火炉）采暖，冬季燃煤量约 50 万吨。上述燃煤是造成市区空气中二氧化硫居高不下的主要原因，也是造成冬季大气污染的根本原因。

二是扬尘污染还未得到有效控制。由于扬尘污染控制整体水平不高，部分工地进出场地道路没有硬化，部分拆迁和土方作业不喷淋，渣土、料堆不苫盖，部分运输车辆轮胎不冲洗，渣土运输超载、超限和沿路抛洒严重，导致扬尘污染问题十分突出。城乡接合部特别是东中环周边存在大量土堆、料堆和裸露地面，无任何控制措施，扬尘污染严重。特别是随着地铁轨道线的开工建设以及城中村拆迁改造加快实施，土方作业和渣土运输将会成倍增长，扬尘控制将会成为今后一个时期环保工作的重中之重。

三是工业污染排放影响依然较大。太原钢铁（集团）有限公司、太原第二热电厂的无组织扬尘排放和运输扬尘问题仍未彻底解决。太原第

一热电厂、二电、太钢三大重污染企业已随着城市的快速发展被包围在城市中心，年排放二氧化硫 3.5 万吨、氮氧化物 4.98 万吨，分别占市区排放总量的 27% 和 41%。已经实现铁路运煤的一电、西峪煤矿因西南环线建设再次恢复公路运输，每天上千辆运输车辆来往，区域污染出现反弹。清徐县、阳曲县、古交市的焦化、水泥、钢铁等重污染行业治理仍不到位，特别是清徐工业园区污染问题更为突出，2015 年 10 月 2—17 号，通过连续 15 天的监测，全部为重污染天气，区域污染严重。

四是机动车污染不断加剧。全市机动车保有量已经突破 113 万辆，并且每天仍以近 500 辆的速度递增。市区仍有黄标车 1.9 万多辆，超标排放严重。城市物流布局不合理，由于在主城区仍然分布着一批蔬菜、水果、家具、建材、小商品批发市场，载重货车运输不仅对城市交通造成影响，而且机动车尾气排放量大，对空气污染严重。建筑工地的施工机械和工程用车尾气排放处于监管盲区，其大量使用不合格油品，冒黑烟现象严重。部分渣土运输车和环卫作业车仍为重型柴油车，尾气污染问题十分突出。部分加油站点销售不合格车用燃油的现象依然存在。上述问题加重了市区氮氧化物、PM2.5 和 CO 的污染排放，长年对市区环境造成影响。

五是面源污染问题仍未得到有效控制。夏季露天烧烤问题十分突出，零星散户、小平房、棚户区等临时建筑仍然使用燃煤采暖，污染问题没有得到彻底解决。秸秆和垃圾焚烧屡禁不止。挥发性有机物还未得到有效控制，臭氧污染问题突出。城中村、农村和部分单位燃煤旺火传统习俗仍未彻底改变。上述问题均是造成区域季节性大气污染主要原因。

### （二）水环境方面的问题

#### 1. 地表水污染严重

国家和省考核的 9 个地表水例行监测断面中，只有汾河水库出口等 3 个断面水质能稳定达到考核的要求，其余 6 个断面均不同程度存在水质超标现象，特别是汾河祥云桥下游河段小店桥、温南社、韩武村 3 个断面及清徐县白石南河出境断面美锦桥和阳曲县杨兴河出境断面河底村，常年为劣Ⅴ类水质。2014 年，由于出境断面水质超标，山西省扣缴太原市生态补偿金 5000 万元。

2. 城市黑臭水体问题突出

据调查，我市目前仅建成区范围就有黑臭水体 17 条，进入夏季散发出恶臭，不仅影响区域水环境质量和城市景观，而且影响周边人民群众的生活质量。

3. 集中式饮用水源地水质安全隐患尚未根除

娄烦县汾河水库作为我市目前唯一的地表水饮用水源地，水质虽能达到国家标准要求，但仍然存在上游来水水质超标、公路运输穿越库区威胁水质安全、地方经济社会发展和水源地保护矛盾突出等问题；兰村、枣沟、三给地垒、西张等 4 个城市地下水饮用水源地保护区仍然存在与供水设施和保护水源无关的建筑。农村饮用水源保护工作刚刚起步，受污水灌溉等因素影响，清徐等地部分乡镇浅层地下水质受到影响。

4. 污水处理能力滞后于水体环境改善的要求

市区每日仍有近 10 万吨未经处理的生活污水直排汾河。中水回用率低，与缺水性城市的现实很不相称。

### （三）环境监管方面的问题

1. 改善环境的压力传导不够

没有真正形成市、县、乡、村 4 级比较完整的压力传导和责任追究考核机制，压力还没有完全传导到基层，重指标、轻管理，重排名、轻监管，重面子、轻里子的问题还比较突出。

2. 环境执法手段不足

环境执法还停留在依靠不定期巡查、督办式的突击检查和专项行动等传统方式上，没有针对污染物成因，形成一套严密科学的监控和治理体系。主要依靠监测点位数据事后分析问题，没有真正建立起全天候、全方位的自动采集监测系统，对于工地扬尘、渣土运输造成的污染及时解决不足，追溯性不强。

3. 环保高压态势还没有真正形成

个别县（市、区）还没有把环境保护上升到生态文明建设和绿色发展的高度，融入经济社会发展的各个领域统筹考虑，健全的环境保护制度还没有完全落实到位。遇事推诿扯皮，缺乏大局观念，环境监管失之于宽、失之于软，区域性污染问题长期得不到解决。

# 四、形势预测展望

党的十八届五中全会上《关于制定国民经济和社会发展第十三个五年规划的建议》中提出了创新、协调、绿色、开放、共享的发展理念，坚持绿色发展，着力改善生态环境，实行省以下环保机构监测、监察执法垂直管理制度。把环境保护摆上更高的战略地位。此外，2013 年以来，国家陆续发布《中华人民共和国环境保护法》、《中华人民共和国大气污染防治法》、《水污染防治行动计划》（以下简称"水十条"）、《大气污染防治行动计划》（"大气十条"）、《生态文明体制改革总体方案》等法律法规和环保政策，而备受关注的"土壤污染治理行动计划"也将出台。这些法律法规的发布实施，是我国生态文明领域改革的顶层设计和部署，将全面推升我国生态文明的建设水平。同时，国家环境保护工作的总体思路也由"十二五"期间的"污染物总量减排"向"以环境质量改善为核心"转变。于太原市而言，这既为全市"十三五"环境保护工作提供了机遇，也提出了挑战。

## （一）大气环境质量需继续改善

因为空气质量出现许多新情况新问题，2013 年《环境空气质量标准》中污染物的项目有所增加、指标有所变化。太原市空气质量的污染特征，由过去单一的采暖期重污染转变到采暖期燃煤重污染和夏季臭氧重污染"双峰"的局面，夏季大气的首要污染物 80% 以上是臭氧。2015 年，全市的二氧化氮和臭氧的年均浓度虽然能够达到国家二级标准，但总体呈上升趋势。而我们目前对大气污染成因的复杂性、特殊性、雾霾产生的机理缺乏深入研究，臭氧污染成因不明，挥发性有机化合物（VOC）的防治处于起步阶段，机动车还在快速增长，扬尘控制水平还不高。因此，总体上，我市的大气污染将逐步由典型的燃煤污染向混合型污染过渡。特别是今后两三年，市区完成清洁供热全覆盖、城中村拆除、重污染企业搬迁等去煤化重点工作后，污染特征将会加速转变。这对我市环境空气质量的持续改善提出了新的挑战。

## （二）水环境质量需进一步改善

水环境质量改善工作任务复杂而艰巨。从水体特征上来看，涉及地表水、地下水、饮用水和城市黑臭水体 4 类水体。从工作范围来看，涉及水污染防治、水生态保护和水资源管理三大方面；从污染特征上来看，太原市地表水污染属综合型有机污染。汾河太原段由于上游汾河水库以及汾河二库截流的原因，除汛期和水库放水期外，河道几乎无自然径流，成为工业废水和生活污水的纳污河道，河水基本无稀释自净能力。市区范围内 17 条边山支流也是同样的情况。因此，在水污染防治取得进展的情况下，生态补水的调度管理和水生态的恢复保护将成为水环境质量改善的关键。而要做好这两项工作，既需要管理机制的大胆创新，也需要有一个生态恢复的自然过程。

## （三）防范环境风险的压力日益加大，环境管理能力亟待加强

当前，我国正处于环境风险高发期，经济社会发展长期积累的环境矛盾正集中显现，重金属、持久性有机污染物、土壤污染、危险废物和化学品污染等新的环境问题日益凸显，形成生活污染和工业污染叠加、化学污染和有机物污染等新旧污染相互交织，防范环境风险的压力日益加大。而环境质量改善的程度、速度与公众需求存在较大差距，环境事件更加容易成为社会矛盾的激发点。环境治理和管理的能力还不适应现代化管理的需要，污染企业治理水平不高，环境监管手段和能力不强，环境监测和分析能力不足，环境保护科研能力相对薄弱，需要进一步强化；工作机制和体制与加快改善省城环境质量的步伐和要求不适应，需要进一步健全和完善。

# 五、对策建议

## （一）推动绿色发展，促进生态文明建设

1. 落实主体功能区规划，优化调整空间布局

落实国家和省主体功能区规划，以主体功能区规划为基础，统筹各类空

间规划，推进市、县"多规合一"，划定农业空间和生态空间保护红线，构建科学合理的城市化格局、农业发展格局、生态安全格局。组织落实《山西省生态功能区划》，以"一城一河两山"和娄烦县为主体，建设多层次、多样性、多功能的生态功能示范区。规范各类产业园区和城市新城、新区设立和布局，严格按照功能区规划实施建设，对不符合主体功能区要求的工业企业逐步实施搬迁。合理规划城市建设布局，严格控制污染排放总量，在城市主导风向上风向、汾河太原上游地区严禁新建重污染项目。引进大集团、大企业，以东山、西山城郊森林公园建设和汾河城区段环境治理美化工程为重点，全力构建市区生态环境屏障，扩大城市绿化面积，提高城市建成区绿地规模。

2. 实行最严格的环境保护制度，建立科学的生态补偿机制

实行最严格的环境保护制度，全面落实各级政府环保责任，建立统一公平、覆盖主要污染物的排放许可制度；实施精细化管理，所有存量企业必须按照规定持证排污，禁止无证排污或超总量排污，对超标、超总量排污企业采取惩罚性电价、扣除脱硫电价、扣除脱硝电价等措施，推动企业积极治理减排和管理减排。

积极探索娄烦县汾河水库水源保护上下游、自然保护区等良好生态地区生态补偿机制，建立符合重点生态功能保护的生态补偿制度，加快形成生态损害者赔偿、受益者付费、保护者得到合理补偿的运行机制。加大对重要生态功能区的转移支付力度，政府要作为环境收益的主体通过均衡财政转移支付方式对生态保护者进行补偿。对肩负重点生态功能区保护责任的娄烦县，不再进行 GDP 考核，鼓励娄烦县做好水源地保护，确保太原人民饮用上清洁干净安全的水。开展行政区域内汾河、杨兴河等河流跨区域断面污染补偿，解决上游与下游、开发区域与保护区域、受益地区与受损地区以及自然保护区内外的利益补偿问题。加强煤炭可持续发展基金、矿山生态恢复保证金使用的效益评估和监督，将煤炭开采生态环境综合补偿机制经验推广到非煤采矿业。

3. 进一步健全完善循环产业体系，推动绿色低碳发展

加快推进全社会节能减排，在生产、流通、消费各环节大力发展循环经济，实现各类资源节约高效利用。发挥节能与减排的协同促进作用，实施重

点领域与重点用能单位节能减排、低碳环保行动计划。

实施循环发展引领计划,加快建立循环型产业体系。按照"多联产、全循环、抓高端"的思路,以产业循环化为基本途径,以布局合理、资源共享、减少污染、优化环境、促进生产、提高效益为原则,开发一批源头减量、循环利用、再制造、零排放和产业链接技术,加快太原市现代化工业园区规划和建设;全面推进各类产业特别是传统产业循环化发展,将冶金、焦化、电力、化工和建材等行业的循环经济工作纳入本行业的规划中,作为一项重要工作来抓;同时加强建筑领域循环经济建设。

积极响应国家对国际社会碳减排的承诺,探索建立碳排放总量控制和目标分解制度,提高应对气候变化能力。创建公交都市,发展绿色交通,实行公共交通优先,公共交通分担率达到40%以上。实施电动汽车推广应用行动计划,公交车、出租车全部更换为新能源汽车,新增公务车及环卫车全部为新能源汽车,引导全社会积极推广使用新能源汽车,做好充电桩等配套设施建设。轨道交通成为公共交通的重要组成部分;公共自行车达到6万辆,服务点达到2000个,实现中心城区全覆盖。

4. 进一步加强节能环保指标约束力度,提高行业准入"门槛"

制定符合太原城市功能定位、严于国家要求的产业准入条件,强化节能环保指标约束,提高行业准入"门槛",完善企业产业转型升级倒逼机制,市区范围内禁止新建、改建、扩建火电、钢铁、水泥、焦化、化工、冶炼等高能耗、高污染项目。清徐、古交、阳曲两县一市严格限制火电、钢铁、水泥、焦化、化工、冶炼等项目的新建、改建、扩建,新建、改建、扩建项目产能实施等量或减量置换;污染排放实施减量替代,新建项目污染物排放实行现役源两倍削减量替代;生产工艺、装备水平及污染物治理措施必须达到国际先进、国内领先水平;生产过程产生的余热、余气、余压须合理利用。

5. 加快东山、西山、北山造林绿化和市区园林绿化程度,构筑生态安全屏障

坚持把植树造林作为恢复植被、改善生态的基础工程,加快东山、西山、北山造林绿化和市区园林绿化速度,实施城市周边百万亩森林围城工程,以创建国家新能源示范园区为契机,设立太原西山生态产业园区,构建城市生活、近郊休闲和远郊防护等三大生态圈,力争"十三五"末全市森林覆盖率

达到30%，森林蓄积量达到 680 万立方米。在重点生态功能区划定生态红线，推进娄烦国家生态文明先行示范区建设，提高生态乡镇、生态村创建质量；实施以汾河为重点的生态环境修复工程；探索建立资源环境承载能力监测预警机制；深化林权制度改革，调动社会力量参与生态建设。

6. 提升全民生态文明意识，引导公众养成绿色生活习惯

拓宽生态文明宣传渠道，在全市范围内加强生态文明意识培养，把生态文明纳入市民教育和干部教育培训体系。鼓励、引导、支持创建各类环境教育基地，使爱护自然、保护环境、维护生态平衡成为人们日常工作、生活的重要组成部分。组织好世界地球日、世界环境日、世界森林日、世界水日和全国科普日、全国植树节、全国节能宣传周以及三晋环保行、并州环保行等主题宣传活动。

广泛开展绿色生活行动，推动市民在衣、食、住、行、游等方面向勤俭节约、绿色低碳、文明健康的方式转变，坚决抵制和反对各种形式的奢侈浪费、不合理消费。积极引导市民购买节能与新能源汽车、高能效家电、节水型器具等节能环保低碳产品，减少一次性用品的使用，深入开展反过度包装、反食品浪费、反过度消费行动，形成勤俭节约的社会风尚。大力推行绿色低碳出行，继续加快公交自行车网点的建设，在党政机关、商场、医院、酒店、车站等地方要加密加量，并划定适当的个人自行车停放场所。倡导绿色生活和休闲方式，严格限制发展高耗能、高耗水服务业。

**（二）以改善省城环境空气质量为中心，全面实施大气污染防治行动计划**

到 2020 年，空气污染指数下降 15.5%，PM2.5 浓度逐年下降，重污染天数大幅度减少，市区优良天气率力争达到 80%左右。

1. 实行特别限值、超低排放，重点行业全面提标改造

实施焦化行业整合提升。按照总量控制、合理布局、高标准建设的原则，2017 年底前完成三县一市现有 18 家焦化企业整合提升。过渡期间，对煤、焦破碎、筛分及转运、装煤、推焦、煤气净化等主要生产工序逐一进行整治，确保达标排放，年减排烟粉尘 0.12 万吨。

2. 强力推进调整燃料结构，切实削减市区燃煤总量

实现清洁型供热全覆盖，气化电化太原。以清洁型供热全覆盖、气化电

化太原、城中村拆迁改造、小燃煤发电供热机组淘汰为重点，全面取缔分散燃煤设施，削减分散燃煤总量，实现中心城区无煤化。到 2017 年，市区燃煤量下降 45% 以上。实现集中供热全覆盖工程，力争 2016 年底前市区农村炊事和采暖 50% 实现气化、电化改造，年减少燃煤 15 万吨；清徐县、阳曲县气化、电化改造率达到 30% 以上。2016 年，进行太原市城中村和农村洁净煤置换工程，置换洁净煤 100 万吨。

推进煤炭清洁和高效利用，鼓励农村使用优质低硫煤。在关停、淘汰、搬迁市区范围内洗煤厂基础上，开展古交、清徐、娄烦洗煤行业整合重组工作，提高煤炭洗选比例。新建、改建、扩建煤矿同步建设洗选设施，未配套洗选设施的现有煤矿要加快建设，到 2017 年，全市原煤入洗率达到 80% 以上。加强煤炭质量管制，限制销售和使用硫分高于 1% 的民用散煤。鼓励农村使用优质低硫煤，对暂时未实施整村拆除改造的城中村以及未实施气化（电化）改造的农村，采取政府引导、财政补贴、集中配送等措施，鼓励农村使用优质低硫煤，进一步缓解农村燃煤污染。

加快城中村和棚户区改造，拓展高污染燃料禁燃区范围。按照统一规划，连片改造，实施规划高标准、设计高水平、建设高质量的改造总体思路，加快城中村和棚户区拆迁改造，有效控制燃煤散烧带来的面源污染。进一步拓展高污染燃料禁燃区范围，在禁燃区内禁止燃烧原（散）煤、洗选煤、蜂窝煤、焦炭、木炭、煤矸石、煤泥、煤焦油、重油、渣油等燃料，禁止燃烧各种可燃废物和直接燃用生物质燃料，以及污染物含量超过国家规定限值的柴油、煤油、人工煤气等高污染燃料。2017 年底前，无燃煤区逐步由城市建成区扩展到近郊。

逐步淘汰搬迁燃煤供热机组，加快推进建筑节能改造步伐。市区范围内禁止新建企业自备燃煤电厂，现有燃煤供热小于 30 万千瓦机组逐步关停。2017 年底前，新竣工建筑及完成供热计量改造的既有居住建筑取消以面积计价收费方式，实现按用热量计价收费方式。

3. 强化机动车污染防治，倡导绿色低碳出行

近年来，随着我市经济的迅速发展，机动车保有量呈现较快的增长趋势，特别是 2010 年以后，我市机动车年平均增长率达到 12%。太原市大气颗粒物源解析研究表明，机动车尾气排放的氮氧化物占全市氮氧化物排放总量的

27.1%；机动车源对 PM2.5 的贡献率为 16%，对 PM10 的贡献率为14%，我市空气污染已经呈现出煤烟型和汽车尾气复合型污染的特点，机动车污染防治形式日益严峻。

严格实施机动车准入标准，强化在用车定期检验。凡不符合国四阶段排放标准的机动车，不予办理注册登记和转入手续，2017 年底全面实施国家第五阶段机动车排放标准；加强对非道路移动机械的污染控制，2016 年4 月 1 日停止进口和销售装用第二阶段柴油机的非道路移动机械，所有制造、进口和销售的非道路移动机械必须装用符合第三阶段排放标准要求的柴油机；加强机动车年度环保定期检验，不达标车辆不得发放环保合格标志，不得上路行驶，环保发标率达到 90% 以上；加强对车辆销售企业机动车环保达标情况的监督检查，严厉打击生产销售、环保不达标车辆的违法行为。

严格执行强制报废标准，加速淘汰黄标车和老旧车辆。严格执行强制报废标准。对达到强制报废标准的机动车按时实施强制报废，逾期不办理注销登记的机动车，公告机动车登记证书、号牌、行驶证作废；在规定检验周期内，车辆经维修、调整或采用排气污染控制技术后，尾气排放连续 3 次仍不达标的，予以强制报废。重中型货运、危险化学品运输车辆和公交、出租客运等重点车辆未按规定办理注销登记手续，或未按期进行安全技术检验的，不予办理车辆所有人申请的其他机动车业务。

到 2017 年底，淘汰全部黄标车辆；严禁黄标车在市内进行转移登记；提高黄标车检验频次，环保和安全性能技术检测每季度 1 次；开展营运黄标车清理整顿，未取得绿色环保合格标志的，不得办理道路运输证年度审验手续；严禁外地黄标车辆进入我市市区行驶；严格执行黄标车和载货车辆限行措施，充分发挥电子稽查布控平台的作用，采取路面检查和电子抓拍相结合的方式对黄标车和载货车辆闯限行、禁行违法行为进行处罚，提高执法效率和质量。

落实公交优先发展战略，倡导绿色低碳出行。开展国家公交都市试点示范城市创建工作，到 2017 年新增、更新公交车 3600 辆，公交车总数达到4555 辆；优化公交线路，到 2017 年，基本建成主城区公交专用道网络，专用道总里程达到 200 千米以上，公共交通占机动化出行分担率达到 60% 以上；积极开展无车日活动，加强步行、公共自行车交通系统建设，到 2017 年公共自行车服务范围覆盖率建成区达到 70% 以上，老城区覆盖率达到 100%；加快城市轨道地铁的建设进度，到 2020 年地铁 2 号线投入运行，地铁 1 号线和 3 号线基本建成并投入运行。

大力推广新能源机动车，公交、环卫、邮政等行业和城市共同配送车辆及政府机关率先使用新能源汽车，实施电动汽车推广应用行动计划。从 2016 开始我市新购置的公交车和出租、环卫等公共行业的车辆必须为电动汽车，2016 年底完成全市出租车的淘汰、更新工作。引导全社会积极推广使用新能源汽车，做好充电桩等配套设施的建设。

提升燃油品质，减少尾气污染。贯彻实施《大气污染防治成品油质量升级行动计划》，将供应国五标准车用汽柴油的时间由原定的 2018 年 1 月提前至 2017 年 1 月；增加高标准普通柴油供应，分别从 2017 年 7 月和 2018 年 1 月起，在全国全面供应国四、国五标准普通柴油；加强油品质量的监督检查，严厉打击非法销售不合格油品的行为，加油站不得销售不符合标准的车用汽油、柴油，禁止向汽车和摩托车销售普通柴油以及其他非机动车用燃料，禁止向非道路移动机械销售渣油和重油，非道路移动机械使用的普通柴油必须符合《普通柴油》（GB252-2015）技术指标的普通柴油。

调整物流布局，减轻交通负担。尽快搬迁市区范围内的集贸市场、建材市场和物流中心，启用北客运站，加快客运东站和南站的建设步伐，实施建南汽车站、太原汽车站、迎宾汽车站的搬迁，逐步向外环高速路以外迁移，减轻中心城区交通负担和尾气污染。

控制机动车过快增长，适时开展机动车保有量调控。结合城市总体规划和道路建设，开展机动车保有量调控政策研究，研究制定控制机动车保有量增长速度、鼓励绿色出行、降低机动车使用强度等措施。

4. 深化扬尘污染治理，推进城乡清洁工程

根据太原市 2014 年 PM10 的源解析结果，扬尘占 38% 和全年 PM2.5 的源解析结果，扬尘占 31%，需进一步加强扬尘污染防治，提升扬尘防治管理水平。

深入推进城乡清洁工程，全面实施渣土密闭运输。实施城乡"三清"工程，全面清理城乡接合部渣堆、煤堆、料堆，全面清扫各类街道，全面冲洗

主次干道，有效控制道路扬尘污染。推行城市主次干道机械化清扫、清洗等低尘作业方式，全方位实施路面保洁，到2017年机械化清扫率达到70%。小街小巷实施专人定期清扫，确保道路整洁不起尘。所有乡镇道路要强化保洁措施，实施定人、定时保洁；绿化硬化城市裸露地面，对建成区裸露地面进行全面排查和整治，能绿化实施绿化，不能绿化实施硬化。渣土运输车辆必须密闭运输，并安装 GPS 定位系统，严格按照规定时间、规定线路行驶。严格渣土运输管理，凡出现抛洒、滴漏现象的，一律严格查处。严格按照渣土运输相关规定，对无资质、无牌、无证、无密闭渣土运输黑车进行严厉的打击，坚决进行取缔。

严格落实扬尘控制管理办法，推进绿色施工。严格执行落实《太原市扬尘污染防治管理办法》和绿色施工规范要求，建立扬尘污染防治保证金制度，提高工地扬尘控制标准。强化施工现场监督管理，实施挂牌监管，明确监管责任人、联系电话等，接受社会监督；在建筑工地安装视频监控，并与市级平台联网；在大型建筑工地逐步安装颗粒物在线监控设备，实施连续监测，定期公布排名。对扬尘污染不达标的工地一律实施停工整治；积极推进绿色施工，将施工扬尘监察、监测结果纳入建筑企业信用和资质管理，作为招投标的依据。

强化工业企业料堆与运输管理，控制工业企业无组织扬尘排放。一是各扬尘污染源点源首先必须具有相关环保手续；二是在扬尘污染的物料储场（站）建设科学合理的挡风抑尘设施；三是必须具有全面覆盖物料储场（站）的抑尘剂喷洒系统并定期喷洒；四是同时建设抑尘喷洒站，对出场（站）车辆进行抑尘喷洒。同时，大型堆场能采用封闭防尘措施的，应优先采用，并建设配备收尘设施的物料筒仓；采用密闭输送设备作业的，装卸处应配套收尘、喷淋等防尘设施；不能采用封闭防尘措施的物料堆场，应采用覆盖、建设挡风抑尘或自动喷淋装置等防尘措施，并配备运输车辆冲洗保洁设施；物料堆场内应划分料区和运输道路，运输路面应硬化并定期洒水，运输车辆应采取篷布覆盖等措施，防止抛洒，避免产生二次扬尘。

加强裸露地面、开山取石形成的扬尘污染防治工作。继续加强市区内及周边裸露土地的绿化或铺装，到2020年，城市绿化覆盖率应达到40%以上。针对西山边山所有石料厂全部退出，结合城郊森林公园建设以及迹地再开发、再利用对开山取石形成的破坏面进行环境治理和生态恢复，全面控制扬尘污染。

5. 全面禁止垃圾和秸秆焚烧，实施秸秆综合利用

禁止垃圾和秸秆焚烧。加强城市落叶清扫和垃圾转运、处置工作。建立树叶、杂草综合利用设施，在秋季落叶时间，要集中人员、集中车辆、集中时间对清扫的树叶、杂草进行集中清运，集中处理，杜绝露天焚烧。实施垃圾无害化处理工程，力争尽早实现垃圾全收集、全处理。

切实做好夏秋两季农作物秸秆综合利用工作。采取属地管理的原则，由政府引导、财政补贴，以县（市、区）为作战单位、以村为实施主体，采取秸秆还田、秸秆加工饲料或加工成型燃料等措施，实施秸秆综合利用，并实施网格化监督管理，禁止秸秆焚烧。2016 年完成太原市农田秸秆综合利用工程，实现约 54666.7 公顷农田秸秆综改利用。

6. 积极推进重点行业挥发性有机物污染治理

推进挥发性有机物污染治理，必须坚持源头控制和污染治理相结合，引导和支持有机化工、表面涂装、包装印刷、橡胶和塑料制品等重点行业开展 VOCs 综合整治工作，实现 VOCs 减排。2016 年，重点组织开展家具制造行业表面涂装工序和包装印刷行业 VOCs 治理，方案确定的 VOCs 治理项目完成率达到 80%。2017 年，全面完成重点行业 VOCs 污染整治。

### （三）实施水污染防治行动计划，确保水环境安全

"十三五"期间，通过实施水污染防治行动计划，重点保障饮用水环境安全，解决城市建成区黑臭水体污染问题。2017 年，城市建成区基本消除黑臭水休。到 2020 年，城市集中式饮用水水源水质达到或优于Ⅲ类，比例总体高于 93%，水环境质量得到总体改善。

优先对饮用水水源进行保护，加大饮用水水源地保护力度，全面推进全市城镇饮用水水源地的规范化建设。采取控源截污、生态修复等措施，整治城市黑臭水体。加快城镇污水处理设施建设与改造，新建城镇污水处理厂必须采取除磷脱氮工艺并执行一级 A 排放标准，城镇污水处理设施于 2017 年底前全面达到一级 A 排放标准，全市建成区污水实现全收集、全处理，城市污水处理率达到 95%左右。推进污泥处理处置，现有污泥处理处置设施 2017

年底前基本完成达标改造，2020 年底前污泥无害化处理处置率达到 100%。狠抓工业污染防治，集中治理工业园区水污染，全面控制污染物排放。加快农村环境综合整治，加大种养业和规模化畜禽养殖污染防治力度。开展饮用水水源地保护，实施湿地保护与修复。

### （四）全面推进生态安全战略，强化重要生态功能区保护

按照《山西省主体功能区规划》要求，组织落实《山西省生态功能区划》，以"一城一河两山"和娄烦县为主体，建设多层次、多样性、多功能的生态功能示范区。引进大集团、大企业，以东山、西山城郊森林公园建设和汾河城区段环境治理美化工程为重点，全力构建市区生态环境屏障，扩大城市绿化面积，扩大城市建成区绿地规模。深化生态修复治理，全面推进矿山生态环境保护与恢复治理。严格落实矿产资源开采与矿山生态修复治理同步规划、同步实施制度。实施重大生态修复治理工程，持续开展汾河流域生态环境治理修复与保护工程。强化水源涵养林建设与保护，实施汾河水库等湿地保护与修复工程。加快美丽乡村建设，改善农村人居环境，开展生态文明示范创建，重点开展基层（乡镇、村庄）生态文明建设示范区的创建，提升生态乡镇、生态村创建质量，探索生态文明建设模式。

### （五）加强环境保护能力建设，提升环境管理水平

1. 强化环境监察能力建设，全面提升环境执法效能

继续加强环境监察队伍建设和管理，提高环境执法监管能力。进一步规范环境监察机构设置，增加监察人员编制，增加执法经费。到 2020 年全市环境监察人员增加编制 120 人，其中太原市环境监察支队增加编制 20 人，人均执法工作经费不少于 8 万元/年；加强培训，择优选调人才，提升环境监察人员整体素质。监察人员至少每 3 年接受一次国家或每年接受一次省级培训。完成标准化建设，配置适应标准化要求的环境监察装备和应用系统。配备无人机、移动视频、执法记录等现代化监察设备。改善监察机构现有的办公用房、执法专项用房及辅助用房、车（库）位条件。市支队力争达到新一级标准，到 2020 年应增加并更新老旧执法车辆共计 46 台，其他现场执法及办公设备等 1295 台（部），逐年淘汰旧办公设备、交通工具和执法装备，以适应

新形势的需要。

进一步完善全市应急机制，切实提高突发环境事件应急水平。建立健全市、县两级集应急指挥、自动监控、快速响应、监察信息于一体的"环境应急与事故调查中心"，并实现互连互通、信息共享，切实加强对突发环境事件的预警、应急和处理能力，形成环境污染事件应急联动机制，减少突发环境事件造成的损失。

强化举报信息系统建设，全面推进"数字环保"进程。升级"12369"举报受理系统数据汇总、分析和图表制作功能，增加"12369"微信举报平台，增加对 3 个开发区、4 个县（市）网络派单回复功能，实现全市覆盖。继续加大对各二级单位重复举报案件的考核力度，强化案件及时率、办结率、满意度的考核排名；全面推进"数字环保"进程，全面提升全市环境远程和在线监控能力，形成全市远程视频全覆盖、重点企业在线监测全覆盖、监察人员移动执法系统全覆盖，有效提高监管效率。

2. 加强环境监测能力建设，提升环境监控与预警水平

到 2020 年，太原市监测能力不断提高，太原市环境监测中心站达到国家级标准化监测站中部地区二级站要求，根据各级环保部门的要求，完成下达的各项例行监测及专项工作任务。总体能力达到全省一流环境监测站及国内省会城市先进水平，完成标准化建设要求。

加强环境空气自动站及 VOC 环境空气自动监测站建设，更新现有环境空气自动站仪器设备，完善环境空气超级站。

升级完善太原市空气质量预警预报系统，及时发布监测预警信息。加强应急监测分析能力，提高应急监测实战能力，规范完善应急监测机制，力争应急监测能力有较大突破。

强化重点区域（太原市区及清徐的开发区）、重点企业（太钢）、交通路段（滨河东路）空气质量实时监测，进一步提高空气自动监测质量管理水平。

执笔人：张耀龙，男，现任太原市环境保护局区域污染防治处主任科员

李建蕊，女，现任中共太原市委市政府信访局经济师

# 附件 1:2010 年以来太原市主要发展数据

表 1　地区生产总值

| 指标名称 | 单位 | 2010 年 | 2011 年 | 2012 年 | 2013 年 | 2014 年 | 2015 年 | "十一五"时期 | | "十二五"时期 | |
| --- | --- | --- | --- | --- | --- | --- | --- | --- | --- | --- | --- |
| | | | | | | | | 发展速度 | 年均增长(%) | 发展速度 | 年均增长(%) |
| 地区生产总值 | 亿元 | 1781.35 | 2083.70 | 2338.72 | 2462.92 | 2531.09 | 2735.34 | 162.2 | 10.1 | 149.6 | 8.4 |
| 第一产业 | 亿元 | 29.29 | 32.65 | 34.77 | 37.16 | 38.86 | 37.39 | 104.4 | 0.9 | 117.8 | 3.3 |
| 第二产业 | 亿元 | 784.63 | 926.16 | 1005.54 | 1027.06 | 1012.31 | 1020.18 | 142.7 | 7.4 | 143.3 | 7.5 |
| 工业 | 亿元 | 575.66 | 672.12 | 735.55 | 720.98 | 702.81 | 692.12 | 137.0 | 6.5 | 142.6 | 7.4 |
| 建筑业 | 亿元 | 208.97 | 254.04 | 269.99 | 306.08 | 309.50 | 328.06 | 154.8 | 9.1 | 138.3 | 6.7 |
| 第三产业 | 亿元 | 967.43 | 1124.89 | 1298.41 | 1398.70 | 1479.92 | 1677.77 | 183.0 | 12.8 | 155.7 | 9.3 |
| 构成 | % | 100.0 | 100.0 | 100.0 | 100.0 | 100.0 | 100.0 | — | — | — | — |
| 第一产业 | % | 1.6 | 1.6 | 1.5 | 1.5 | 1.5 | 1.4 | — | — | — | — |
| 第二产业 | % | 44.1 | 44.4 | 43.1 | 41.7 | 40.0 | 37.3 | — | — | — | — |
| 工业 | % | 32.4 | 32.2 | 31.5 | 29.3 | 27.8 | 25.3 | — | — | — | — |
| 建筑业 | % | 11.7 | 12.2 | 11.6 | 12.4 | 12.2 | 12.0 | — | — | — | — |
| 第三产业 | % | 54.3 | 54.0 | 55.4 | 56.8 | 58.5 | 61.3 | — | — | — | — |
| 人均GDP | 元 | 46230 | 49377 | 54894 | 57720 | 59023 | 63483 | 144.2 | 7.6 | 143.6 | 7.5 |
| | 美元 | 6829 | 7645 | 8696 | 9297 | 9608 | 10195 | 212.7 | 16.3 | 149.3 | 8.3 |
| 比上年增速 | % | 11.3 | 10.6 | 10.9 | 8.4 | 3.3 | 8.9 | — | — | — | — |
| 第一产业 | % | 4.9 | 3.5 | 5.5 | 2.8 | 4.3 | 1.3 | — | — | — | — |
| 第二产业 | % | 11.4 | 11.0 | 9.3 | 10.3 | 1.0 | 6.0 | — | — | — | — |
| 工业 | % | 11.0 | 10.4 | 11.2 | 9.0 | 0.8 | 5.7 | — | — | — | — |
| 建筑业 | % | 10.4 | 12.6 | 4.2 | 14.3 | 1.7 | 6.8 | — | — | — | — |
| 第三产业 | % | 11.4 | 10.5 | 12.4 | 7.1 | 5.1 | 11.4 | — | — | — | — |
| 人均GDP | % | 9.3 | 9.1 | 9.8 | 7.6 | 2.8 | 8.4 | — | — | — | — |

注:①地区生产总值、各产业增加值及构成按当年价格计算,发展速度和年均增长情况按可比价格计算。
②2010 年至 2013 年地区生产总值及各产业增加值为第三次经济普查调整后的修订数;并按国家统计局国统字〔2012〕108 号《三次产业划分规定》,将农、林、牧、渔服务业增加值由第一产业调整到第三产业。

数据来源:太原市统计局、国家统计局太原调查队,《太原统计年鉴》《太原市统计提要》,2015 年。

**表 2　农、林、牧、渔业增加值**

| 指标名称 | 单位 | 2010 年 | 2011 年 | 2012 年 | 2013 年 | 2014 年 | 2015 年 | 2015 年比 2010 年 | |
|---|---|---|---|---|---|---|---|---|---|
| | | | | | | | | 增加数 | 增长（%） |
| 农、林、牧、渔业增加值 | 亿元 | 30.28 | 33.85 | 36.02 | 38.61 | 40.45 | 39.09 | 8.81 | 19.5 |
| 农业 | 亿元 | 18.81 | 23.45 | 24.75 | 26.56 | 27.50 | 26.16 | 7.35 | 26.7 |
| 林业 | 亿元 | 2.63 | 2.83 | 3.07 | 3.60 | 3.82 | 3.47 | 0.84 | 49.4 |
| 牧业 | 亿元 | 7.68 | 6.16 | 6.73 | 6.83 | 7.38 | 7.61 | −0.07 | −13.8 |
| 渔业 | 亿元 | 0.17 | 0.21 | 0.22 | 0.18 | 0.16 | 0.16 | −0.01 | −10.3 |
| 农、林、牧、渔服务业 | 亿元 | 0.99 | 1.20 | 1.25 | 1.44 | 1.59 | 1.69 | 0.70 | 60.3 |
| 构成 | % | 100.0 | 100.0 | 100.0 | 100.0 | 100.0 | 100.0 | — | — |
| 农业 | % | 62.1 | 69.3 | 68.7 | 68.8 | 68.0 | 66.9 | — | — |
| 林业 | % | 8.7 | 8.4 | 8.5 | 9.3 | 9.4 | 8.9 | — | — |
| 牧业 | % | 25.3 | 18.2 | 18.7 | 17.7 | 18.2 | 19.5 | — | — |
| 渔业 | % | 0.6 | 0.6 | 0.6 | 0.5 | 0.3 | 0.4 | — | — |
| 农、林、牧、渔服务业 | % | 3.3 | 3.5 | 3.5 | 3.7 | 3.9 | 4.3 | — | — |

注：增加值及其构成按当年价格计算，增长速度按可比价格计算。

数据来源：太原市统计局、国家统计局太原调查队，《太原统计年鉴》，2011—2016 年。

表 3 主要农林牧渔产品产量

| 指标名称 | 单位 | 2010年 | 2011年 | 2012年 | 2013年 | 2014年 | 2015年 | 年均增长（%） | |
| --- | --- | --- | --- | --- | --- | --- | --- | --- | --- |
| | | | | | | | | "十一五"期间 | "十二五"期间 |
| 粮食总产量 | 万吨 | 32.16 | 31.60 | 31.95 | 32.78 | 33.90 | 29.93 | 2.0 | -1.4 |
| 每公顷粮食播种面积产量 | 千克 | 3793 | 3843 | 3907 | 4073 | 4453 | 3961 | 1.6 | 0.9 |
| 蔬菜总产量 | 万吨 | 127.56 | 127.72 | 128.79 | 127.23 | 128.18 | 128.23 | -2.3 | 0.1 |
| 每公顷蔬菜播种面积产量 | 千克 | 55729 | 55065 | 59876 | 58413 | 59124 | 60999 | -0.4 | 1.8 |
| 水果产量 | 万吨 | 6.43 | 6.94 | 7.07 | 5.11 | 7.58 | 8.85 | 2.1 | 6.6 |
| 造林面积 | 千公顷 | 19.00 | 19.70 | 22.60 | 21.17 | 17.04 | 17.90 | 36.6 | 0.3 |
| 年末实有育苗面积 | 千公顷 | 1.80 | 3.60 | 3.50 | 3.34 | 4.72 | 5.30 | 5.8 | 24.1 |
| 零星植树 | 万株 | 1001 | 1000 | 1000 | 1200 | 1200 | 1200 | -2.3 | 3.7 |
| 大牲畜年末存栏数 | 万头 | 5.39 | 4.40 | 4.20 | 4.13 | 4.42 | 4.44 | -14.1 | -3.8 |
| 乳牛 | 万头 | 2.40 | 1.59 | 2.15 | 2.08 | 2.23 | 2.47 | -2.6 | 0.6 |
| 猪年末存栏数 | 万头 | 31.97 | 29.35 | 28.60 | 29.09 | 32.40 | 28.39 | -2.1 | -2.3 |
| 羊年末存栏数 | 万只 | 30.93 | 32.51 | 32.83 | 35.68 | 49.69 | 45.73 | -9.7 | 8.1 |
| 家禽只数 | 万只 | 381.50 | 346.22 | 327.97 | 335.50 | 364.28 | 349.56 | -1.0 | -1.7 |
| 肉类总产量 | 万吨 | 5.00 | 4.65 | 4.98 | 5.02 | 5.35 | 5.60 | -5.1 | 2.3 |
| 奶类总产量 | 万吨 | 9.76 | 9.74 | 10.25 | 9.56 | 9.96 | 10.20 | 0.6 | 0.9 |
| 禽蛋 | 万吨 | 3.64 | 2.72 | 2.58 | 2.73 | 2.90 | 2.99 | -3.4 | -3.9 |
| 渔业养殖面积 | 公顷 | 2334 | 2407 | 2389 | 2391 | 2390 | 2391 | -8.0 | 0.5 |
| 水产品产量 | 吨 | 2780 | 3162 | 3653 | 2787 | 2569 | 2553 | -1.1 | -1.7 |

数据来源：太原市统计局、国家统计局太原调查队，《太原统计年鉴》，2011—2016年。

表 4 规模以上工业增加值

| 指标名称 | | 增加值（亿元） | | 构成（%） | | 年均增长（%） | |
| --- | --- | --- | --- | --- | --- | --- | --- |
| | | 2010 年 | 2015 年 | 2010 年 | 2015 年 | "十一五"时期 | "十二五"时期 |
| 总　计 | | 577.65 | 600.48 | 100.0 | 100.0 | 9.4 | 8.3 |
| 按轻重工业分 | 轻工业 | 45.82 | 80.17 | 7.9 | 13.4 | 10.7 | 8.3 |
| | 重工业 | 531.83 | 520.31 | 92.1 | 86.6 | 9.4 | 8.0 |
| 按经济类型分 | 公有制经济 | 425.24 | 336.78 | 73.6 | 56.1 | 9.1 | 3.0 |
| | 非公有制经济 | 152.41 | 263.70 | 26.4 | 43.9 | 9.4 | 21.6 |
| 按企业规模分 | 大中型企业 | 510.76 | 531.16 | 88.4 | 88.5 | 8.8 | 8.2 |
| | 小微型企业 | 66.89 | 69.32 | 11.6 | 11.5 | 13.9 | 10.9 |
| 按行业分 | 采掘业 | 182.80 | 77.62 | 31.6 | 12.9 | −1.1 | −1.1 |
| | 制造业 | 380.97 | 470.35 | 66.0 | 78.3 | 12.0 | 12.8 |
| | 轻纺制造业 | 36.36 | 54.46 | 6.3 | 9.1 | 8.9 | 2.2 |
| | 资源加工制造业 | 235.78 | 117.94 | 40.8 | 19.6 | 9.0 | 0.2 |
| | 机械电子制造业 | 96.54 | 275.96 | 16.7 | 46.0 | 19.9 | 28.3 |
| | 电力、热力及水的生产和供应业 | 13.88 | 52.51 | 2.4 | 8.7 | 10.7 | 9.3 |
| | 高技术行业 | 31.00 | 202.87 | 5.4 | 33.8 | 18.0 | 41.7 |
| | 高耗能重污染行业 | 430.74 | 245.79 | 74.6 | 40.9 | 6.9 | 0.5 |

注：①增加值及其构成按当年价格计算，年均增速按可比价格计算。②高技术行业包括医药制造业，计算机、通信和其他电子设备制造业，仪器仪表制造业。③高耗能重污染行业包括煤炭开采和洗选业、石油加工和炼焦业、化学原料和化学制品制造业、橡胶和塑料制品业、非金属矿物制品业、黑色金属冶炼及压延加工业、有色金属冶炼及压延加工业、电力热力生产和供应业、煤气生产和供应业。

数据来源：太原市统计局、国家统计局太原调查队，《太原统计提要》，2010—2015 年。

表5　规模以上工业主要行业增加值及其位次

| 行业名称 | 2015年 | | 2010年 | | 排位变动 |
|---|---|---|---|---|---|
| | 增加值(亿元) | 排位 | 增加值(亿元) | 排位 | |
| 计算机、通信和其他电子设备制造业 | 185.75 | 1 | 22.68 | 4 | 前移3位 |
| 黑色金属冶炼及压延加工业 | 88.73 | 2 | 131.51 | 2 | 未变动 |
| 煤炭开采和洗选业 | 75.97 | 3 | 180.16 | 1 | 退后2位 |
| 烟草制造业 | 37.31 | 4 | 20.27 | 7 | 前移3位 |
| 燃气生产和供应业 | 28.71 | 5 | 5.45 | 16 | 前移11位 |
| 电力、热力生产和供应业 | 21.50 | 6 | 6.71 | 12 | 前移6位 |
| 铁路、船舶、航天航空制造业 | 20.30 | 7 | 15.41 | 8 | 前移1位 |
| 其他制造业 | 19.06 | 8 | 10.62 | 11 | 前移3位 |
| 通用设备制造业 | 16.14 | 9 | 22.26 | 5 | 退后4位 |
| 仪器仪表制造业 | 14.08 | 10 | 5.61 | 15 | 前移5位 |
| 专用设备制造业 | 13.93 | 11 | 20.05 | 6 | 退后5位 |
| 石油加工和炼焦业 | 7.14 | 15 | 63.09 | 3 | 退后12位 |
| 非金属矿物制造业 | 6.76 | 16 | 12.45 | 10 | 退后6位 |
| 化学原料及化学制造业 | 5.72 | 17 | 13.69 | 9 | 退后8位 |

数据来源:太原市统计局、国家统计局太原调查队,《太原统计提要》,2010年、2015年。

## 表 6  交通运输邮电业发展情况

| 指标名称 | 单位 | 2010 年 | 2015 年 | 2015 年比 2010 年 | | |
|---|---|---|---|---|---|---|
| | | | | 增加数 | 总增长(%) | 年均增长(%) |
| 公路通车里程 | 千米 | 6181 | 7360 | 1179 | 19.1 | 3.5 |
| 高速公路 | 千米 | 222 | 287 | 65 | 29.3 | 5.3 |
| 高速公路占比 | % | 3.6 | 3.9 | — | — | — |
| 百平方千米公路密度 | 千米 | 88.5 | 105.3 | 16.8 | 19.0 | 3.5 |
| 民用汽车拥有量 | 万辆 | 60.53 | 112.29 | 51.76 | 85.5 | 13.2 |
| 每千米公路民用汽车 | 辆 | 98 | 153 | 55 | 56.1 | 9.3 |
| 铁路货运量 | 万吨 | 5064 | 4414 | −650 | −12.8 | −2.7 |
| 铁路客运量 | 万人次 | 2210 | 2598 | 388 | 17.6 | 3.3 |
| 民航客运量 | 万人次 | 525 | 884 | 359 | 68.4 | 11.0 |
| 邮电业务总量 | 亿元 | 57.84 | 107.22 | 49.38 | 85.4 | 13.1 |
| 全部电话数 | 万部 | 644.20 | 843.53 | 199.33 | 30.9 | 5.5 |
| 固定电话 | 万部 | 158.18 | 107.23 | −55.95 | −35.4 | −8.4 |
| 移动电话 | 万部 | 486.02 | 741.30 | 255.28 | 52.5 | 8.8 |
| 全部电话构成 | % | 100.0 | 100.0 | — | — | — |
| 固定电话 | % | 24.6 | 12.1 | — | — | — |
| 移动电话 | % | 75.4 | 87.9 | — | — | — |
| 百人拥有电话 | 部 | 153.3 | 195.3 | 42.0 | 27.3 | 4.9 |
| 固定电话 | 部 | 37.6 | 23.7 | −13.9 | −37.0 | −8.8 |
| 移动电话 | 部 | 115.7 | 171.6 | 55.9 | 48.6 | 8.2 |
| 互联网用户 | 万户 | 102.96 | 128.91 | 25.95 | 25.2 | 4.6 |
| 宽带网用户 | 万户 | 95.91 | 123.59 | 27.68 | 28.9 | 5.2 |
| 宽带网用户占比 | % | 93.2 | 95.9 | — | — | — |
| 百人拥有互联网用户 | 户 | 24.5 | 29.8 | 5.3 | 21.6 | 4.0 |

数据来源：太原市统计局、国家统计局太原调查队,《太原统计提要》,2010 年、2015 年。

表7 固定资产投资

| 指标名称 | 单位 | 2010年 | 2011年 | 2012年 | 2013年 | 2014年 | 2015年 | "十二五"时期 | | |
| --- | --- | --- | --- | --- | --- | --- | --- | --- | --- | --- |
| | | | | | | | | 合计 | 发展速度 | 年均增长(%) |
| 固定资产投资 | 亿元 | 818.37 | 1024.14 | 1320.63 | 1670.74 | 1746.09 | 2025.61 | 7787.21 | 951.6 | 22.2 |
| 第一产业 | 亿元 | 11.31 | 14.77 | 17.52 | 25.31 | 25.50 | 35.55 | 118.65 | 1049.1 | 25.8 |
| 第二产业 | 亿元 | 226.93 | 289.08 | 435.88 | 531.52 | 441.99 | 455.35 | 2153.82 | 949.1 | 22.2 |
| 工业 | 亿元 | 217.96 | 283.73 | 429.70 | 525.78 | 438.02 | 450.42 | 2127.65 | 976.2 | 23.2 |
| 建筑业 | 亿元 | 8.97 | 5.35 | 6.18 | 5.74 | 3.97 | 4.93 | 26.17 | 291.8 | −17.5 |
| 第三产业 | 亿元 | 580.13 | 720.29 | 867.23 | 1113.91 | 1278.60 | 1534.71 | 5514.74 | 950.6 | 22.2 |
| 构成 | % | 100.0 | 100.0 | 100.0 | 100.0 | 100.0 | 100.0 | 100.0 | — | — |
| 第一产业 | % | 1.4 | 1.5 | 1.3 | 1.5 | 1.5 | 1.8 | 1.4 | — | — |
| 第二产业 | % | 27.7 | 28.2 | 33.0 | 31.8 | 25.3 | 22.5 | 29.5 | — | — |
| 工业 | % | 26.6 | 27.7 | 32.5 | 31.5 | 25.1 | 22.2 | 29.1 | — | — |
| 建筑业 | % | 1.1 | 0.5 | 0.5 | 0.3 | 0.2 | 0.3 | 0.4 | — | — |
| 第三产业 | % | 70.9 | 70.3 | 65.7 | 66.7 | 73.2 | 75.7 | 69.1 | — | — |
| 房屋施工面积 | 万平方米 | 3915.15 | 4663.54 | 5800.65 | 6757.71 | 7105.88 | 7533.68 | — | | |
| 其中:住宅 | 万平方米 | 2882.37 | 3470.25 | 4235.02 | 4232.47 | 4569.46 | 4799.47 | — | | |
| 房屋竣工面积 | 万平方米 | 658.28 | 911.67 | 750.87 | 787.72 | 939.16 | 700.22 | 4089.64 | 621.3 | 7.3 |
| 其中:住宅 | 万平方米 | 420.14 | 619.92 | 541.40 | 405.85 | 625.36 | 486.07 | 2678.60 | 637.5 | 8.2 |
| 房屋竣工率 | % | 16.8 | 19.5 | 12.9 | 11.7 | 13.2 | 9.3 | — | | |
| 其中:住宅 | % | 14.6 | 17.9 | 12.8 | 9.6 | 13.7 | 10.1 | — | | |

注:发展速度和年均增速,均按累外法计算。

数据来源:太原市统计局、国家统计局太原调查队,《太原统计年鉴》,2011—2016年。

### 表 8　城市基础设施情况

| 指标名称 | 单位 | 2010 年 | 2011 年 | 2012 年 | 2013 年 | 2014 年 | 2015 年 | 2015 年比 2010 年 | |
|---|---|---|---|---|---|---|---|---|---|
| | | | | | | | | 增加数 | 增长 (%) |
| 城市基础设施投资 | 亿元 | 61.41 | 90.83 | 146.58 | 357.27 | 373.84 | 341.03 | 279.62 | 455.3 |
| 占全市固定资产投资比重 | % | 7.5 | 8.9 | 11.1 | 21.4 | 21.4 | 16.8 | — | — |
| 城市道路面积 | 万平方米 | 2853 | 3165 | 3362 | 3570 | 3941 | 4140 | 1287 | 45.1 |
| 城市公共交通营运车辆 | 辆 | 2213 | 2677 | 3054 | 2824 | 3071 | 2871 | 658 | 29.7 |
| 城市公交线路网长度 | 千米 | 1107 | 3003 | 3665 | 3814 | 4080 | 4616 | 3509 | 317.0 |
| 城市出租汽车 | 辆 | 8652 | 8719 | 8719 | 8719 | 8719 | 8719 | 67 | 0.8 |
| 城市供水综合日产能力 | 万立方米 | 125.6 | 125.6 | 196.6 | 210.3 | 202.1 | 209.5 | 83.9 | 66.8 |
| 城市供水管道长度 | 千米 | 1628 | 1612 | 1896 | 2129 | 2384 | 2540 | 912 | 56.0 |
| 城市供水总量 | 万立方米 | 29524 | 34242 | 33607 | 34557 | 34068 | 34787 | 5263 | 17.8 |
| 城市污水日处理能力 | 万立方米 | 20.5 | 67.6 | 70.1 | 82.0 | 78.3 | 84.3 | 63.8 | 311.2 |
| 城市排水管道长度 | 千米 | 1509 | 2000 | 2050 | 1818 | 2162 | 2321 | 812 | 53.8 |
| 城市污水集中处理量 | 万立方米 | 18916 | 19072 | 20437 | 21392 | 24431 | 26494 | 7578 | 40.1 |
| 城市供气管道长度 | 千米 | 2811 | 3040 | 5188 | 2799 | 3588 | 3599 | 788 | 28.0 |
| 人工煤气管道 | 千米 | 2510 | 2682 | 2718 | 534 | 404 | 404 | −2106 | −83.9 |
| 液化石油气管道 | 千米 | 116 | 118 | 121 | 120 | 130 | 141 | 25 | 21.6 |
| 天然气管道 | 千米 | 185 | 240 | 2349 | 2145 | 3054 | 3054 | 2869 | 1550.8 |
| 城市集中供热能力 | 吨/小时/兆瓦 | 3993 | 4370 | 4835 | 5492 | 6581 | 12334 | 8341 | 208.9 |
| 城市供热管道长度 | 千米 | 881 | 1032 | 1419 | 1815 | 1957 | 3207 | 2326 | 264.0 |
| 城市供热面积 | 万平方米 | 8317 | 8330 | 10516 | 12003 | 12616 | 21217 | 12900 | 155.1 |
| 其中：住宅 | 万平方米 | 3580 | 4158 | 8270 | 10060 | 10406 | 18404 | 14824 | 414.1 |
| 城市清扫保洁面积 | 万平方米 | 3854 | 3968 | 4027 | 4882 | 5331 | 5331 | 1477 | 38.3 |
| 市容环境专用车辆数 | 辆 | 1915 | 1936 | 2225 | 2607 | 2948 | 2439 | 524 | 27.4 |
| 城市生活垃圾转运站数 | 座 | 65 | 66 | 82 | 87 | 84 | 84 | 19 | 29.2 |
| 城市公共厕所数 | 座 | 546 | 574 | 643 | 670 | 701 | 713 | 167 | 30.6 |
| 城市公园数 | 个 | 49 | 54 | 46 | 47 | 51 | 52 | 3 | 6.1 |
| 城市公园面积 | 公顷 | 2431 | 2859 | 3172 | 3172 | 3464 | 3558 | 1127 | 46.4 |
| 城市绿化覆盖面积 | 公顷 | 10336 | 12716 | 12112 | 12762 | 14773 | 15178 | 4842 | 46.8 |
| 城市绿地面积 | 公顷 | 9344 | 11051 | 10596 | 11190 | 12804 | 13575 | 4231 | 45.3 |

注：城市供水 3 项指标均包括城市公共供水和自建设施供水两个部分。

数据来源：太原市统计局、国家统计局太原调查队，《太原统计年鉴》，2011—2016 年。

表 9　国内贸易情况

| 指标名称 | 单位 | 2010 年 | 2011 年 | 2012 年 | 2013 年 | 2014 年 | 2015 年 | 2015 年比 2010 年 | | |
| | | | | | | | | 增加数 | 总增长 (%) | 年均增长% |
| 社会消费品零售总额 | 亿元 | 825.85 | 973.29 | 1129.51 | 1281.46 | 1450.17 | 1540.80 | 714.95 | 86.6 | 13.3 |
| 按城乡分　城镇 | 亿元 | 805.61 | 953.82 | 1106.94 | 1255.53 | 1347.71 | 1433.61 | 628.00 | 78.0 | 12.5 |
| 乡村 | 亿元 | 20.24 | 19.47 | 22.57 | 25.93 | 102.46 | 107.19 | 86.95 | 429.6 | 39.6 |
| 按行业分　批零贸易业 | 亿元 | 764.70 | 899.87 | 1042.34 | 1203.41 | 1375.55 | 1464.03 | 699.33 | 91.5 | 13.9 |
| 住宿餐饮业 | 亿元 | 61.15 | 73.42 | 87.17 | 78.05 | 74.62 | 76.77 | 15.62 | 25.5 | 4.7 |
| 构　成 | % | 100.0 | 100.0 | 100.0 | 100.0 | 100.0 | 100.0 | — | — | — |
| 按城乡分　城镇 | % | 97.5 | 98.0 | 98.0 | 98.0 | 92.9 | 93.0 | — | — | — |
| 乡村 | % | 2.5 | 2.0 | 2.0 | 2.0 | 7.1 | 7.0 | — | — | — |
| 按行业分　批零贸易业 | % | 92.6 | 92.5 | 92.3 | 93.9 | 94.9 | 95.0 | — | — | — |
| 住宿餐饮业 | % | 7.4 | 7.5 | 7.7 | 6.1 | 5.1 | 5.0 | — | — | — |

数据来源：太原市统计局、国家统计局太原调查队,《太原统计年鉴》,2011—2016 年。

### 表 10  对外经济发展情况

| 指标名称 | 单位 | 2010年 | 2011年 | 2012年 | 2013年 | 2014年 | 2015年 | 2015 年比 2010 年 | | |
|---|---|---|---|---|---|---|---|---|---|---|
| | | | | | | | | 增加数 | 总增长(%) | 年均增长(%) |
| 进出口总额 | 亿美元 | 79.13 | 85.34 | 84.74 | 91.63 | 106.71 | 106.77 | 27.64 | 34.9 | 6.2 |
| 出口总额 | 亿美元 | 31.39 | 35.05 | 42.42 | 52.95 | 65.70 | 65.92 | 34.53 | 110.0 | 16.0 |
| 机电产品 | 亿美元 | 7.17 | 8.64 | 23.92 | 35.89 | 41.14 | 45.24 | 38.07 | 531.0 | 44.5 |
| 高新技术产品 | 亿美元 | 1.75 | 3.64 | 17.07 | 30.47 | 35.17 | 37.77 | 36.02 | 2058.3 | 84.8 |
| 进口总额 | 亿美元 | 47.74 | 50.29 | 42.32 | 38.68 | 41.01 | 40.85 | −6.89 | −14.4 | −3.0 |
| 机电产品 | 亿美元 | 9.91 | 11.57 | 14.07 | 14.94 | 21.82 | 26.07 | 16.16 | 163.1 | 21.3 |
| 高新技术产品 | 亿美元 | 2.74 | 5.53 | 8.42 | 7.71 | 15.63 | 20.66 | 17.92 | 654.0 | 49.8 |
| 机电产品占出口总额比重 | % | 22.8 | 24.7 | 56.4 | 67.8 | 62.6 | 68.7 | — | — | — |
| 高技术产品占出口总额比重 | % | 3.7 | 10.4 | 41.7 | 57.7 | 53.2 | 57.3 | — | — | — |
| 机电产品占进口总额比重 | % | 20.8 | 23.0 | 33.2 | 38.6 | 53.2 | 63.8 | — | — | — |
| 高技术产品占进口总额比重 | % | 5.7 | 11.0 | 19.9 | 19.9 | 38.1 | 50.6 | — | — | — |
| 外贸依存度 | % | 30.1 | 26.5 | 23.0 | 23.1 | 25.9 | 24.3 | — | — | — |
| 出口依存度 | % | 11.9 | 10.9 | 11.5 | 13.3 | 15.9 | 15.0 | — | — | — |
| 进口依存度 | % | 18.2 | 15.6 | 11.5 | 9.8 | 10.0 | 9.3 | — | — | — |
| 年内新批"三资"企业数 | 个 | 19 | 20 | 14 | 18 | 20 | 13 | −6 | −31.6 | −7.3 |
| 直接到位外资额 | 亿美元 | 5.85 | 6.79 | 7.82 | 9.44 | 10.77 | 8.5 | 2.65 | 45.7 | 7.8 |

注：外贸依存度=（进出口总额÷地区生产总值）×100%。

数据来源：太原市统计局、国家统计局太原调查队，《太原统计年鉴》，2011—2016 年。

表 11　公共财政预算收支情况

| 指标名称 | 2010年 | 2011年 | 2012年 | 2013年 | 2014年 | 2015年 | 2015年比2010年 | | |
|---|---|---|---|---|---|---|---|---|---|
| | | | | | | | 增加数 | 总增长（%） | 年均增长（%） |
| 公共财政预算收入 | 138.48 | 174.72 | 215.67 | 247.33 | 258.85 | 274.24 | 135.76 | 98.0 | 14.6 |
| 税收收入 | 111.55 | 141.69 | 172.39 | 207.33 | 222.55 | 221.35 | 109.80 | 98.4 | 14.7 |
| 非税收收入 | 26.93 | 33.03 | 43.28 | 40.00 | 36.30 | 52.89 | 25.96 | 96.4 | 14.4 |
| 公共财政预算支出 | 189.64 | 239.31 | 277.44 | 319.11 | 322.70 | 420.09 | 230.45 | 121.5 | 17.2 |
| 一般公共服务 | 19.76 | 20.96 | 22.50 | 23.23 | 20.63 | 24.30 | 4.54 | 23.0 | 4.2 |
| 公共安全 | 15.51 | 16.01 | 19.35 | 20.96 | 22.89 | 26.27 | 10.76 | 69.4 | 11.1 |
| 教育 | 35.95 | 44.78 | 55.04 | 54.73 | 52.72 | 62.09 | 26.14 | 72.7 | 11.6 |
| 科学技术 | 4.70 | 7.76 | 9.56 | 11.30 | 14.15 | 12.80 | 8.10 | 172.3 | 22.2 |
| 文化体育与传媒 | 2.51 | 3.25 | 3.80 | 4.18 | 5.89 | 6.70 | 4.19 | 166.9 | 21.7 |
| 社会保障和就业 | 29.62 | 32.15 | 33.43 | 38.66 | 41.02 | 50.94 | 21.32 | 72.0 | 11.5 |
| 医疗卫生与计划生育 | 10.12 | 14.08 | 17.15 | 19.05 | 22.48 | 27.04 | 16.92 | 167.2 | 21.7 |
| 节能环保 | 8.22 | 6.20 | 13.00 | 8.02 | 12.78 | 14.00 | 5.78 | 70.3 | 11.2 |
| 城乡社区事务 | 26.89 | 48.17 | 45.57 | 68.47 | 78.64 | 105.60 | 78.71 | 292.7 | 31.5 |
| 农林水事务 | 8.81 | 11.24 | 18.21 | 17.57 | 11.94 | 15.51 | 6.70 | 76.0 | 12.0 |
| 交通运输 | 4.46 | 8.17 | 10.07 | 12.55 | 12.89 | 10.90 | 6.44 | 144.4 | 19.6 |

数据来源：太原市统计局、国家统计局太原调查队，《太原统计年鉴》，2011—2016年。

### 表 12　居民人均可支配收入情况

| 指标名称 | 单位 | 2010年 | 2011年 | 2012年 | 2013年 | 2014年 | 2015年 | 年均增长（%） | |
|---|---|---|---|---|---|---|---|---|---|
| | | | | | | | | "十一五"时期 | "十二五"时期 |
| 居民人均可支配收入 | 元 | 15534 | 18153 | 19668 | 21792 | 23579 | 25408 | — | — |
| 城镇居民 | 元 | 17258 | 20149 | 22587 | 24000 | 25768 | 29729 | — | — |
| 农村居民 | 元 | 7461 | 8441 | 9740 | 11425 | 12616 | 13626 | — | — |
| 人均可支配收入名义增长 | % | 10.9 | 16.2 | 12.6 | 12.0 | 8.2 | 7.8 | 10.6 | 10.3 |
| 城镇居民 | % | 10.6 | 16.8 | 12.1 | 11.0 | 7.9 | 7.6 | 10.5 | 9.9 |
| 农村居民 | % | 11.5 | 13.1 | 15.4 | 17.3 | 10.4 | 8.0 | 11.6 | 12.8 |
| 人均可支配收入实际增长 | % | 7.7 | 10.2 | 10.3 | 8.6 | 5.9 | 7.4 | 7.2 | 7.5 |
| 城镇居民 | % | 7.4 | 10.8 | 9.8 | 7.7 | 5.6 | 7.2 | 7.1 | 7.1 |
| 农村居民 | % | 8.3 | 7.3 | 13.0 | 13.8 | 8.0 | 7.6 | 8.2 | 9.9 |
| 城乡居民人均收入比 | 农民为1 | 2.31 | 2.39 | 2.32 | 2.10 | 2.04 | 2.03 | — | — |
| 居民人均收入弹性系数 | | 1.1721 | 1.1209 | 1.0511 | 1.1316 | 2.1071 | 0.8810 | 0.9863 | 1.0000 |

注：①2010 年至 2012 年居民人均可支配收入=（城镇居民人均可支配收入–城镇人口比重）+（农村居民人均可支配收入–乡村人口比重）。②2013 年城乡一体化住房调查改革后，城镇住房调查口径由六城区的 300 户扩大为 10 县（市）区的 621 户（2013 年）和 634 户（2014 年），增长速度系按可比口径计算；农村住户调查口径由 800 户缩减到 503 户（2013 年）和 407 户（2014 年）。③居民人均收入弹性系数=居民人均可支配收入实际增长率÷人均 GDP 实际增长率。

数据来源：太原市统计局、国家统计局太原调查队，《太原统计年鉴》，2011—2016 年。

# 附件 2：2010 年以来太原市主要经济指标在全国省会城市中的排位

表 1　地区生产总值及排位（按当年价格计算）

单位：亿元

| 城市名称 | 2010 年 | | 2011 年 | | 2012 年 | | 2013 年 | | 2014 年 | | 2015 年 | |
|---|---|---|---|---|---|---|---|---|---|---|---|---|
| | 指标值 | 排位 | 指标值 | 排位 | 指标值 | 排位 | 指标值 | 排位 | 指标值 | 排位 | 指标值 | 排位 |
| 石家庄 | 3401.20 | 11 | 4082.60 | 11 | 4500.20 | 11 | 4863.66 | 13 | 5100.20 | 15 | 5440.60 | 15 |
| 南京 | 5010.36 | 6 | 6145.52 | 5 | 7201.57 | 5 | 8011.78 | 5 | 8820.75 | 5 | 9720.77 | 5 |
| 杭州 | 5945.82 | 2 | 7011.80 | 2 | 7803.98 | 4 | 8343.52 | 4 | 9201.16 | 4 | 10053.58 | 4 |
| 福州 | 3068.21 | 14 | 3734.78 | 14 | 4218.29 | 14 | 4678.50 | 14 | 5169.16 | 13 | 5618.10 | 13 |
| 济南 | 3910.80 | 9 | 4406.29 | 9 | 4812.68 | 9 | 5230.19 | 9 | 5770.60 | 9 | 6100.23 | 9 |
| 广州 | 10604.48 | 1 | 12303.12 | 1 | 13551.2 | 1 | 15420.14 | 1 | 16706.87 | 1 | 18100.41 | 1 |
| 海口 | 590.55 | 26 | 712.75 | 26 | 820.58 | 26 | 904.64 | 26 | 1005.51 | 26 | 1161.28 | 25 |
| 太原 | 1781.35 | 20 | 2083.70 | 20 | 2330.72 | 20 | 2462.92 | 20 | 2531.09 | 20 | 2735.34 | 21 |
| 合肥 | 2702.50 | 15 | 3636.60 | 15 | 4164.30 | 15 | 4672.91 | 15 | 5158.00 | 14 | 5660.30 | 12 |
| 南昌 | 2207.11 | 16 | 2688.87 | 16 | 3000.52 | 17 | 3336.03 | 17 | 3667.96 | 17 | 4000.01 | 16 |
| 郑州 | 4002.90 | 8 | 4912.66 | 8 | 5546.98 | 8 | 6201.90 | 8 | 6782.98 | 8 | 7315.19 | 7 |
| 武汉 | 5515.76 | 3 | 6536.81 | 4 | 8003.82 | 3 | 9051.27 | 3 | 10069.48 | 2 | 10905.60 | 2 |
| 长沙 | 4547.06 | 7 | 5619.33 | 7 | 6399.91 | 7 | 7153.13 | 7 | 7824.81 | 6 | 8510.13 | 6 |
| 呼和浩特 | 1865.71 | 18 | 2177.26 | 19 | 2458.78 | 19 | 2710.39 | 19 | 2894.05 | 19 | 3090.52 | 19 |
| 南宁 | 1800.43 | 19 | 2211.51 | 18 | 2503.55 | 18 | 2803.54 | 18 | 3148.30 | 18 | 3410.09 | 18 |
| 成都 | 5508.30 | 4 | 6854.58 | 3 | 8138.94 | 2 | 9108.91 | 2 | 10056.60 | 3 | 10801.16 | 3 |
| 贵阳 | 1121.82 | 22 | 1383.07 | 22 | 1700.30 | 22 | 2085.43 | 22 | 2492.27 | 22 | 2891.16 | 20 |
| 昆明 | 2120.37 | 17 | 2509.58 | 17 | 3011.14 | 16 | 3415.31 | 16 | 3712.99 | 16 | 3970.00 | 17 |
| 西安 | 3241.49 | 13 | 3864.21 | 13 | 4369.37 | 13 | 4884.13 | 12 | 5474.77 | 10 | 5810.03 | 10 |
| 兰州 | 1100.39 | 23 | 1360.03 | 23 | 1564.41 | 23 | 1776.28 | 23 | 1913.50 | 23 | 2095.99 | 23 |
| 西宁 | 628.28 | 25 | 770.70 | 25 | 851.09 | 25 | 978.53 | 25 | 1077.14 | 25 | 1131.62 | 26 |
| 银川 | 763.36 | 24 | 974.79 | 24 | 1140.83 | 24 | 1289.02 | 24 | 1395.67 | 24 | 1480.73 | 24 |
| 乌鲁木齐 | 1311.00 | 21 | 1700.00 | 21 | 2060.00 | 21 | 2202.85 | 21 | 2510.00 | 21 | 2680.00 | 22 |
| 沈阳 | 5017.00 | 5 | 5914.90 | 6 | 6602.59 | 6 | 7158.57 | 6 | 7098.70 | 7 | 7280.50 | 8 |
| 长春 | 3329.00 | 12 | 4003.10 | 12 | 4456.60 | 12 | 5003.18 | 11 | 5381.00 | 11 | 5530.00 | 14 |
| 哈尔滨 | 3665.90 | 10 | 4243.40 | 10 | 4550.10 | 10 | 5017.05 | 10 | 5332.70 | 12 | 5751.20 | 11 |
| 太原在中部排位 | 1781.35 | 6 | 2083.70 | 6 | 2330.72 | 6 | 2462.92 | 6 | 2531.09 | 6 | 2735.34 | 6 |
| 太原在周边排位 | 1781.35 | 5 | 2083.70 | 5 | 2330.72 | 5 | 2462.92 | 5 | 2531.09 | 5 | 2735.34 | 5 |

## 表 2　三产业增加值占 GDP 比重及排位

单位：%

| 城市名称 | 2010 年 | | 2011 年 | | 2012 年 | | 2013 年 | | 2014 年 | | 2015 年 | |
|---|---|---|---|---|---|---|---|---|---|---|---|---|
| | 指标值 | 排位 | 指标值 | 排位 | 指标值 | 排位 | 指标值 | 排位 | 指标值 | 排位 | 指标值 | 排位 |
| 石家庄 | 40.5 | 26 | 40.1 | 22 | 40.2 | 22 | 41.4 | 22 | 42.4 | 20 | 45.8 | 21 |
| 南京 | 51.9 | 9 | 52.4 | 8 | 53.4 | 8 | 54.4 | 8 | 55.8 | 8 | 57.3 | 9 |
| 杭州 | 48.7 | 16 | 49.3 | 12 | 50.2 | 11 | 52.9 | 10 | 55.1 | 10 | 58.2 | 8 |
| 福州 | 46.1 | 17 | 45.5 | 17 | 45.8 | 17 | 45.8 | 17 | 46.4 | 17 | 48.1 | 19 |
| 济南 | 52.6 | 7 | 53.1 | 4 | 54.5 | 5 | 55.3 | 6 | 56.4 | 7 | 57.2 | 10 |
| 广州 | 61.0 | 2 | 61.5 | 2 | 63.6 | 2 | 64.6 | 2 | 65.0 | 3 | 66.8 | 4 |
| 海口 | 69.6 | 1 | 68.2 | 1 | 68.4 | 1 | 69.6 | 1 | 73.1 | 1 | 75.7 | 1 |
| 太原 | 53.4 | 6 | 52.8 | 6 | 53.6 | 6 | 54.8 | 7 | 58.5 | 5 | 61.3 | 5 |
| 合肥 | 41.2 | 23 | 39.2 | 24 | 39.2 | 25 | 39.4 | 26 | 39.3 | 26 | 40.6 | 26 |
| 南昌 | 41.3 | 22 | 36.3 | 26 | 37.2 | 26 | 39.8 | 25 | 40.5 | 24 | 41.2 | 25 |
| 郑州 | 40.7 | 24 | 38.3 | 25 | 39.6 | 23 | 41.7 | 21 | 42.2 | 21 | 48.4 | 18 |
| 武汉 | 51.4 | 10 | 48.9 | 13 | 47.9 | 16 | 47.7 | 16 | 49.0 | 15 | 51.0 | 15 |
| 长沙 | 42.0 | 21 | 39.6 | 23 | 39.6 | 23 | 40.7 | 23 | 41.7 | 22 | 43.4 | 23 |
| 呼和浩特 | 58.7 | 3 | 58.7 | 3 | 58.6 | 3 | 63.0 | 3 | 66.4 | 2 | 67.9 | 3 |
| 南宁 | 50.2 | 12 | 47.9 | 16 | 48.8 | 15 | 47.9 | 15 | 49.0 | 15 | 49.7 | 16 |
| 成都 | 50.2 | 13 | 49.4 | 11 | 49.1 | 13 | 50.2 | 13 | 51.0 | 13 | 52.8 | 14 |
| 贵阳 | 54.2 | 4 | 53.0 | 5 | 53.6 | 6 | 55.4 | 5 | 56.7 | 6 | 57.2 | 10 |
| 昆明 | 49.0 | 14 | 48.4 | 15 | 48.9 | 14 | 50.0 | 14 | 50.7 | 14 | 55.3 | 13 |
| 西安 | 52.2 | 8 | 51.6 | 9 | 52.2 | 10 | 52.2 | 11 | 55.8 | 8 | 58.9 | 7 |
| 兰州 | 48.8 | 15 | 48.9 | 13 | 49.5 | 12 | 51.1 | 12 | 53.9 | 12 | 60.0 | 6 |
| 西宁 | 45.1 | 18 | 43.1 | 19 | 44.7 | 18 | 43.7 | 19 | 44.4 | 19 | 48.7 | 17 |
| 银川 | 44.6 | 20 | 41.0 | 20 | 40.7 | 21 | 42.3 | 20 | 41.5 | 23 | 43.0 | 24 |
| 乌鲁木齐 | 53.7 | 5 | 52.8 | 6 | 56.2 | 4 | 59.1 | 4 | 60.8 | 4 | 69.4 | 2 |
| 沈阳 | 44.9 | 19 | 44.1 | 18 | 43.9 | 19 | 43.8 | 18 | 46.0 | 18 | 47.3 | 20 |
| 长春 | 40.7 | 24 | 40.5 | 21 | 41.5 | 20 | 40.2 | 24 | 40.5 | 24 | 43.7 | 22 |
| 哈尔滨 | 51.0 | 11 | 50.7 | 10 | 52.8 | 9 | 53.5 | 9 | 54.5 | 11 | 55.9 | 12 |
| 太原在中部排位 | 53.4 | 1 | 52.8 | 1 | 53.6 | 1 | 54.8 | 1 | 58.5 | 1 | 61.3 | 1 |
| 太原在周边排位 | 53.4 | 2 | 52.8 | 2 | 53.6 | 2 | 54.8 | 2 | 58.5 | 2 | 61.3 | 2 |

表3  固定资产投资及排位

单位：亿元

| 城市名称 | 2010年 | | 2011年 | | 2012年 | | 2013年 | | 2014年 | | 2015年 | |
|---|---|---|---|---|---|---|---|---|---|---|---|---|
| | 指标值 | 排位 | 指标值 | 排位 | 指标值 | 排位 | 指标值 | 排位 | 指标值 | 排位 | 指标值 | 排位 |
| 石家庄 | 2696.81 | 8 | 3027.00 | 10 | 3673.30 | 11 | 4369.20 | 11 | 5076.40 | 10 | 5689.90 | 6 |
| 南京 | 2623.96 | 11 | 3757.25 | 4 | 4558.49 | 4 | 5093.78 | 6 | 5430.77 | 6 | 5425.98 | 8 |
| 杭州 | 2651.88 | 10 | 3105.16 | 9 | 3722.75 | 10 | 4263.87 | 12 | 4952.70 | 11 | 5556.32 | 7 |
| 福州 | 2231.69 | 13 | 2720.28 | 13 | 3234.78 | 13 | 3834.22 | 13 | 4388.62 | 13 | 4853.61 | 12 |
| 济南 | 1297.93 | 18 | 1934.30 | 18 | 2186.08 | 19 | 2638.30 | 18 | 3063.40 | 18 | 3498.40 | 16 |
| 广州 | 3153.85 | 4 | 3413.58 | 6 | 3758.39 | 9 | 4454.55 | 9 | 4889.50 | 12 | 5405.95 | 9 |
| 海口 | 344.60 | 26 | 404.60 | 26 | 510.38 | 26 | 649.33 | 26 | 821.53 | 26 | 1012.05 | 26 |
| 太原 | 818.37 | 20 | 1024.14 | 21 | 1320.23 | 20 | 1670.74 | 20 | 1746.09 | 20 | 2025.61 | 20 |
| 合肥 | 2950.16 | 6 | 3360.03 | 7 | 3803.04 | 8 | 4535.37 | 8 | 5302.60 | 8 | 5851.90 | 5 |
| 南昌 | 1935.60 | 16 | 2002.66 | 16 | 2623.03 | 15 | 2909.76 | 17 | 3434.25 | 16 | 4000.07 | 15 |
| 郑州 | 2432.53 | 12 | 2900.04 | 12 | 3561.00 | 12 | 4400.21 | 10 | 5259.65 | 9 | 6288.00 | 4 |
| 武汉 | 3651.45 | 3 | 4255.16 | 3 | 5031.25 | 3 | 6001.96 | 3 | 7002.85 | 1 | 7680.89 | 1 |
| 长沙 | 2878.77 | 7 | 3510.24 | 5 | 4011.96 | 6 | 4593.39 | 7 | 5435.75 | 5 | 6363.29 | 3 |
| 呼和浩特 | 880.37 | 19 | 1031.68 | 20 | 1301.43 | 21 | 1504.83 | 22 | 1736.46 | 21 | 1618.64 | 23 |
| 南宁 | 1389.30 | 17 | 1950.86 | 17 | 2517.61 | 16 | 2432.69 | 19 | 2886.68 | 19 | 3366.89 | 17 |
| 成都 | 4255.37 | 1 | 5006.02 | 1 | 5890.10 | 1 | 6501.10 | 1 | 6620.40 | 2 | 7007.00 | 2 |
| 贵阳 | 722.57 | 21 | 1600.59 | 19 | 2482.96 | 17 | 3030.38 | 15 | 3489.41 | 15 | 2804.45 | 19 |
| 昆明 | 2160.88 | 15 | 2701.11 | 14 | 2345.91 | 18 | 2931.50 | 16 | 3138.17 | 17 | 2957.34 | 18 |
| 西安 | 3101.06 | 5 | 3352.12 | 8 | 4243.43 | 5 | 5134.56 | 5 | 5903.98 | 4 | 5165.98 | 11 |
| 兰州 | 591.98 | 23 | 950.99 | 22 | 1239.18 | 22 | 1623.70 | 21 | 1610.70 | 22 | 1803.75 | 21 |
| 西宁 | 365.34 | 24 | 528.01 | 25 | 700.48 | 25 | 925.44 | 25 | 1176.61 | 25 | 1295.95 | 25 |
| 银川 | 648.69 | 22 | 733.85 | 23 | 918.73 | 24 | 1149.00 | 24 | 1329.76 | 24 | 1540.88 | 24 |
| 乌鲁木齐 | 349.00 | 25 | 636.17 | 24 | 1010.00 | 23 | 1271.59 | 23 | 1526.00 | 23 | 1708.39 | 22 |
| 沈阳 | 4021.34 | 2 | 4560.60 | 2 | 5625.40 | 2 | 6383.91 | 2 | 6564.10 | 3 | 5326.00 | 10 |
| 长春 | 2192.80 | 14 | 2433.40 | 15 | 3172.90 | 14 | 3408.40 | 14 | 3924.50 | 14 | 4400.00 | 14 |
| 哈尔滨 | 2651.90 | 9 | 3012.00 | 11 | 3950.00 | 7 | 5219.90 | 4 | — | — | 4595.70 | 13 |
| 太原在中部排位 | 818.37 | 6 | 1024.14 | 6 | 1320.23 | 6 | 1670.74 | 6 | 1746.09 | 6 | 2025.61 | 6 |
| 太原在周边排位 | 818.37 | 5 | 1024.14 | 5 | 1320.23 | 4 | 1670.74 | 4 | 1746.09 | 4 | 2025.61 | 4 |

注：自2011年起，固定资产投资统计起点由计划总投资50万元以上项目提高到500万元以上项目，太原2010年数据进行了相应调整。

### 表 4 社会消费零售总额及排位

单位：亿元

| 城市名称 | 2010 年 | | 2011 年 | | 2012 年 | | 2013 年 | | 2014 年 | | 2015 年 | |
|---|---|---|---|---|---|---|---|---|---|---|---|---|
| | 指标值 | 排位 | 指标值 | 排位 | 指标值 | 排位 | 指标值 | 排位 | 指标值 | 排位 | 指标值 | 排位 |
| 石家庄 | 1391.10 | 13 | 1663.00 | 13 | 1915.76 | 13 | 2154.50 | 13 | 2423.50 | 13 | 2680.90 | 13 |
| 南京 | 2267.77 | 4 | 2670.30 | 4 | 3080.58 | 4 | 3504.17 | 5 | 3957.97 | 4 | 4590.17 | 5 |
| 杭州 | 2146.08 | 5 | 2548.36 | 5 | 2944.63 | 5 | 3531.17 | 4 | 3838.73 | 5 | 4697.23 | 4 |
| 福州 | 1581.71 | 12 | 1896.77 | 12 | 2259.03 | 11 | 2611.29 | 10 | 2991.98 | 9 | 3488.74 | 8 |
| 济南 | 1725.50 | 9 | 2023.10 | 9 | 2323.60 | 9 | 2633.90 | 9 | 2964.40 | 10 | 3410.30 | 9 |
| 广州 | 4476.38 | 1 | 5243.02 | 1 | 5977.27 | 1 | 6882.85 | 1 | 7697.85 | 1 | 7932.96 | 1 |
| 海口 | 326.94 | 24 | 387.18 | 24 | 436.26 | 24 | 490.05 | 24 | 541.27 | 24 | 595.53 | 24 |
| 太原 | 825.85 | 18 | 973.29 | 18 | 1129.51 | 18 | 1281.46 | 18 | 1411.13 | 19 | 1540.80 | 19 |
| 合肥 | 839.02 | 17 | 1111.12 | 16 | 1293.62 | 16 | 1480.84 | 16 | 1666.75 | 16 | 2183.65 | 15 |
| 南昌 | 754.68 | 20 | 928.34 | 19 | 1116.54 | 19 | 1270.01 | 19 | 1429.21 | 18 | 1662.87 | 18 |
| 郑州 | 1678.03 | 10 | 1987.11 | 10 | 2288.00 | 10 | 2586.42 | 11 | 2913.61 | 11 | 3294.71 | 12 |
| 武汉 | 2523.20 | 2 | 2959.04 | 2 | 3432.43 | 2 | 3878.60 | 2 | 4369.32 | 2 | 5012.24 | 2 |
| 长沙 | 1812.12 | 7 | 2125.91 | 7 | 2454.71 | 7 | 2801.97 | 7 | 3162.07 | 7 | 3690.59 | 7 |
| 呼和浩特 | 756.62 | 19 | 890.05 | 20 | 1022.20 | 20 | 1142.36 | 20 | 1256.08 | 20 | 1353.53 | 20 |
| 南宁 | 905.93 | 16 | 1073.15 | 17 | 1255.59 | 17 | 1450.84 | 17 | 1616.90 | 17 | 1786.68 | 17 |
| 成都 | 2417.57 | 3 | 2861.28 | 3 | 3317.67 | 3 | 3752.90 | 3 | 4202.40 | 3 | 4946.19 | 3 |
| 贵阳 | 484.78 | 23 | 584.33 | 23 | 683.19 | 23 | 785.67 | 23 | 888.58 | 23 | 1060.17 | 23 |
| 昆明 | 1060.19 | 15 | 1271.73 | 15 | 1493.80 | 15 | 1702.30 | 15 | 1905.89 | 15 | 2061.66 | 16 |
| 西安 | 1611.04 | 11 | 1935.18 | 11 | 2236.06 | 12 | 2548.02 | 12 | 2872.90 | 12 | 3405.38 | 10 |
| 兰州 | 545.11 | 22 | 639.72 | 22 | 749.12 | 22 | 843.80 | 22 | 944.90 | 22 | 1152.15 | 21 |
| 西宁 | 231.76 | 25 | 271.29 | 26 | 317.46 | 25 | 365.07 | 25 | 412.86 | 25 | 461.94 | 26 |
| 银川 | 225.14 | 26 | 274.47 | 25 | 316.02 | 26 | 348.06 | 26 | 382.47 | 26 | 477.63 | 25 |
| 乌鲁木齐 | 563.00 | 21 | 695.03 | 21 | 834.00 | 21 | 970.00 | 21 | 1070.00 | 21 | 1152.00 | 22 |
| 沈阳 | 2065.90 | 6 | 2426.90 | 6 | 2802.20 | 6 | 3186.09 | 6 | 3570.10 | 6 | 3883.20 | 6 |
| 长春 | 1286.70 | 14 | 1512.20 | 14 | 1739.60 | 14 | 1970.00 | 14 | 2217.50 | 14 | 2409.30 | 14 |
| 哈尔滨 | 1770.20 | 8 | 2070.40 | 8 | 2394.60 | 8 | 2728.30 | 8 | 3070.90 | 8 | 3394.50 | 11 |
| 太原在中部排位 | 825.85 | 5 | 973.29 | 5 | 1129.51 | 5 | 1281.46 | 5 | 1411.13 | 5 | 1540.80 | 6 |
| 太原在周边排位 | 825.85 | 4 | 973.29 | 4 | 1129.51 | 4 | 1281.46 | 4 | 1411.13 | 4 | 1540.80 | 4 |

表 5  公共财政预算收入及排位

单位：亿元

| 城市名称 | 2010年 | | 2011年 | | 2012年 | | 2013年 | | 2014年 | | 2015年 | |
|---|---|---|---|---|---|---|---|---|---|---|---|---|
| | 指标值 | 排位 | 指标值 | 排位 | 指标值 | 排位 | 指标值 | 排位 | 指标值 | 排位 | 指标值 | 排位 |
| 石家庄 | 163.63 | 16 | 221.20 | 16 | 272.27 | 16 | 315.20 | 16 | 343.50 | 16 | 375.00 | 17 |
| 南京 | 518.80 | 4 | 635.00 | 5 | 733.02 | 5 | 831.31 | 5 | 903.49 | 5 | 1020.03 | 5 |
| 杭州 | 671.34 | 2 | 785.15 | 2 | 859.99 | 2 | 945.20 | 3 | 1027.32 | 3 | 1233.88 | 3 |
| 福州 | 247.82 | 12 | 320.04 | 11 | 382.01 | 11 | 453.97 | 11 | 510.87 | 11 | 560.46 | 12 |
| 济南 | 266.13 | 9 | 325.40 | 10 | 380.80 | 12 | 482.10 | 10 | 543.10 | 10 | 614.30 | 9 |
| 广州 | 872.65 | 1 | 979.47 | 1 | 1102.25 | 1 | 1141.79 | 1 | 1241.53 | 1 | 1349.09 | 1 |
| 海口 | 50.37 | 25 | 60.93 | 25 | 73.17 | 26 | 86.73 | 25 | 100.12 | 26 | 111.50 | 25 |
| 太原 | 138.48 | 20 | 174.72 | 21 | 215.67 | 21 | 247.33 | 21 | 258.25 | 21 | 274.24 | 21 |
| 合肥 | 259.43 | 10 | 338.51 | 9 | 389.50 | 10 | 438.02 | 13 | 500.34 | 12 | 571.54 | 11 |
| 南昌 | 146.46 | 19 | 187.03 | 19 | 240.02 | 19 | 291.91 | 18 | 342.21 | 17 | 389.22 | 15 |
| 郑州 | 386.80 | 7 | 502.31 | 7 | 606.70 | 7 | 723.63 | 7 | 833.88 | 6 | 942.90 | 6 |
| 武汉 | 390.19 | 6 | 673.26 | 4 | 828.58 | 3 | 978.52 | 2 | 1101.02 | 2 | 1245.63 | 2 |
| 长沙 | 314.28 | 8 | 407.56 | 8 | 490.65 | 8 | 536.63 | 8 | 632.80 | 8 | 718.95 | 7 |
| 呼和浩特 | 126.76 | 22 | 151.43 | 22 | 178.64 | 22 | 182.02 | 22 | 211.54 | 22 | 247.40 | 22 |
| 南宁 | 156.10 | 17 | 186.29 | 20 | 229.73 | 20 | 256.25 | 20 | 274.85 | 20 | 247.05 | 20 |
| 成都 | 526.94 | 3 | 680.71 | 3 | 781.02 | 4 | 898.50 | 4 | 1025.20 | 4 | 1154.40 | 4 |
| 贵阳 | 136.30 | 21 | 187.14 | 18 | 241.20 | 18 | 277.21 | 19 | 331.60 | 19 | 374.15 | 18 |
| 昆明 | 253.83 | 11 | 317.69 | 13 | 378.40 | 13 | 450.75 | 12 | 477.97 | 13 | 502.22 | 13 |
| 西安 | 241.80 | 13 | 318.55 | 12 | 396.96 | 9 | 501.98 | 9 | 583.76 | 9 | 650.91 | 8 |
| 兰州 | 72.05 | 23 | 86.44 | 24 | 103.73 | 25 | 124.50 | 24 | 152.33 | 25 | 185.58 | 23 |
| 西宁 | 34.52 | 26 | 45.25 | 26 | 122.71 | 23 | 67.11 | 26 | 168.13 | 23 | 94.79 | 26 |
| 银川 | 64.13 | 24 | 96.62 | 23 | 113.13 | 24 | 134.60 | 23 | 153.62 | 24 | 171.28 | 24 |
| 乌鲁木齐 | 148.00 | 18 | 206.20 | 17 | 252.01 | 17 | 301.90 | 17 | 340.62 | 18 | 368.67 | 19 |
| 沈阳 | 465.40 | 5 | 620.10 | 6 | 715.00 | 6 | 801.00 | 6 | 785.50 | 7 | 606.20 | 10 |
| 长春 | 180.80 | 15 | 288.60 | 15 | 340.80 | 15 | 381.80 | 15 | 397.30 | 15 | 388.20 | 16 |
| 哈尔滨 | 238.10 | 14 | 300.30 | 14 | 354.70 | 14 | 402.30 | 14 | 423.50 | 14 | 407.70 | 14 |
| 太原在中部排位 | 138.48 | 6 | 174.72 | 6 | 215.67 | 6 | 247.33 | 6 | 258.25 | 6 | 274.28 | 6 |
| 太原在周边排位 | 138.48 | 4 | 174.72 | 4 | 215.67 | 4 | 247.33 | 4 | 258.25 | 4 | 274.24 | 4 |

## 表 6　城镇居民人均可支配收入及排位

单位：元

| 城市名称 | 2010 年 | | 2011 年 | | 2012 年 | | 2013 年 | | 2014 年 | | 2015 年 | |
|---|---|---|---|---|---|---|---|---|---|---|---|---|
| | 指标值 | 排位 | 指标值 | 排位 | 指标值 | 排位 | 指标值 | 排位 | 指标值 | 排位 | 指标值 | 排位 |
| 石家庄 | 18290 | 16 | 20534 | 17 | 23038 | 16 | 25274 | 17 | 26071 | 21 | 28168 | 22 |
| 南京 | 28312 | 3 | 32200 | 3 | 36322 | 3 | 39881 | 2 | 42568 | 3 | 46104 | 3 |
| 杭州 | 30035 | 2 | 34065 | 2 | 37511 | 2 | 39310 | 3 | 44632 | 1 | 48316 | 1 |
| 福州 | 23246 | 7 | 26633 | 7 | 29399 | 8 | 32265 | 8 | 32451 | 10 | 34982 | 9 |
| 济南 | 25321 | 4 | 28892 | 4 | 32570 | 5 | 35648 | 4 | 38763 | 4 | 39889 | 5 |
| 广州 | 30658 | 1 | 34438 | 1 | 38054 | 1 | 42066 | 1 | 42955 | 2 | 46735 | 2 |
| 海口 | 16720 | 22 | 19730 | 21 | 22331 | 21 | 24461 | 20 | 26530 | 19 | 28535 | 20 |
| 太原 | 17258 | 20 | 20149 | 19 | 22587 | 18 | 24000 | 21 | 25768 | 22 | 27727 | 23 |
| 合肥 | 19051 | 13 | 22459 | 13 | 25434 | 13 | 28083 | 13 | 29348 | 13 | 31989 | 13 |
| 南昌 | 18276 | 17 | 20741 | 15 | 23602 | 15 | 26151 | 15 | 29091 | 15 | 31942 | 14 |
| 郑州 | 19376 | 12 | 22477 | 12 | 25301 | 14 | 26600 | 14 | 29095 | 14 | 31099 | 16 |
| 武汉 | 20806 | 10 | 23738 | 10 | 27061 | 10 | 29821 | 10 | 33270 | 8 | 36436 | 8 |
| 长沙 | 23347 | 6 | 27163 | 6 | 30288 | 6 | 33662 | 6 | 36826 | 5 | 39961 | 4 |
| 呼和浩特 | 25174 | 5 | 28877 | 5 | 32646 | 4 | 35629 | 5 | 34723 | 7 | 37362 | 6 |
| 南宁 | 18595 | 15 | 20622 | 16 | 22561 | 19 | 24817 | 19 | 27075 | 18 | 29106 | 18 |
| 成都 | 20835 | 9 | 23932 | 9 | 27194 | 9 | 29968 | 9 | 32665 | 9 | 33476 | 11 |
| 贵阳 | 16597 | 23 | 19420 | 23 | 21796 | 23 | 23376 | 23 | 24961 | 23 | 27241 | 24 |
| 昆明 | 18876 | 14 | 21966 | 14 | 25706 | 12 | 28354 | 12 | 31295 | 12 | 33955 | 10 |
| 西安 | 22244 | 8 | 25981 | 8 | 29982 | 7 | 33100 | 7 | 36100 | 6 | 33188 | 12 |
| 兰州 | 14062 | 26 | 15953 | 25 | 18443 | 24 | 20767 | 25 | 23030 | 25 | 27088 | 25 |
| 西宁 | 14085 | 25 | 15842 | 26 | 17634 | 25 | 19444 | 26 | 21291 | 26 | 25232 | 26 |
| 银川 | 17073 | 21 | 19481 | 22 | 21900 | 22 | 23776 | 22 | 26118 | 20 | 28261 | 21 |
| 乌鲁木齐 | 14382 | 24 | 16141 | 24 | 18400 | 26 | 20780 | 24 | 23755 | 24 | 31500 | 15 |
| 沈阳 | 20541 | 11 | 23326 | 11 | 26430 | 11 | 29074 | 11 | 31720 | 11 | 36664 | 7 |
| 长春 | 17922 | 18 | 20487 | 18 | 22970 | 17 | 26034 | 16 | 27299 | 17 | 29090 | 19 |
| 哈尔滨 | 17557 | 19 | 20031 | 20 | 22499 | 20 | 25197 | 18 | 28816 | 16 | 30977 | 17 |
| 太原在中部排位 | 17258 | 6 | 20149 | 6 | 22587 | 6 | 24000 | 6 | 25768 | 6 | 27727 | 6 |
| 太原在周边排位 | 17258 | 5 | 20149 | 5 | 22587 | 5 | 24000 | 5 | 25768 | 5 | 27727 | 5 |

表 7　农民人均纯收入及排位

单位：元

| 城市名称 | 2010年 | | 2011年 | | 2012年 | | 2013年 | | 2014年 | | 2015年 | |
|---|---|---|---|---|---|---|---|---|---|---|---|---|
| | 指标值 | 排位 | 指标值 | 排位 | 指标值 | 排位 | 指标值 | 排位 | 指标值 | 排位 | 指标值 | 排位 |
| 石家庄 | 6577 | 19 | 7822 | 18 | 8993 | 19 | 10066 | 18 | 10542 | 21 | 11442 | 22 |
| 南京 | 11128 | 4 | 13108 | 4 | 14786 | 4 | 16531 | 4 | 17661 | 4 | 19483 | 3 |
| 杭州 | 13186 | 1 | 15245 | 1 | 17017 | 1 | 18923 | 2 | 23555 | 1 | 25719 | 1 |
| 福州 | 8543 | 9 | 10107 | 8 | 11492 | 8 | 12910 | 10 | 14012 | 12 | 15203 | 9 |
| 济南 | 8903 | 7 | 10412 | 7 | 11786 | 7 | 13248 | 7 | 14726 | 8 | 14232 | 11 |
| 广州 | 12676 | 2 | 14818 | 2 | 16989 | 2 | 18887 | 3 | 17663 | 3 | 19323 | 4 |
| 海口 | 6151 | 21 | 7191 | 21 | 9048 | 18 | 9155 | 22 | 10630 | 20 | 11635 | 20 |
| 太原 | 7611 | 14 | 8888 | 14 | 10079 | 15 | 11288 | 14 | 12616 | 14 | 13626 | 14 |
| 合肥 | 7118 | 17 | 7862 | 17 | 9081 | 17 | 10352 | 17 | 14407 | 11 | 15733 | 8 |
| 南昌 | 7193 | 16 | 8484 | 15 | 9730 | 16 | 10806 | 15 | 12414 | 16 | 13693 | 13 |
| 郑州 | 9225 | 6 | 11050 | 6 | 12531 | 6 | 13970 | 6 | 15470 | 7 | 17125 | 7 |
| 武汉 | 8295 | 10 | 9814 | 11 | 11190 | 13 | 12730 | 12 | 16160 | 5 | 17722 | 5 |
| 长沙 | 11206 | 3 | 13400 | 3 | 15763 | 3 | 19713 | 1 | 21723 | 2 | 23601 | 2 |
| 呼和浩特 | 8746 | 8 | 10038 | 9 | 11361 | 11 | 12736 | 11 | 12538 | 15 | 13491 | 16 |
| 南宁 | 5005 | 25 | 5848 | 25 | 6777 | 25 | 7685 | 25 | 8576 | 25 | 9408 | 25 |
| 成都 | 8205 | 11 | 9895 | 10 | 11301 | 12 | 12985 | 8 | 14478 | 9 | 17690 | 6 |
| 贵阳 | 5976 | 22 | 7381 | 20 | 8848 | 20 | 9595 | 20 | 10826 | 19 | 11918 | 18 |
| 昆明 | 5810 | 23 | 6985 | 23 | 8200 | 22 | 9273 | 21 | 10366 | 22 | 11444 | 21 |
| 西安 | 7750 | 13 | 9788 | 12 | 11442 | 10 | 12930 | 9 | 14462 | 10 | 14072 | 12 |
| 兰州 | 4587 | 26 | 5229 | 26 | 6224 | 26 | 7114 | 26 | 8067 | 26 | 9621 | 24 |
| 西宁 | 5521 | 24 | 6634 | 24 | 7802 | 24 | 9004 | 24 | 10097 | 24 | 8865 | 26 |
| 银川 | 6161 | 20 | 7070 | 22 | 8068 | 23 | 9036 | 23 | 10275 | 23 | 11148 | 23 |
| 乌鲁木齐 | 7466 | 15 | 8436 | 16 | 10356 | 14 | 12065 | 13 | 13335 | 13 | 15200 | 10 |
| 沈阳 | 10005 | 5 | 11575 | 5 | 13260 | 5 | 14467 | 5 | 15945 | 6 | 13498 | 15 |
| 长春 | 6665 | 18 | 7440 | 19 | 8570 | 21 | 10060 | 19 | 11259 | 18 | 11749 | 19 |
| 哈尔滨 | 8020 | 12 | 9608 | 13 | 11443 | 9 | 10800 | 16 | 12126 | 17 | 13375 | 17 |
| 太原在中部排位 | 7611 | 4 | 8888 | 4 | 10079 | 4 | 11288 | 4 | 12616 | 4 | 13626 | 6 |
| 太原在周边排位 | 7611 | 4 | 8888 | 4 | 10079 | 4 | 11288 | 4 | 12616 | 3 | 13626 | 3 |

注：2014年起国家统计制度改用人均可支配收入。

### 表 8　居民消费价格总指数及排位

单位：%

| 城市名称 | 2010 年 | | 2011 年 | | 2012 年 | | 2013 年 | | 2014 年 | | 2015 年 | | "十二五"时期 | |
|---|---|---|---|---|---|---|---|---|---|---|---|---|---|---|
| | 指标值 | 排位 | 指标值 | 排位 | 指标值 | 排位 | 指标值 | 排位 | 指标值 | 排位 | 指标值 | 排位 | 指标值 | 排位 |
| 石家庄 | 103.0 | 9 | 105.7 | 23 | 102.8 | 15 | 102.9 | 15 | 102.0 | 7 | 101.0 | 4 | 115.3 | 15 |
| 南京 | 104.2 | 23 | 105.4 | 8 | 102.7 | 11 | 102.7 | 9 | 102.6 | 20 | 102.0 | 23 | 116.4 | 22 |
| 杭州 | 103.9 | 22 | 104.8 | 2 | 102.5 | 8 | 102.5 | 5 | 102.0 | 7 | 101.8 | 19 | 114.3 | 5 |
| 福州 | 103.2 | 14 | 104.8 | 2 | 102.2 | 2 | 102.6 | 7 | 101.8 | 5 | 101.7 | 17 | 113.8 | 1 |
| 济南 | 102.1 | 1 | 105.4 | 8 | 102.4 | 6 | 102.8 | 12 | 102.2 | 13 | 101.9 | 21 | 115.6 | 16 |
| 广州 | 103.2 | 14 | 105.5 | 15 | 103.0 | 19 | 102.6 | 7 | 102.3 | 19 | 101.7 | 17 | 116.0 | 20 |
| 海口 | 104.2 | 23 | 105.4 | 8 | 103.3 | 25 | 102.9 | 15 | 102.2 | 13 | 101.2 | 8 | 115.9 | 19 |
| 太原 | 103.0 | 9 | 105.4 | 8 | 102.1 | 1 | 103.1 | 18 | 102.2 | 13 | 100.4 | 1 | 113.8 | 1 |
| 合肥 | 102.7 | 4 | 105.7 | 23 | 102.2 | 2 | 102.7 | 9 | 102.0 | 7 | 101.6 | 14 | 114.9 | 9 |
| 南昌 | 103.2 | 14 | 105.0 | 6 | 102.7 | 11 | 102.3 | 3 | 102.5 | 20 | 101.6 | 14 | 114.8 | 8 |
| 郑州 | 103.0 | 9 | 104.9 | 4 | 102.7 | 11 | 102.8 | 12 | 102.0 | 7 | 101.1 | 5 | 114.1 | 4 |
| 武汉 | 103.0 | 9 | 105.2 | 7 | 102.8 | 15 | 102.4 | 4 | 101.9 | 6 | 101.4 | 12 | 114.4 | 6 |
| 长沙 | 102.9 | 6 | 105.5 | 15 | 102.3 | 4 | 102.8 | 12 | 102.7 | 22 | 101.1 | 5 | 115.2 | 12 |
| 呼和浩特 | 102.6 | 2 | 105.5 | 15 | 103.1 | 22 | 103.8 | 24 | 101.2 | 1 | 101.8 | 19 | 116.4 | 22 |
| 南宁 | 102.6 | 2 | 105.7 | 23 | 102.9 | 18 | 102.1 | 1 | 101.6 | 4 | 101.9 | 21 | 114.9 | 9 |
| 成都 | 103.0 | 9 | 105.4 | 8 | 103.0 | 19 | 103.1 | 18 | 101.3 | 2 | 101.1 | 5 | 114.6 | 7 |
| 贵阳 | 102.9 | 6 | 105.5 | 15 | 102.6 | 9 | 103.2 | 20 | 102.7 | 22 | 102.3 | 24 | 117.3 | 24 |
| 昆明 | 104.2 | 23 | 104.9 | 4 | 103.1 | 22 | 103.9 | 26 | 103.1 | 26 | 102.4 | 25 | 118.7 | 25 |
| 西安 | 103.5 | 17 | 105.6 | 21 | 102.8 | 15 | 102.7 | 9 | 101.4 | 3 | 100.7 | 2 | 113.9 | 3 |
| 兰州 | 103.8 | 20 | 105.4 | 8 | 102.4 | 6 | 103.5 | 21 | 102.2 | 13 | 101.3 | 10 | 115.6 | 16 |
| 西宁 | 104.5 | 26 | 105.7 | 23 | 102.7 | 11 | 103.8 | 24 | 102.8 | 24 | 102.5 | 26 | 118.8 | 26 |
| 银川 | 103.8 | 20 | 105.5 | 15 | 102.6 | 9 | 103.5 | 21 | 102.1 | 12 | 101.6 | 14 | 116.2 | 21 |
| 乌鲁木齐 | 102.7 | 4 | 104.5 | 1 | 103.4 | 26 | 103.5 | 21 | 102.8 | 24 | 100.7 | 2 | 115.7 | 18 |
| 沈阳 | 102.9 | 6 | 105.4 | 8 | 103.0 | 19 | 102.5 | 5 | 102.2 | 13 | 101.2 | 8 | 115.2 | 12 |
| 长春 | 103.6 | 18 | 105.5 | 15 | 102.3 | 4 | 103.0 | 17 | 102.2 | 13 | 101.3 | 10 | 115.2 | 12 |
| 哈尔滨 | 103.7 | 19 | 105.6 | 21 | 103.3 | 24 | 102.1 | 1 | 102.0 | 7 | 101.4 | 12 | 115.1 | 11 |
| 太原在中部排位 | 103.0 | 3 | 105.4 | 4 | 102.1 | 1 | 103.1 | 6 | 102.2 | 4 | 100.4 | 1 | 113.8 | 1 |
| 太原在周边排位 | 103.0 | 2 | 105.4 | 2 | 102.1 | 1 | 103.1 | 4 | 102.2 | 5 | 100.4 | 1 | 113.8 | 1 |

注：逆指标由低到高排位。

219

# 附件3：太原主要经济社会指标占全省比重

表1  太原主要经济社会指标占全省比重

| 指标名称 | 单位 | 2010年 | | | 2015年 | | |
|---|---|---|---|---|---|---|---|
| | | 全省 | 太原 | 占全省(%) | 全省 | 太原 | 占全省(%) |
| 土地面积 | 平方千米 | 156270 | 6988 | 4.5 | 156270 | 6988 | 4.5 |
| 常住人口 | 万人 | 3574.11 | 420.16 | 11.8 | 3664.12 | 431.87 | 11.8 |
| 地区生产总值 | 亿元 | 9188.83 | 1718.35 | 19.4 | 12802.58 | 2735.34 | 21.4 |
| 第一产业增加值 | 亿元 | 554.88 | 29.29 | 5.3 | 788.14 | 37.39 | 5.0 |
| 第二产业增加值 | 亿元 | 5202.36 | 784.63 | 15.1 | 5224.26 | 1020.18 | 19.5 |
| 第三产业增加值 | 亿元 | 3431.99 | 967.43 | 28.2 | 6790.18 | 1677.77 | 24.7 |
| 规模以上工业增加值 | 亿元 | 4446.30 | 577.65 | 13.0 | | 600.48 | |
| 一般公共预算收入 | 亿元 | 711.52 | 138.48 | 19.5 | 1046.50 | 274.24 | 26.2 |
| 一般公共预算支出 | 亿元 | 1392.67 | 189.64 | 13.6 | 2691.80 | 420.09 | 15.6 |
| 固定资产投资 | 亿元 | 5816.03 | 852.29 | 14.7 | 13744.59 | 2025.61 | 14.7 |
| 社会消费零售总额 | 亿元 | 3318.15 | 825.85 | 24.9 | 6029.96 | 1540.80 | 25.6 |
| 进出口总额 | 亿美元 | 125.78 | 79.13 | 62.9 | 147.15 | 106.77 | 75.6 |
| 旅游总收入 | 亿元 | 1083.50 | 230.40 | 21.3 | 3447.50 | 588.35 | 17.1 |
| 金融机构本外币存款余额 | 亿元 | 18639.77 | 7008.08 | 37.6 | 28641.40 | 10830.05 | 37.8 |
| 金融机构本外币贷款余额 | 亿元 | 9728.68 | 5125.10 | 52.7 | 18574.80 | 9121.35 | 49.1 |

数据来源：山西省统计局、国家统计局山西调查总队、太原市统计局、国家统计局太原调查队、《山西统计年鉴》《太原统计年鉴》，2011年、2016年。

# 后 记

《太原发展报告（2015）》经中共太原市委同意，由太原社会科学院（联）牵头组织，相关部门参与编写。本书力求全面反映2015年度市委、市政府中心工作及太原市经济社会发展状况，并提出相关政策建议。本书分为总报告1篇、专题报告10篇，附太原发展的部分数据。总报告由太原社会科学院（联）负责撰写，专题报告由相关部门指定专人负责撰写。

在中共太原市委、市政府的正确领导下，本书得到太原市发展和改革委员会、太原市住房和城乡建设委员会、太原市环境保护局、太原市科技局、太原市中小企业局、太原市委政研室（改革办）、太原市城中村改造工作领导组办公室、太原市人民政府金融工作办公室、中共太原市委市政府信访局等单位的大力支持，感谢以上单位的热情积极参与。太原市人民政府原经济顾问、太原市统计局原局长温国强同志为报告整理了部分发展数据，在此一并表示诚挚的感谢。

在本书的编写过程中，我们力求在研究内容和形式上，与时俱进，不断创新。太原社会科学院（联）也将把报告作为一项年度重大课题来做，以期为太原"两个走在全省前列"发展提供智力支持。由于水平有限，肯定还存在不妥之处，恳请读者批评指正。

编者

2016 年 10 月

**图书在版编目(CIP)数据**

太原发展报告. 2015 / 胡建林主编.—太原:山西经济出版社,2016.11

ISBN 978-7-5577-0099-7

Ⅰ.①太⋯ Ⅱ.①胡⋯ Ⅲ.①区域经济发展—研究报告—太原—2015 ②社会发展—研究报告—太原—2015 Ⅳ.①F127.251

中国版本图书馆 CIP 数据核字(2016)第 257095 号

**太原发展报告(2015)**

主　　编:胡建林
责任编辑:解荣慧
装帧设计:赵　娜

出　版　者:山西出版传媒集团·山西经济出版社
地　　址:太原市建设南路 21 号
邮　　编:030012
电　　话:0351-4922133(发行中心)
　　　　　0351-4922085(综合办)
E－mail:scb@sxjjcb.com(市场部)
　　　　　zbs@sxjjcb.com(总编室)
网　　址:www.sxjjcb.com

经　销　者:山西出版传媒集团·山西经济出版社
承　印　者:太原康全印刷有限公司

开　　本:787mm×1092mm　1/16
印　　张:14
字　　数:222 千字
版　　次:2016 年 11 月　第 1 版
印　　次:2016 年 11 月　第 1 次印刷
书　　号:ISBN 978-7-5577-0099-7
定　　价:49.00 元